베트남 근대사의 전개와
메콩 델타

베트남 근대사의 전개와 메콩 델타

초판 1쇄 발행 / 2020. 3. 20

지은이 / 최병욱
펴낸이 / 권오진
펴낸곳 / 도서출판 산인
　　　　출판등록 제 2019-20호
　　　　경기도 광주시 퇴촌면 소미길 18
　　　　tel. 041. 544. 1045 / fax. 041. 544. 1046
　　　　e-mail. sanin@saninbooks.com
디자인 / 장윤미
인쇄 / 우진테크

ISBN 979-11-89863-01-2 (93910)

※ 이 책의 본문 용지는 그린라이트 80g, 표지는 직녀 233g을 사용하였습니다.
※ 이 책의 일부 또는 전부를 재사용하려면 반드시 저작권자와 출판사 양측에 동의를 받아야 합니다.
※ 책값은 뒤표지에 있습니다.

베트남 근대사의 전개와 메콩 델타

최병욱 지음

도서출판 산인

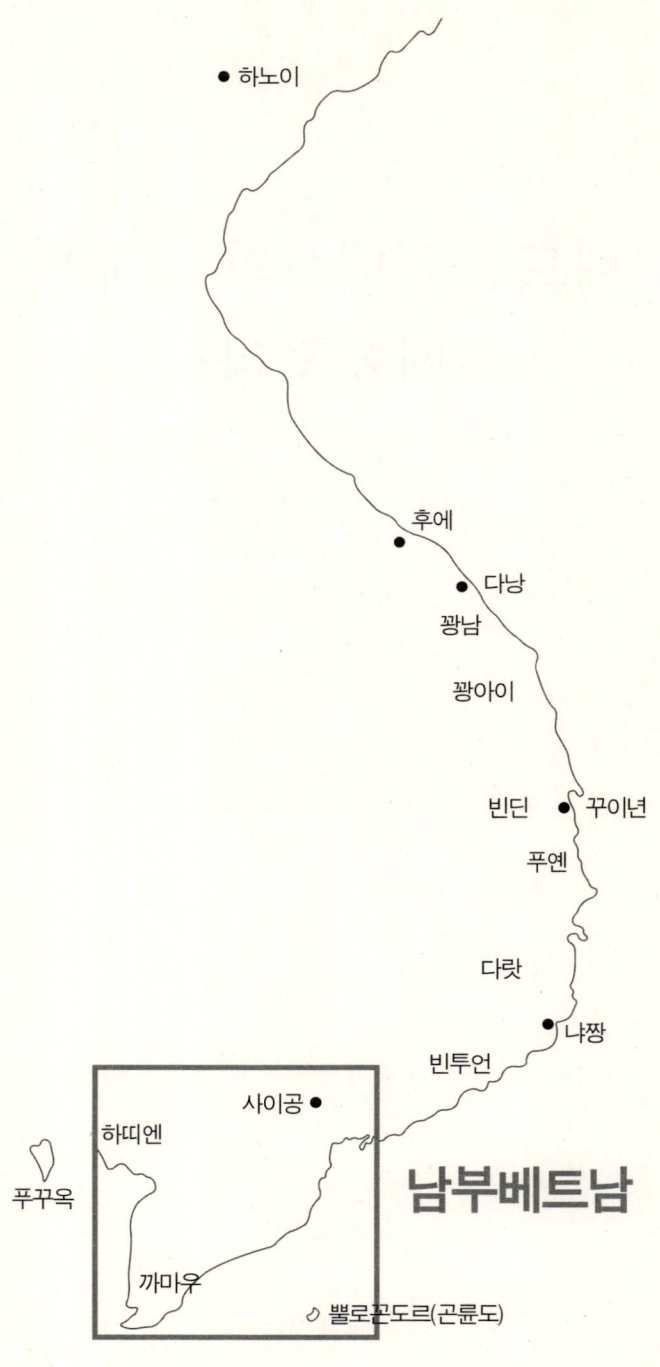

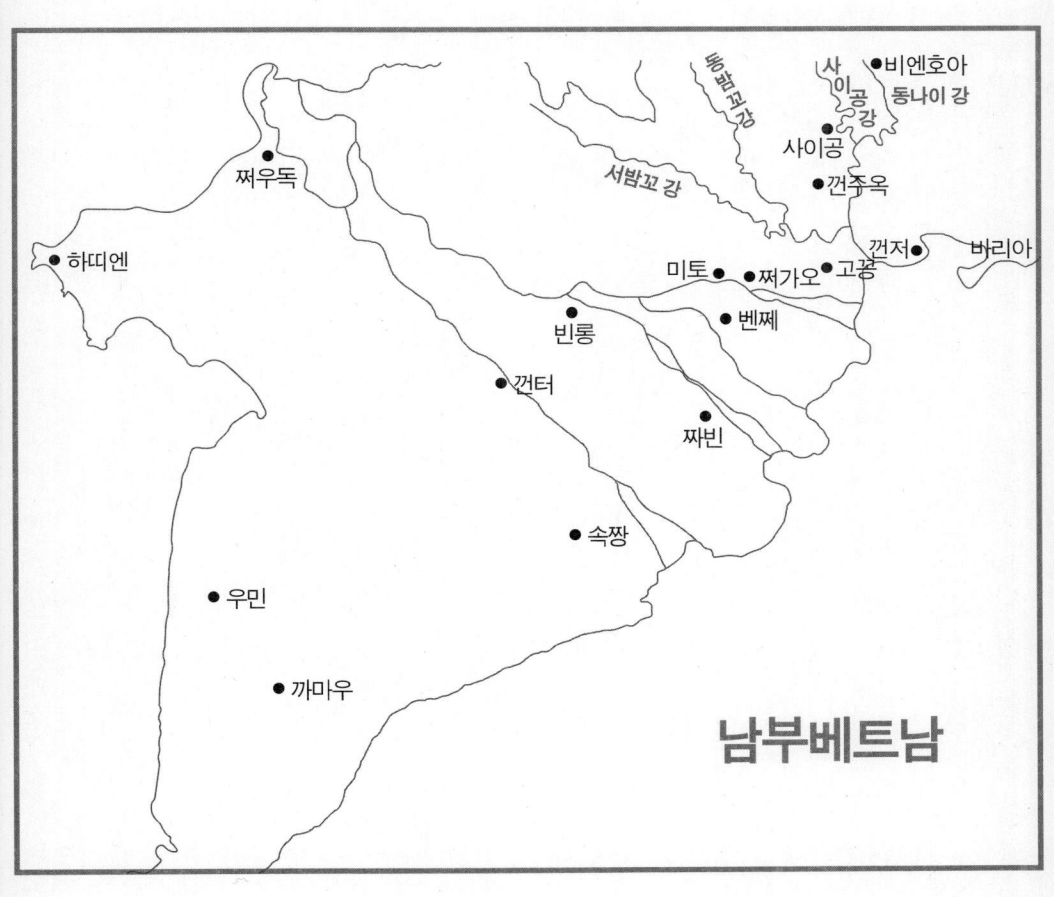

머리말

이 책에서 나는 19세기 중반 남부베트남의 변화상을 논하고자 한다. 베트남 근대사의 출발지를 메콩 델타로 보는 게 나의 입장이다. 시간상으로는 18세기 말이었으며 근대사로의 진입 주체는 메콩 델타 사람들이었다. 이런 시각을 바탕으로 하고 대중성을 고려하여 세상에 내보낸 책이 『베트남 근현대사』(창비, 2008)였다.[1] 남부의 생산력과 변방성, 서양 기술, 천주교, 다민족성, 남부인의 기질, 그리고 계절풍까지 동원된 북진과 통일, 신왕조의 건설 등은 내가 그 책을 통해 드러내고자 했던 근대적 면모였다. 그런데 이 근대적 면모는 내가 석, 박사 과정 동안 씨름한 18세기 말-19세기 전반 남부베트남 연구 결과의 편린과 이후 이어진 공부를 통해 정리한 것들이었다. 이어진 공부란 19세기 중반을 거쳐 프랑스의 베트남 진입(1859) 시기 언저리까지 남부베트남의 사회상에 대한 것이었다.

공부의 성과물들을 모아 이 책을 엮었다. 처음부터 끝까지 한 명의 저자가 한 벌로 엮는 단행본이 연구서의 본질적인 모습이다. 그런데 이 책은 그동안 발표한 다섯 개의 논문을 합친 것이다. 나는 논문을 모은 건 논문집이지 책이라고 할 수는 없다는 입장을 갖고 있던 사람이었다. 그런데 1999년부터 박사학위 소지자로서 본격적인 연구자의 길을 걷

---

[1] 이 책의 수정본은 『베트남 근현대사』(산인, 2013).

게 된 후 내 생각을 수정해야 할 필요를 느끼게 되었다. 내가 한국의 학술계, 특히 동남아학계에 한쪽 발이라도 딛고 사는 가운데 일정 부분 내 역할을 하면서, 대학의 식구가 되고 그 지위를 유지하기 위해서는 일 년에 최소 논문 한 편은 발표를 해야 하는 게 당시는 물론 현재까지도 이어지는 현실이었다. 게다가 몇 개의 개설서까지 쓸 계획을 갖고 있던 나로서는 차분히 앉아서 그 일만 해도 5년 이상 걸리는 단행본 연구서 작업을 해낼 수 있는 가능성은 제로였다. 학자에게 연구서를 내는 일은 중요하다. 그래서 생각해 낸 방법이 이것이었다. 책의 주제를 정하고 목차를 구성한 후 각 목차의 주제를 논문으로 먼저 발표하는 것이었다. 그런 뒤 한데 묶고 편집하여 연구서로 만든다. 오로지 5년 이상의 시간을 들여 한 권의 연구서를 만들어 낼 때처럼 세상을 바꾸는 것 같은 성취감은 따라 주지 못하겠지만 아예 책을 만들지 않는 것보다는 이 방식이 훨씬 낫다고 여겼다.

    2001년부터 내가 관심을 갖고 시작한 연구는 19세기 중반 남부베트남 사회의 변화였다. 이는 민망 황제(Minh Mạng 明命, 1820-1841) 때에 있었던 남부의 재편, 반란, 교화와 소수민족 동화정책, 대토지 소유제의 승인 등 내 박사 논문에서 다루어졌던 주제의 후속편이라고 할 수 있다. 나는 책을 구성하게 될 다섯 개의 소주제를 설정했다. 우선 남부사회를 형성하는 사람들의 직업을 사, 농, 공, 상으로 구분했다. 이런 방식은 일찍이 베트남 역사학자 응우옌테아인이 『응우옌 왕조 각 왕 치하의 베트남 경제와 사회』[2]라는 책에서 채용한 것이다. 그런데 나는 사, 농, 공, 상 위에 여성의 문제를 추가했다. '19세기 중반 남부베트남 사회의 변화'라는 주제를 갖고 나는 당시 학술재단에서 최초로 시행한(2001년) 학술연

---

2) Nguyễn Thế Anh, *Kinh Tế và Xã Hội Việt Nam dưới Các Vua Triều Nguyễn* (응우옌 왕조 각 왕 치하 베트남의 경제와 사회)(Saigon: Lửa Thiêng, 1971).

구교수 과제에 응모해 선정되었으며 서울대 동아연구소 소속 연구교수라는 직함을 갖고 연구에 집중할 수 있었다.

그 시기에 쓰거나 출간된 논문이 「19세기 중반 남부베트남의 대외교역과 베트남 상인층의 성장」(『동양사학연구』, 2002), 「19세기 남부베트남의 여성상: '음탕함'과 그 함의」(『동남아시아연구』, 2003), 「19세기 중반 남부베트남의 지주상」(『동양사학연구』, 2004)이었다. 다섯 개 중에서 농, 상, 여성이 먼저 연구된 것이다. 이후 인하대에 근무하게 되면서 「19세기 중반 남부베트남의 공장(工匠)」(『동남아시아연구』, 2008)이 나왔고, 사에 관해서는 영어 논문으로 「19세기 중반 남부문학 '룩번띠엔'과 반불투쟁」[3](『동아연구』, 2010)을 발표했다. 다섯 개의 논문을 편집하고 재구성한 위에 추가 연구 성과를 보태 이 책을 만들었다.

이 책은 선행 연구서 『민망 시기 남부베트남』[4]의 후속편이지만 연구 방향은 다르다. 나는 민망 시기의 남부베트남을 살필 때 중앙과 지방의 상호 관계를 중시했다. 그래서 부제가 '중앙의 제 정책과 현지의 반응'이었다. 그런데 2001년 이후 남부베트남을 바라보는 나의 눈은 거의 지방으로 옮겨갔다. 변화의 반영물, 변화의 주체로서 남부베트남 사람들의 면모가 더 자세히 관찰될 필요가 있었기 때문이다. 원래 생각했던 이 책의 부제 '사·농·공·상, 여성'에서 '중앙'이니 '정책'이니 '현지'니 하는 단어는 없다. 오로지 사람들만 있을 뿐이다. 일찍이 우드사이드가 19세기 베트남 근대의 면모를 청나라의 문물제도와 비교해 거시적으로 고찰

---

3) "A Mid-19th Century Southern Literature 'Lục Vân Tiên', and the Anti-French Resistance"

4) Choi Byung Wook, *Southern Vietnam under the Reign of Minh Mạng, 1820-1841: Central Policies and Local Response* (Southeast Asia Program Publication, Cornell University, 2004).

했다면,5) 선행 연구에서 나는 청나라를 사상(捨象)하고 베트남 근대사를 베트남 안으로 옮겼다. 이를 나는 베트남 근대의 베트남화라고 평가한다.6) 이 작업에서 중앙과 남부가 동원되었다. 그런데 이번 책에서 나는 중앙까지 버리고 남부베트남에만 매달리기로 했다, 남부베트남을 통해서 베트남의 근대가 다시 태어날 수 있다는 가능성에 기대면서.

근대란 무엇인가를 논하는 데 많은 지면을 할애할 생각은 없다. 나의 근대는 간단하다. 이미 졸저『베트남 근현대사』에서 정리했듯 전통을 탈각하고 현대와 조응하는 새로운 면모들이 등장하는 게 근대의 시작이다. 무엇이 탈각이고 무엇이 조응인지의 기준은 역사가의 판단에 맡겨진다. 나는 우드사이드의 기준을 수용한다. "근대는 다양하며 독립적으로 발생하고, 자본주의의 성장이나 산업화 같은 명백한 이정표 같은 것들로부터도 자유로울 수 있다."7)는 그의 선언에 나는 한 치의 수정도 가할 이유를 찾을 수가 없다. 그러나 무엇을 근대의 기원으로 볼 것인가에서 나는 그와 입장을 달리한다. 우드사이드는 베트남 근대사의 기원을 18세기 말 떠이썬(Tây Sơn 西山) 운동에서 찾지만 나의 베트남 근대사는 거의 같은 시기 남부베트남 즉 쟈딘(Gia Định 嘉定)에서 시작된다. 이 차이는 내가 그의 입장에 서 있기 때문이다. 그의 말마따나 근대는 다양한 것이다.

역사 속에서는 종종 새로운 시대가 변방에서 시작되었다. 떠이썬도 충분히 변방적이긴 했다. 그러나 그들은 곧 중앙화에 몰두했다. 그 과

---

5) Alexander Barton Woodside, *Vietnam and the Chinese Model: A Comparative Study of Nguyễn and Ch'ing Civil Government in the First Half of the Nineteenth Century* (Harvard University Press, 1971).

6) *Southern Vietnam under the Reign of Minh Mạng*은 베트남에서 번역되어 다음과 같은 제목으로 출간되었다. *Vùng Đất Nam Bộ Dưới Triều Minh Mạng*(민망 시기 남부 땅)(Hanoi: Nxb. Thế Giới, 2011; Nxb. Hà Nội, 2019).

7) Alexander Barton Woodside, *Lost Modernities: China, Vietnam, Korea, and the Hazards of World History* (Harvard University Press, 2006), p. 1.

정에서 보여준 분파주의와 국수주의는 오히려 전통적이다. 그런데 쟈딘의 변방성은 떠이썬을 능가했다. 지리적으로도 그랬고 추구했던 가치도 새로웠다. 그래서 비전통적이었지만 이 비전통성, 다른 말로 하면 신경향은 20세기 신사회의 주류가 되었다. 그 경향성은 현재까지도 이어지고 있으니 분명 충분히 근대적이다. 예를 들어 지주를 보호하고 토지사유제를 보장하며 대토지소유제를 진작하는 가운데 메콩 델타가 동아시아 쌀 생산지로 등장하게 되는 변화 같은 것 말이다. 교역이 발전하고 수운을 통한 국제 교역에 여성들이 관여하는 정도가 아니라 직접 배를 타고 말레이 지역까지 진출해 국제 교역의 주체가 되는 것 또한 근대적이다. 아무튼 이런 사례를 포함한 여러 면모들이 베트남 근대사의 전개를 반영하는 요소로 소개될 것이다.

표기법에 대해서 내 의견을 잠시 피력하겠다. 외국인으로서, 그리고 한자까지 아는, 그리고 알아야 하는 한국 사람으로서 나의 베트남어 표기법은 여러 가지 고민을 반영할 수밖에 없다. 영어 혹은 프랑스어를 모국어로 하는 독자들에게 베트남어 발음은 현지어에 충실한 표기법이면 족할 것이다. 친절한 필자라면 발음기호에 기초해서 베트남어를 읽는 방법을 소개한다. 예를 들어 'tr'은 '트르'가 아니라 '쯔(ch)'에 가깝게 발음해야 한다는 식이다. 한자어에 대한 독자의 궁금증을 그들은 거의 고려할 필요가 없다. 그런데 한국 독자들의 관심은 때때로 한자어에까지 미친다. 게다가 필자는 독자들에게 한자어를 알려주는 게 의미 전달에 효과가 있다고 생각한다. 그래서 이 책에서는 한자가 나온다. 그 한자의 독음을 아는 사람이 있고 모르는 사람이(연구자, 비연구자를 막론하고) 있다. 그래서 독음 표기 역시 필요하다고 생각하는 사람이 많아졌다. 결과적으로, 우리에게 필요한 건 베트남어 표기, 베트남어 독음, 한자어, 한자 발음이 되었다. 베트남어의 'quốc gia'를 생각해 보자. 영어책인 경우엔 이것이 'quốc gia(country)'로 표기되면 충분하다. 그러나 이 책에서는 '꾸옥쟈(quốc gia 國家 국가)'가 될 수밖에 없다. 네 개의 표기가 나온다. 이 책 독자의 수준을 고려한다면 '국가'라는 독음까지 달 필요는 없겠다. 그래서 일반적으로 세 개의 표기가 구사되었다. 하지만 다소 독음이 어렵거나 읽는 방법이 특이할 때는 한글 독음이 추가된다. 발음 내지 인지의 용이성도 고려될 필요가 있다. 현지음 표기 원칙만을 고집할 경우 인·지명이 많이 나오기 마련인 역사서는 너무 읽기 어려운 글의 집합이 되고 만다. 나는 그래서 한자어도 알고 독창적인 자국어 표기법이 있는 한국에서 외국어, 특히 베트남어 인·지명은 필자와 독자가 공유하는 범위 내에서 가장 편안하게 의미 전달이 될 수 있는 방법을 구사하는 게 옳다고 생각한다. 때로는 현지어 발음으로 때로는 우리식 한자 독음 방식으로 표기한 건 이런 이유에 기인한다. 한자를 더 이상 사용하지 않게 된 현재의 인명과 지명에 대해서는 굳이 한자 표기를 하지 않았다.

이 책의 제목을 구성하는 중요 어휘 '메콩 델타'에 대해 설명이 필요하다. '메콩 델타'는 남부베트남, 쟈딘, 남끼(Nam Kỳ 南圻), 남부(南部), 남보(Nam Bộ 南部), 코친차이나 등으로 대치될 수 있는 단어이다. '쟈딘'은 보편성을 확보하기에 더 시간이 필요한 것 같다. '남끼' 역시 마찬가지이다. '남부'는 19세기 베트남에서 고유명사였지만 우리나라에서는 일반명사로 이해되기 십상이다. 더군다나 이 단어는 베트남을 북부와 중부로 양분했을 때 남부로 이해되는 경향이 강하다. '남보'는 '남부'의 베트남 발음으로서 역시 고유명사이나 우리에게는 익숙하지 않다. 코친차이나는 너무 프랑스적이다. 남부베트남은 적절하다. 그런데 이는 'Southern Vietnam'의 번역이라는 이해가 전제될 때 쉽게 수용된다. 이런 이해가 없는 경우에 남부베트남은 20세기 남북 대결 시기 남부베트남(South Vietnam)과 동일어 또는 그 나라가 포괄하던 북위 16-17

도선 이남의 땅으로 인식되기 십상이다. 쟈딘, 남끼, 남보 또는 남부베트남은 메콩 델타에 더해서 사이공, 비엔호아(Biên Hòa 邊和) 지역까지를 포괄하는 곳이다. 사이공과 그 주변의 땅은 사이공 강이 적시고 있고 그 동쪽의 비엔호아 중심부에는 동나이(Đồng Nai) 강이 있다. 메콩 강 및 델타는 사이공으로부터 서쪽으로 50㎞는 가야지 만날 수 있는 곳이다. 그로부터 한동안 델타가 전개되지만 서쪽 끝 연해 지대의 하띠엔(Hà Tiên)이나 까마우(Cà Mau) 같은 곳은 델타라 하기에 적절하지 않다. 그럼에도 불구하고 나는 '메콩 델타'를 사용하기로 했다. 남부베트남, 혹은 쟈딘을 명확하게 반영하는 단어가 되기에는 부족하지만 가장 널리 알려진 단어이기 때문이다. 결국 메콩 델타는 사전적 의미를 넘어 외연을 확장한 이미지를 담는 단어로 진화하고 있다고 보아야 하며 이 진화의 완결 작업에 나는 기꺼이 동참하려 한다. 그러나 본문에서는 맥락에 따라 쟈딘, 남부베트남, 남끼, 남보 등이 빈번하게 사용될 것이다. 특히 남부베트남이 그러하다.

이 책이 다루는 시기는 선행 연구서의 그것에 연속한다. 그 때문에 일부 장·절에서 선행 연구에서 나왔던 사례들이 조금 반복되는 경우도 있다. 전 시기의 연구 내용과 일부 중첩이 되는 가운데 깊어지고 로컬화 되는 게 이 책에서 구사하는 연구 방법이다. 지나치게 로컬화되는 건 역사의 본질에서 벗어난다. 로컬은 항상 역사 사유 단위의 중앙 혹은 전체와 닿아 있어야 한다. 이 책의 주제는 어디까지나 '베트남'의 근대사라는 걸 잊으면 안 된다.

제1장에서는 주로 지주의 입장에 서서 그들의 초기 이주와 정착, 토지 집적, 소작인과의 관계, 둔전과 촌락 만들기 순서로 고찰하였다. 각 장의 내용은 선행 연구서 중 제6장 '토지 측량과 토지사유제의 보호(Land Measurement and the Protection of Private Land

Ownership)'에서 다루어진 문제들을 독립된 소주제들로 설정해 깊이 고찰한 것이다. 박사논문을 준비하는 현지조사 과정에서 나는 띠엔쟝(Tiền Giang) 성 까이러이(Cai Lậy)에 거주하는 지역연구자 쯔엉응옥뜨엉(Trương Ngọc Tường) 선생으로부터 상당량의 19세기 토지 관련 문서를 제공받았다. 연구자로서 행운이었다. 그중 일부가 '토지 측량과 토지사유제의 보호'에서 사용된 바 있다. 이번 책의 제1장 '지주-소작 관계의 추이'에서는 쯔엉응옥뜨엉으로부터 구한 다른 문서들이 추가로 이용되었다.

베트남 상인층의 성장 문제를 다루고 있는 제2장에서 주된 관찰 대상은 베트남 거주 중국인 즉 화교와 경쟁하던 베트남인(종족적인 견지에서) 교역자들이다. 베트남뿐만 아니라 동남아시아의 그 어느 나라고 간에 경제에서 중국인의 역할은 크다. 그렇기 때문에 중국인은 개별국 역사에서 별 의심 없이 경제 변화의 주체로 이해 된다. 그러나 나는 적어도 베트남에서는 달리 이해될 필요가 있다는 입장을 갖고 있다. 베트남인은 국내에서뿐만 아니라 국외에서도 중국인과 경쟁해 왔다. 난 19세기 중반 남부베트남이 그 경쟁의 기원지임을 밝혀보고자 한다.

제3장 '도자기 산업의 발전과 유통'은 남부베트남의 맨 동쪽 비엔호아와 사이공을 중심으로 이루어지던 도자기 생산과 유통의 추이를 살핀다. 이 역시 베트남인 도공들의 성장이 주된 연구 대상이다. 그들의 경쟁자는 중국인 도공들이었다. 중국인이 중국적 도자기를 만들었다면 베트남인은 중국인, 참인, 크메르인의 기술과 유통, 소비 패턴을 혼합했다. 그러는 가운데 남부적 특징을 갖는 도자기가 탄생하고 베트남인 도공들이 성장하는 모습이 이 장에서 탐구될 것이다.

제4장 '남부베트남의 여성상'은 황제에 의해서 '음탕하다'고 평가되던 남부베트남 여성의 실체를 궁구하고 '음탕함'에 내포된 근대성을 찾

는 작업이다. 한 나라의 왕이 특정 지역의 여성들을 싸잡아 음탕하다고 말하는 건 상식적이어 보이지 않는다. 황제의 편견인가 실제의 반영인가? 편견 또는 왜곡이라면 그 이유가 무엇이며 실제라면 그걸 근대와 연결하여 어떻게 해석해낼 것인가?

  마지막 장에는 사·농·공·상의 서열 중에서 가장 위에 있는 사인 연구가 자리했다. 처음부터 의도한 건 아니었는데 다섯 개 연구 성과를 맥락 있게 정리를 하다 보니 이 주제가 책의 마지막 장으로 가게 되었다. 사인 연구는 남부에서 발전하던 쯔놈문학, 특히 남부 문학의 걸작이라고 칭해지는 '룩번띠엔' 분석을 통해서 이루어졌다. 문학작품을 갖고 역사를 쓴다는 건 위험부담이 높은 일이긴 하지만 이 작품이 갖고 있는 역사성의 무게는 그 부담을 기꺼이 감수하게 만들었다.

덕암산 아래 牛二齋에서

차 례

머리말 _ 7

제1장 지주-소작 관계의 추이 _ 19
 이주와 정착 • 24
 토지 집적 • 32
 소작인과의 관계 • 48
 둔전과 촌락 만들기(屯田立邑) • 55
 리뷰와 전망 • 60

제2장 베트남 상인층의 성장 _ 65
 중국인, 혹은 화교 상인들 • 70
 황제의 눈에 비친 쟈딘의 '말업' • 76
 새로운 사람들 • 85
 리뷰 • 100

제3장 도자기 산업 _ 101
 공장(工匠)에 관한 몇 가지 전제 • 101
 도자기 기술자들 • 108
 비엔호아 도자기 • 112
 工匠 사회의 면모 • 117
 리뷰 • 123

제4장 남부베트남의 여성상
― '음탕함'과 그 함의 _ 125
남부 개척과 여성의 지위 • 129
교역 활동 • 135
간통과 매춘 • 139
고결한 여성상 • 143
리뷰 • 146

제5장 사인과 문학 _ 148
싸우기와 글쓰기 • 155
'룩번띠엔' 창작 • 158
남부 애국 정서의 윤리 • 163
리뷰 • 173

첨부 _ 176
참고 문헌 _ 204
찾아보기 _ 213

제1장
지주-소작 관계의 추이

혁명가이자 역사가였던 쩐반저우(Trần Văn Giàu, 1911-2010)는 전통 시대 메콩 델타의 지주-소작 관계를 다음과 같이 표현했다. 대토지 소유자와 그 토지에 고용된 농민은 "경작자가 아니라 지주가 아쉬울 게 많았던 관계"[8]라는 것이다. 반봉건 투쟁 과정에서 지주 타도와 토지 분배를 주장해 왔던 맹렬 공산주의 혁명가, 그리고 유물론에 근거한 역사 연구와 교육에 전념해 왔던 역사 교수가 메콩 델타의 역사와 문화 연구에 오래 천착한 끝에 내린 확신에 찬 결론은 이것이었다.

전통 시대, 적어도 메콩 델타의 지주-소작 관계는 지주가 소작인을 일방적으로 착취하는 형태가 아니었다는 것이다. 이는 전통 시대와 식민지 시대를 하나로 보지 않고 단절된 것으로 보는 시각이다. 기존에 역사학계에서 관행적으로 얘기되어 온 틀에 박힌 설명 방식은 다음과 같았다. 전통 시대 지주를 비롯한 유산자들이 자신들의 이익을 위해서 프랑스에 협조했고 그 보상으로 지주들은 남부의 대토지 소유자로 존재하면서 소작인들을 착취했다. 그래서 식민지 시대의 지주-소작 관계는 전통 시대부터 이어진 착취-피착취 관계의 연장이었다. 쩐반저우의 발

---

8) "~ chủ ruộng cần dân cày hơn là dân cày cần chủ ruộng." Trần Văn Giàu, "Người Lục Tỉnh"(6성省의 사람들), *Xưa và Nay* (과거와 현재) No. 44B(1997), p. 4.

언은 이런 태도를[9] 재검토해야 한다는 제언이었다.

그런데 쩐반저우의 주장은 남부베트남 연구 경험이 축적된 데서 오는 직관이나 단정의 성격이 짙다. 근거 있는 자료에 기초한 연구 결과는 아니다. 그는 구전되는 노래와 풍속의 편린, 지리적 조건, 관행적 인간관계 등을 언급할 뿐 기록된 사료는 제시하지 못하고 있다. 그럼에도 불구하고 그의 헌신적이고 진지한 인생행로, 그리고 품위 있는 학문 연구 태도, 사회적 지위를 염두에 둔다면 직관의 무게는 크다.

나는 그의 주장에 동의하며 그의 이 역사적 선언을 바탕으로 메콩 델타에서 지주-소작 관계의 실제적 면모에 대한 고찰을 선행 연구서에서 시도한 바가 있다(Choi 2004: 186-197). 수집된 여러 자료들은 그의 주장이 옳다는 걸 뒷받침하는 것으로 확인이 되었다.

이젠 그런 실질적 증거에 근거해서 더 확대되고 심화된 남부베트남의 농민상을 그려볼 필요가 있다. 착취-피착취라는 지구적이고 기계적이기도 한 틀을 무비판적으로 적용할 게 아니라 메콩 델타만이 보여주던 특수한 농민상을 소묘해야 할 때다.

19세기 중반 남부베트남의 지주에 관해 이야기하면서 우선 스콧의 '도덕경제'와 폽킨의 '합리적 농민'을 언급하지 않을 수 없다. 이 두 이론의 실질적 근거로서 자주 언급되는 게 동시대 베트남의 형편이었기 때문이다. 스콧의 저서는 『농민의 도덕경제-동남아시아에서 반란과 생존』[10]이며 이에 맞서는 폽킨의 저서는 『합리적 농민-베트남 농촌사회

---

9) 1969년 출판된 이후에 중판을 거듭하며 베트남 연구자들 사이에서 널리 읽히고 있는 밀톤 오스본(Milton Osborne)의 *The French Presence in Cochinchina and Cambodia* (Cornell University Press)는 전통 시대 지주층과 식민지 시대 대주주를 연속적인 존재로 이해하게 만드는 대표적 저술이다.

10) James C. Scott, *The Moral Economy of the Peasant - Rebellion and Subsistence in Southeast Asia* (Yale University Press, 1976).

에서의 정치 경제』[11]이다. 스콧의 주장 요지는 다음과 같다. 촌락 내 농민(주로 소작인)은 최소한의 생존수준을 기대하며 지주는 그것을 보장했다는 것이다. 이 지주의 윤리성을 강조하여 등장한 개념이 도덕경제(moral economy)였다. 폽킨은 이를 너무 '이상화된(idealized 또는 romanticized)' 사회개념이라 지적했다. 필자 역시 이에 동의한다. 스콧과 비슷한 입장에 선 응오빈롱은 다음과 같이 말했다. 전통 시대 지주들이나 촌락 지도자들은 유교적 교육을 받았기 때문에 농민에 대한 도덕적 의무감에 집착하는 경향이 있었다는 것이다.[12] 이 얼마나 낭만적인 견해인가? 그렇다면 예를 들어 라오스나 태국, 그리고 캄보디아와 버마의 지주들이 승려 생활까지 해가며 불교 교육을 받았다고 해서 대다수가 자비롭고 신실한 행동을 할 것이고 기독교도로 수태되고 태어나고 성장한 기독교도 지주들이 대부분 사랑으로 충만하다고 믿을 수 있겠는가? 지배자로서의 도덕성은 유교에서만 가르치는 덕목이 아니며 그런 덕목이 당사자의 현실적 이해관계를 뛰어넘지 못하는 경우는 인간사에서 너무도 흔하다.

필자는 지주-소작 관계의 속성에서 폽킨의 '합리적 농민' 이론에 동의한다. 그의 합리적 농민은 다른 말로 하자면 이해타산적 농민이다. 지주-소작 관계란 양자 공히 자신들의 이익 추구를 위한 제반 모색 과정에서 형성된 것이라는 주장을 받아들이는 게 나는 별로 부담스럽지 않다.

하지만 폽킨이 스콧의 도덕경제를 반박하기에는 결정적 약점이 있다. 그는 스콧이 이상화한 전통 시대 남부베트남의 촌락 내 지주-소작 관계에 대한 실증적 접근을 전혀 실현하지 못했다. 물론 스콧의 도덕경

---

11) Samuel L. Popkin, *The Rational Peasant - The Political Economy of Rural Society in Vietnam* (University of California Press, 1979).
12) Ngô Vĩnh Long, *Before the Revolution, The Vietnamese Peasants under the French* (Columbia University Press, 1973), p. 68.

제 사회도 역사적 근거를 거의 갖고 있지 않다. 다시 말하자면 두 학자는 모두 너무 창의적이었다. 식민지 시대 지주-소작 관계를 전 식민지 시대로부터 계속되어 온, 즉 연속성을 갖는 것으로 파악하는 폽킨은 식민지 시대의 지주-소작 관계로써 전통 시대의 농민상을 역으로 유추했고, 단절을 주장하는 스콧은 식민지 시대의 긴장감과는 전혀 다른 전통 시대의 이상향적 지주-소작 관계를 창조해 냈다고 할까?

필자는 역사를 다루는 게 본업이 아닌 스콧과 폽킨이 역사적 사실에 대한 실증적 자료를 제대로 제시하지 않았다고 탓할 생각은 전혀 없다. 또 그들은 자신들의 중심 연구 대상이 식민지 시대 농민(반란)이라고 주장하기 때문에 전통 시대의 역사적 사실의 정확성 여부에 대한 지적은 부당하게 여겨질 수도 있다.

그런데 두 필자 공히 식민지 시대의 농민반란 원인을 두고 자신들의 견해를 피력할 때 전식민지 시대의 성격을 단순한 배경이 아니라 결정적인 전제로 삼고 있다는 데 문제가 있다. 단절의 시각을 갖고 있는 스콧의 입장에 선다면 전통 시대의 도덕경제 없이는 식민지 시대 농민(지주 포함)이 기대하던 도덕경제의 당위성은 존재할 수 없으며, 연속의 시각을 갖고 있는 폽킨의 입장에 선다면 전통 시대의 농민이 이기적이고 타산적이지 않으면 안 되는 것이다. 역사적 사실에 기초해 사회과학적 이론이 정립되는 게 아니라 이론의 증명을 위해 역사적 사실이 창조된 기현상이라고 할 수밖에 없다.

물론 이런 문제는 두 책이 그 필자들이 생각했던 것 이상으로 강력한 영향력을 베트남학 연구자들 또는 동남아학 연구자들 사이에 끼쳐왔기 때문에 생긴 것이기도 하다. 바로 그런 영향력 때문에 21세기에 들어선 시점에서도 베트남의 유일한 공식 역사학 잡지인 『역사연구(Nghiên Cứu Lịch Sử)』에서는 이 두 논쟁을 길게 소개하게까지 되었지만, 논쟁을 소개하는 베트남 학자 역시 왜 베트남 역사 속의 농민이 도덕적 혹은 합리적이어야 하는지 이해할 수 없다는 심정을 토로하고 있다.[13] 스콧은 최근 동남아시아 고원지대 사람들의 '역사'를 다루며 온 세계 학자들에 또 한 번의 지적 자극을 선사했다. 그런데 그의 '역사'에는 여전히 사료가 없다.[14] 사료와 동행하지 않는 그의 과거사 해설 여행은 역사가들에게 약간은 짜증스럽기도 하지만 여전히 위협적이다. 어떤 위협 앞에서 사람의 두뇌 회전은 빨라진다. 가슴도 뛴다. 그래서 위협적이라는 건 영감을 제공한다는 말이기도 하다. 두 이론이 모두 역사 연구자들에게 농민 문제를 보는 매우 유용한 인식의 도구를 제공한다는 건 틀림없는 사실이다.

베트남의 지주-소작 관계는 어느 편이 더 사실에 가까웠을까? 남부 베트남을 두고 얘기할 때 나의 의견은 여전히 폽킨 편에 다가가 있다. 그런데 그 관계의 성격은 훨씬 부드러웠다고 나는 생각한다. 지주-소작 관계는 폽킨의 주장대로 적대적인 것이 아니었다. 이해 타산적 관계 속에서도 전통 시대(19세기) 메콩 델타의 지주-소작 관계는 우호적이었든가, 적어도 비적대적이었다는 점에서 본인의 시각은 폽킨과 다르다. 필자가 보는 관계의 질감은 부드럽다는 측면에서 스콧의 편에 가깝다고 할 것이다. 단지 나는 이 우호적이고 부드러운 측면을 스콧처럼 근거가 빈약한 이상화가 아니라 사료를 통해 규명해 보고자 한다.

농민 문제를 다루는 이 장에서 나는 소작인 내지 소농보다는 지주를

---

13) Nguyễn Văn Sửu, "Nghiên Cứu Ruộng Đất và Nông Dân Việt Nam, Một Số Cách Tiếp Cận Lý Thuyết (베트남의 토지와 농민에 관한 연구 - 이론 접근 방법 몇 가지)," *Nghiên Cứu Lịch Sử* 4/323(2002), p. 7.

14) 다음 책을 두고 하는 말이다. James Scott, *The Art of Not being Governed: An anarchist history of upland Southeast Asia* (2009). 이 책은 한국에서 『조미아, 지배받지 않는 사람들: 동남아시아 산악지대 아나키즘의 역사』(이상국 역, 2015)로 출간되었다.

통해 접근하는 방법을 택하고자 한다. 지주, 소작, 소농 공히 이들에 대한 기록은 전통 시대의 '실록' 같은 공식 문서에서 다양하게 찾아볼 수 있다. 그러나 촌락 단위에서 생산 관계 속 자신의 구체적인 자취를 보여줄 수 있는 자료를 남길 수 있는 사람은 지주뿐이다. 스스로는 아무런 자료도 남기지 않은, 설사 남겼더라도 현재로서는 그들의 자료를 찾을 수 없는 소작인 내지는 소농을 희망 없이 추적하기보다 필자는 자신의 행적을 상당 부분 드러낸 지주를 선택해 전통 시대 메콩 델타의 농민상을 형상화해 보고자 한다.

17세기부터 베트남인이 대량으로 이주하기 시작한 메콩 델타에서 지주 형성의 역사는 짧다. 19세기에 남부 지주 대부분은 가난한 농민이 중부로부터 이주해 황무지를 개간하고 농사를 지으면서 토지를 집적해 온 가족사를 갖고 있다. 관직 등 권력을 매개로 해서 토지를 보유하거나 집적한 경우는 적다. 그래서 이들의 성장 과정에는 농민으로서의 삶이 그대로 투영되어 있다. 지주가 되어서 그들은 자신들이 상대하던 소작인과 관련된 기록을 비교적 상세하게 남겨두었다. 그래서 지주 연구는 지주 그 자체가 아니라 지주, 소농, 소작인 문제를 다 아우를 수 있는 이점이 있다.

이주와 정착

토지의 인구 부양 능력이 떨어지는 빈딘(Bình Định 平定)이나 푸옌(Phú Yên 富安) 등 중부 지역으로부터 17-18세기 가난한 농민들이 남부의 신세계로 이주했다. 원래 이곳은 캄보디아 땅이었지만 17세기 말부터 베트남화가 급속도로 이루어지고 있던 중이었다.

토지에 굶주린 농민들의 눈앞에 펼쳐진 남부베트남은 낙원이었다. 남부의 입구가 되는 비엔호아로부터 서쪽 방향으로 이어지는 동나이 강, 사이공 강, 밤꼬(Vàm Cỏ) 강, 메콩 강 등 굵직굵직한 강들의 지류를 따라 울창한 정글 안에 미개간지는 무진장 널려 있었다. 가족 단위로 또는 몇몇 가족이 모여 육로를 따라 남쪽으로 내려온 이주민은 이곳으로부터 배를 이용해 이동하다가 적당한 곳을 선택해 자리를 틀고는 나무를 베어내고 논밭을 만들었다.

일찍이 남부 메콩 강변 고꽁(Gò Công) 지역 개척사 분야에서 탁월한 저서를 남긴 비엣꾹(Việt Cúc)은 이주민들의 토지 개간을 다음과 같이 생생하게 소묘한 바 있다.

> 한 무리 사람들이 이곳에 와서 정착해 정글을 개척하고 논을 만든다. 매 가정이 개별적으로 한 구역을 차지하고서는 나무를 베어 넘어뜨리고 수풀을 치워내 논을 만드는데 [...] 호랑이, 악어, 독사의 위협이 항상 도사리고 있는 정글 속이다. 그러나 정글 안으로 일하러 들어가길 꺼리는 사람은 거의 없었다.[15]

개척은 목숨을 건 사투였지만 그 대가로 손에 들어오는 땅은 전부 자기 것이었다. 고난의 시기를 이겨내면 자기 땅을 가질 수 있었다. 사나운 짐승 외에도 독충, 말라리아의 위협이 있었으되 먹고살 만한 토지의 개간은 한 가정의 노동력만 갖고도 충분했다. 물과 정글 속에는 물고기를 비롯한 각종 패류와 과일, 벌꿀, 구근류 등 배를 채울 게 많았다. 그리고 정글 안에는 흉포한 동물만 있는 게 아니었다. 토끼, 사슴뿐 아니라

---

15) Việt Cúc, *Gò Công Cảnh Cũ Người Xưa* (옛 고꽁과 인물들) vol. 2(Saigon, 1969), pp. 35-36.

조류와 파충류도 훌륭한 영양식이었다.

비엣꾹과 비슷한 시기에 활동했던 빈응우옌록(Bình Nguyên Lộc)은 자신의 단편소설에서(한국어판에서 필자의 이름은 빈구엔로크) 이주민의 생활을 좀 더 구체적으로 그려냈는데 그들이 처한 상황과 심리를 이해하는 데 도움이 될 만하다. 록은 그가 활동하던 당시에도 아직 개간이 완료되지 않은 우민(U Minh) 지역으로 이주한 한 가정을 소개하고 있다. 그들의 사정은 시간과 공간을 초월하여 남부베트남에서 거의 공통적인 것이어서 초기 개척 시기 이주민의 생활상을 짐작케 하는 훌륭한 단서가 된다. 주인공인 소녀와 부모, 할아버지로 이루어진 이 이주 가정의 생활상은 주로 소녀의 관찰, 그리고 그녀와 할아버지 사이의 대화를 통해 묘사된다.

집 바깥에는 기가 질릴 만큼의 고요가 깔려 있다. 그 고요는 집안에서도 매일반이었다. 가족이 한데 모여서 즐겁게 얘기를 주고받는 일이 좀처럼 없다. 이 고장으로 옮겨오고부터는 모두들 생판 달라졌다. 어쩌다 보면 종일토록 입을 다물고 있는 날도 있었다. 아침에 일어나서 하루 꼬박 일을 하고 묵묵히 식사가 끝나면 잠을 잔다. […] "[5년 전] 옛 동네를 나와서 우린 굉장히 떠돌아 다녔단다. […] 논이 없으면 굶어죽는 길밖엔 없거든. 며칠이 안가서 끼니거리는 떨어지고 물도 다 먹어 버렸어. 그때 우린 여기에 와 닿았다. […] 아무리 조막만하고 메마른 논이라도 어쨌든 갈아 보기로 하면 뭣이고 생산되겠지…"16)

절망적이어 보이는 형편 속에서도 이들에게는 희망이 있었다. 이전

---

16) 빈구엔로크, 「메콩 三角洲 막바지」, 이종구 번역, 『세계문학단편선』(『월간중앙』 8월호 부록)(서울: 중앙일보사, 1971), pp. 151-153.

에 살던 곳을 떠난 지 얼마 되지 않아 식량이 다 떨어졌어도 그들은 새로운 땅에 정착해서 5년 동안 아무도 굶어죽지 않았다. 더군다나 우민은 남부베트남에서도 특히 개간의 여건이 좋지 않은 곳으로 통했는데도 말이다.17) 개간 기간 동안 농사 수확은 변변치 못해도 아버지는 농사일 틈틈이 물고기를 잡아 말려 장에 내다 팔았다. 그렇게 해서 식량을 구해와 먹고 살았다. 지나가는 또 다른 이주민 가족이 형편을 묻자 아이는 "그전에는 [이전 마을에서] 네 정보밖에 없었는데 […] 지금은 열 정보나 돼요."(p. 154)라며 자랑한다. 5년 만에 개척한 토지가 이전에 소유했던 토지의 두 배가 넘는 열 정보라니 앞으로 아이들이 더 태어나고 성장하면서, 그리고 이 소녀에게 장가드는 젊은이의 노동력이 더해지면18) 개간될 토지는 더욱 늘어날 것이다.

여기서 '정보(町步)'는 영어의 헥타르를 번역한 듯하다. 이 소설의 원본은 찾을 길 없고, 한국의 번역자는 영문으로 번역된 글을 다시 번역했음이 틀림없는데(번역자는 영문학자임), 영어 번역본에서는 베트남의 토지 단위인 머우(mẫu 畝) 및 까오(cao 篙)를 헥타르로 산정하였을 것이고 다시 한국말 번역에서 정보 단위를 쓴 것이다. 1헥타르는 약 3,000평이고 1정보 또한 3,000평이니 헥타르를 정보로 번역한 건 타당하다. 남부에서 1머우는 약 5,000평방미터이고 까오는 머우의 1/10이다. 남부에서는 일반적으로 2-3머우를 가지면 자립적인 소농이라고 할 수 있고 한 핵가족 노동으로 최대 4-5머우를 경작할 수 있었다고 나는 본다(Choi

---

17) Terry A. Rambo, *A Comparison of Peasant Social Systems of Northern and Southern Viet-Nam: A Study of Ecological Adaptation, Social Succession, and Cultural Evolution* (Center for Vietnamese Studies, Southern Illinois University, 1973), p. 57.
18) 19세기까지 메콩 델타에는 처거제(妻居制)가 널리 퍼져 있었다. 유인선, 「베트남인의 南進과 南部文化의 形成」, 『東方學志』 105(1999), p. 376.

2004: 188). 이 수치를 적용해 보면 소녀가 주장하듯 이전에 살던 마을에서 4정보를 갖고 있었다고 할 때 이미 12,000평(약 36,000평방미터) 즉 약 7머우나 가지고 있었다는 것이고 지금까지 새로 마련한 토지가 10정보라면 14머우가 넘는다는 얘기이다. 너무 많다. 이 소설 속에서 나오는 토지의 절대 수치는 믿을 바가 되지 못한다고 생각한다. 아마도 번역 과정의 환산 단계에서 생긴 착오 탓이 아닐까 한다. 단지 개간에 의한 토지 증가의 비율은 주목할 만하다.

이 새로운 땅에서의 생존에 국가의 개입은 거의 없었다. 일찍이 18세기의 학자 레꾸이돈(Lê Qúy Đốn 黎貴惇, 1725-1784)은 메콩 델타 개척의 초기 모형을 『무변잡록(撫邊雜錄)』에서 다음과 같이 기술한 바 있다. 남북국 시대 남국의 응우옌 씨 정권(16-18세기)이 메콩 델타 지역을 경영하기 시작하면서 현 중부의 꽝아이(Quảng Ngãi 廣義)와 꾸이년(Qui Nhân 歸仁)의 '재산 있는 자들(有物力者)'을 모집해 남부로 보내 살게 하고 그들로 하여금 정글을 개척하여 평지로 만들었다는 것이다.19) 그런데 이 기술을 근거로 삼아 메콩 델타로의 이주가 재산 있는 자들을 앞세운 조정의 주선으로 항상 이루어졌다고 단정할 수는 없다. 자기 고장에서 먹고살기 넉넉한 자들이 수백 킬로미터, 심지어 천 킬로가 넘는 먼 지역인 데다가 온갖 어려움이 도사리고 있는 남쪽의 변방을 개척하러 갈 이유가 없기 때문이다. 설사 그런 부자들이 있었다고 하더라도 그 수는 극히 소수였고, 초기의 현상이었으리라 생각된다. '유물력자' 운운은 정복자로서 내려와 남국의 수도였던 푸쑤언(Phú Xuân 富春) 근처에만 머무르며 이 책을 집필했던20) 레꾸이돈의 착각이었을 가능성이

---

19) 黎貴惇, n. d., trans. by Lê Xuân Giáo, 『撫邊雜錄』(Saigon: Phù Quốc Vụ Khanh Đặc Trách Văn Hóa Xuất Bản, 1972), 6:243a.
20) 떠이썬 반란(1771년 발발)이 급속히 확산되자 북국 찐 씨의 군대가 남하했다. 남국의 응우옌 왕실이 도성을 버리고 남부베트남으로 도망갔고(1775) 푸쑤언

높다. 정작 남국 응우옌 씨 정권을 계승한 응우옌 왕조의 사관들이 남긴
『대남식록전편(大南寔錄前編)』및 남부베트남 출신 고위 관료 찐화이
득(Trịnh Hoài Đức 鄭懷德, 1765-1825)이 19세기 초에 출간한 방대한 남
부 지리서『가정성통지(嘉定城通志)』같은 곳에서는 이런 기술을 찾아
볼 수 없다.

   단지『대남식록전편』에는 1698년 남국 조정이 중부의 유민들을 모
아 남부로 보내 촌락을 만들고 토지를 개간하게 했다는 기사가 나온다
(『前編』, 7:14a). 그러나 이는 농민들이 남부로 이동한 데 대한 국가 개
입을 보여주는 처음이자 마지막 기록이다. 이주는 대부분 농민의 자발
적 결정에 의해서 이루어졌고 필요한 비용은 자신들이 책임졌다. 위험
부담도 물론 고스란히 이주자들의 몫이었다.

   스스로 개간 지점을 선택해서 자력으로 개척한 터이니 토지는 당연
히 개인 소유였다. 이런 이주와 개간의 역사를 갖고 있던 남부베트남에
서는 토지의 사적 소유가 일반적이었다. 남부베트남은 개개의 촌락에
공전(公田)이 필수적으로 있어야 했던 북·중부 베트남과는 전혀 다른
토지 소유 개념이 지배하는 사회였다. 북·중부처럼 집체적 촌락 형태라
든가 촌락공동체의 강한 결집력이 없는 것도 공전이 부재하고 사전을
보편화시킨 원인이자 결과였다. 미개간 토지는 널려 있고 토지의 개간
과 농업 생산이 비교적 용이했던 남부베트남의 지리적 환경이 대규모
의 사유지 및 토지 사유 관념을 탄생시킨 것이다.

   사적 토지 소유가 일반화된 이곳에서 지주들이 출현할 가능성은 높
았다. 17세기 말 본격적인 이주와 개간이 시작된 이래 한 세기 뒤인 18

은 찐 씨 군대에 의해 점령되었다. 레꾸이돈은 1776년 음력 2월에 푸쑤언에 파
견되어 6개월을 머물다 탕롱으로 돌아갔다.『大南寔錄前編』(1844. 東京: 京應
義塾大學語學研究所, 1961)(이하『前編』), 12:9a, 12a. 그는 이 기간 수집한 자
료를 토대로『무변잡록』을 썼다.

세기 말쯤 이미 꽤 두터운 지주층이 메콩 델타에서 형성되었던 것 같다. 전통 시대 남부베트남의 대토지 소유 현황을 언급할 때면 자주 인용되는 바이지만, 이 시기 레꾸이돈은 "[부자 중에는] 한 집에 전노(田奴)의 수가 혹 50-60인에 이르고 소 외양간이 300-400여개에 이른다."(黎貴惇: 6:243a)고 한 바 있다. 이 역시 레꾸이돈이 직접 보고 적은 건 아니어서 내용을 그대로 믿을 만하지 못하나 이때쯤이면 전노(소작농)를 부려가며 농사를 짓는 지주들이 델타 곳곳에 나타났음을 충분히 짐작할 수 있다.

이들 그리고 이들 집안의 자제들은 1788년 사이공에 성립된 쟈딘 정권의 핵심 멤버로 참여했으며 이후 전개되는 떠이썬-쟈딘 간의 싸움에서 응우옌푹아인(Nguyễn Phúc Ánh 阮福映, 1762-1820)을 도와 응우옌 왕조(1802-1945)의 수립에 공헌했다. 이는 남부의 지주들이 공식적인 정치 위상을 확보하게 되는 첫 계기이기도 했다. 이들이 개국공신으로 관직에 진출하거나 관작을 받고 남부베트남 사회를 지배하는 지주층으로의 사회적 위상을 공고히 하게 되는 것도 이즈음이었다. 딘뜨엉(Định Tường 定祥)성 고꽁의 지주 집안 출신 팜당흥(Phạm Đăng Hưng 范登興), 롱안(Long An 隆安)의 응우옌후인득(Nguyễn Huỳnh Đức 阮黃德) 같은 이들은 응우옌 왕조의 건설에 공을 세우고 작위를 받았으며 더 나아가 황실과 인척 관계를 맺는 집안으로 성장했다. 팜당흥의 딸은 민망 황제의 며느리가 되었으며 응우옌후인득의 아들은 황제의 사위가 되었다.[21]

---

21) '열전'은 응우옌후인득의 아들 셋 중 한 명이 부마가 되었다고 하는데(『初集』, 7:22b), 이 집안의 사당에 보관되어 있는 가계도에는 아들 넷 중 두 명이 부마인 것으로 되어 있다. Sơ Lược Tiểu Sử và Tài Liệu Đức Tiền Quân Kiến Xương Quận Công Nguyễn Huỳnh Đức (1748-1819) (前軍○○郡公 阮黃德 小史와 자료 初略) (前軍廟, Long An, 2015년 8월 17일 방문 시 입수), p. 9.

그러나 이들의 성공이 남부베트남 지주들의 정치 지향적 성향을 말해주는 건 아니다. 그들은 여간해서 정치에 관심을 갖지 않았다. 이들이 왕조의 건국에 참여하게 된 이유는 남국 응우옌 씨 집안의 왕자인 응우옌푹아인이 어린 시절에는 떠이썬의 추격을 피해서, 그리고 성장해서는 떠이썬과의 대결을 위해서 남부베트남에 있었기 때문이었다. 떠이썬 군이 보여준 지주에 대한 과도한 적대감에 대한 반발도 작용했을 것이다. 왕실에의 충성심 내지는 정치 지향성이 이들의 선택을 결정했던 건 결코 아니었다.

쟈딘 지주들의 정치적 위상이 강화된 모습은 얼마 가지 않았다. 전쟁이 끝나고 나라가 안정되면서 쟈딘 사람들은 중앙 정치와 멀어졌다. "전통적인 지주가 많았던 북쪽에서는 토지에서 얻어진 경제력을 관직 획득에 투자했으나 남부베트남의 지주들은 땅 그 자체에 대한 관심이 높아서"였기 때문이라는 우드사이드의 지적은(Woodside 1971: 221) 적절하다. 북부나 중부의 지주들에게 관직은 명예일 뿐만 아니라 자신들의 부를 보호해 주는 방패이며 이용하기에 따라서는 더 많은 부를 획득하게 해 주는 수단이 될 수 있었다. 이에 반해 남부베트남의 지주들에게 조정의 관료라는 건 별로 수지맞지 않는 직업이었다. 형편없이 낮은 봉급에다가(적어도 그들의 기준에는) 여차하면 죄인으로 몰려 처벌당하기 십상이었다.[22] 관직에 올라서 얻을 수 있는 것보다 더 많은 부를 그들은 토지로부터 뽑아낼 수 있었다. 대체적으로 보아 19세기 전반 남부베트남의 지주들은, 그리고 소농들은 토지를 늘려가는 작업에 몰두하고 있었다.

---

[22] 이 문제에 대해서는 Choi(2004), pp. 109-112 참조.

토지 집적

「19세기 후반 띠엔쟝에서의 토지 사유 현황」[23]은 주목할 만하다. 이 글의 필자는 메콩 동편의 곡창 지대 미토(Mỹ Tho) 주변에 존재하던 지주들의 종류를 구체적인 자료를 통해서 토지 소유 규모, 토지 집적 방식 등에 따라 구분하여 소개했다. 제목에서 알 수 있듯 주된 논의의 시간대는 프랑스 지배 초기에 치우쳐 있다. 그러나 그가 분석한 지주들 중에는 전통 시대, 그러니까 19세기 전반이나 중반 남부베트남 사회와의 연계성을 가진 사람들도 있어서 전통 시대 농촌상을 엿보는 데 중요한 단서들을 제공하고 있다.

이런 지주 중의 하나가 남부베트남의 딘뜨엉 성, 끼엔안(Kiến An 建安) 부(府), 끼엔호아(Kiến Hòa 建和) 현(縣), 타인꽝(Thạnh Quang 盛光) 총(總), 빈까익(Bình Cách 平格) 촌의 쩐반혹(Trần Văn Học 陳文學, 1819-1879)이다. 이 인물 또는 집안과 관련된 자료는 필자도 이미 입수하여 그 일부는 1999년 박사논문과 그것을 보완해 2004년 출간한 연구서에서 요긴하게 사용된 바 있다. 그 외 몇몇 학자에게도 이 집안의 문서들은 남부베트남 사회를 연구하는 데 귀중한 자료로 다양하게 활용되어 오고 있다. 그러나 아직 이 자료들에 대한 본격적인 분석은 이루어지지 않은 채 단편적이고 개괄적으로 여러 저술에 인용되고 있을 뿐이다. 필자가 1999년 처음 이 문서들을 갖고 연구를 시작했을 당시에 주로 살폈던 건 19세기 전반 쩐반혹과 그의 아버지가 함께 생존하던 시기 이 집안의 모습이었다.

---

23) Nguyễn Phúc Nghiệp, "Tình Hình Tư Hữu Ruộng Đất ở Tiền Giang Nửa Sau Thế Kỷ XIV(19세기 후반 띠엔쟝에서의 토지 사유 현황)," *Nghiên Cứu Lịch Sử* 5(318)(2001).

이번 연구에서 나는 1857년에 작성된 쩐반피엔의 유언장(경우에 따라서 분재기라고도 부르겠다.)을 면밀히 검토하는 작업을 통해 19세기 중반 지주의 모습을 그려내 보려고 한다.[24]

이 메콩 델타 지주 집안의 선조가 되었을 중부 출신의 가난한 농민의 이주와 정착, 그리고 개간의 과정은 다른 이주민들이 겪었을 경험과 대동소이했을 것이다. 자식들이 성장하면서 노동력이 더해지고 개간되는 토지는 점차 많아졌다. 시간이 흐르면서 초기에 핵심 노동력을 담당했던 부부가 늙든지 사망하면 토지는 자식들에게 상속되었다.

베트남 특히 남부베트남에서 상속은 남녀 불문한 공평분배를 원칙으로 하고 있기 때문에 토지는 다시 분할되는 관계로 1, 2대 내에 급속히 대지주가 출현하기는 어렵다. 몇 대가 지나다 보면 비로소 이 개척자의 자손 중에 토지 집적에 비상한 재주를 갖는 사람이 나타나게 되는데 이 집안에서는 쩐반혹의 아버지인 쩐반피엔(Trần Văn Phiên 陳文番, 1798-1861)이 바로 그런 사람이었다. 이 집안의 족보에 의하면 쩐반피엔은 중부에서 남부로 이주한 선조 쩐반쿵(Trần Văn Khủng 陳文恐)의 4대손이었다(자료11). 그렇다면 쩐반피엔은 응우옌 씨 정권이 메콩 델타를 본격적으로 지배하기 시작한 17세기 말 무렵에 이곳으로 이주한 지 약 백 년이 되는 집안에서 태어난 사람인 셈이다.

쩐반피엔이 소유한 토지가 얼마나 되었을까? 이 사람에 대해서 나보다 먼저 관심을 갖기 시작했던 남부베트남의 문화사가 썬남(Sơn Nam)은 쩐반피엔이 사망할 당시 보유했던 토지가 335머우였으며 매년 벼 약 4,000쟈(giạ)의 소작료를 거두어들이는 대지주였다고 소개한 바 있

---

[24] 이 장에서 활용될 자료 다수는 2004년 연구서에 첨부된 바 있다. 자료 검색의 편의를 위해서 2004년 자료는 모두 이 책 뒷면에 첨부하였다. 단지 그중 1831년 토지거래 문서가 하나 빠지고, 1843, 1877년의 토지거래 문서, 1870년대 말(?)의 족보, 1876의 유언장이 추가되었다.

다.²⁵⁾ 메콩 델타의 경우 1머우는 약 5,000제곱미터였다고 했다. 그러니 쩐반피엔이 보유한 토지는 50만 평 정도에 해당한다고 할 수 있다. '쟈' 는 남부베트남에서 곡식에 한해서만 사용되던 계량 단위였다. 1쟈는 최소 36리터에서 최대 40리터였다. 40리터로 계산할 경우 이 지주가 소작료로 받아들이던 4,000쟈는 160,000리터에 해당한다. 1830년대 한 관료의 계산에 의하면, 6인 가족이 벼 72혹(hộc 斛)으로 일 년을 살 수 있다고 했다.²⁶⁾ 1혹은 당시 공식적인 표준 계량 단위인 프엉(phương 方) 으로 환산하면 2방이다. 그런데 1쟈는 1프엉과 비슷한 양이다. 그렇다면 쩐반피엔이 소작료로 벌어들이는 액수는 약 27가족 즉 162명이 일 년 동안 먹고 살 수 있는 액수였다. 썬남의 저술 대부분이 그렇듯이 근거를 밝히고 있지는 않지만 그가 본 자료는 1857년 작성된 쩐반피엔 부부의 분재기가 틀림없다. 이 분재기는 남부베트남 지주의 토지 소유 규모 및 토지의 성격, 그리고 당시 사회상의 일단을 상세하게 알려준다. 그 내용을 보기로 하자.

향주(鄕主) 피엔 부부는 유언장을 작성하여 미리 가재와 전토 문제를 정해 놓는다. 부부는 다섯 남매를 낳았고 첩으로부터 남매 둘을 두었다. 논을 만들고 사들인 게 본촌[平格村] 및 쏭타인, 즈엉쑤언 두 개 촌락에 위치하는데 이 논은 딱 335머우이다. 이 백성이 나이가 이미 육순에 이르렀고 생사를 예측하지 못하니 자식들이 후일 불화하는 마음이 생겨 송사하는 일이 있을 것을 염려하여 이에 일가 분들을 청하고 유언장을 작성하여 미리 상속분을 정하고자 한다. 그중 지붕 세 개짜리 사당 한 채,

---

25) Sơn Nam, *Đất Gia Định Xưa* (옛 쟈딘 땅)(HCM City: Nxb. Thành Phố Hồ Chí Minh, 1997), p. 73.
26) 『大南寔錄正編第二紀』(1861. 東京: 慶應義塾大學語言研究所, 1968)(이하 『寔錄』 2), 167:21a.

처마 두 개짜리 한 칸 본채, 처마 두 개짜리 세 칸 객당, 처마 두 개짜리 부엌 세 칸 및 집안의 재산인 제기를 비롯한 각종 물건들은 마땅히 사당에 충당시켜 향화(香火)를 받드는 일에 쓰게 해야지 분배하면 안 된다. 전토 중에서는 향화전을 한 덩어리 떼어내고 사당용으로도 한 덩어리 남긴 후 나머지는 서로 나누어 자식들로 하여금 똑같이 자기 지분으로 먹고살게 할 것이다. 말은 행동을 돌아보되 아비가 가르친 대로 할 것이며 행동은 말을 돌아보되 법을 지켜 행해야 한다. 만일 그 누구라도 미리 정한 일을 따르지 아니하면 북을 울려 그를 칠 것이며 사람으로 여기지 않고 그의 지분은 사당 소유 향화 지분으로 집어넣을 것이다.(자료8, 9)

토지의 집적은 쩐반피엔의 향촌 내 영향력과 상관있었다. 이 유언장 머리에는 피엔의 직책이 '향주'라고 되어 있다. 향주란 무엇일까? 슈라이너에 따르면 촌락 내 원로 회의 집단을 구성하는 향직 중 가장 높은 지위로서 재산과 나이 및 덕망을 겸비한 인물에게 이 직책이 주어졌다고 한다.[27] 쩐반피엔이 토지를 구입하면서 작성한 여러 토지 매매 증서 중에서 필자가 보유한 가장 이른 문서는 1830년에 작성된 것이다. 32살이었던 그때 피엔의 직책은 촌장이었고(자료2) 1831년 문서에도 촌장이었는데(자료3), 1834년의 문서에는 부총(副總)이었다가(자료4) 1839년의 매매 증서에는 그가 해총(該總) 즉 타인꽝 총의 책임자가 된 게 확인된다(자료5). 1846년의 문서에는 이름 앞에 아무런 표기가 되어 있지 않은 것으로 보아(자료7) 해총을 끝으로 그는 촌락 행정 업무를 그만두고 촌락 원로회의 구성원이 되었던 것 같다. 이 분재기가 작성될 무렵 쩐반피엔은 그 원로회의의 좌장으로까지 올라갔다고 볼 수 있겠다.

---

27) Alfred Schreiner, *Les Institutions Annamites en Basse-Cochinchine avant la Conquête Française* Tome2(Saigon: Claude & Cie, 1901), p. 23.

논을 '만들고 사들였다(造買)'는 건 토지 집적의 방식을 보여주는 문구이다. 땅을 만들고 사는 건 남부베트남에서 보편적인 땅 늘리기 방법이었다. 그러나 분재기가 작성된 당시 보유하고 있던 토지가 '만들고 사들여서' 모은 것이라 해서 이 지주의 토지 소유 확대 인생이 땅을 개간하고 사들이는 일만으로 이루어졌다고 생각하면 오해다. 이 유언장에 보이지 않는 더 많은 토지를 그가 사들인 증거들을 나는 갖고 있다. 예를 들어 쩐반피엔은 적어도 1839년, 1843년, 1846년에 각각 약 45머우, 7머우, 27머우를 사들였다는 기록이 토지 매매 증서(자료5, 자료6, 자료7)와 1855년의 지부(地簿)에 남아있다.[28] 이 토지들은 분재기가 작성되기 전에 팔려나갔다. 19세기 남부베트남에서는 상품 경제의 발전과 더불어 토지가 활발히 거래되고 있었다. 따라서 토지 집적은 '만들고 사들여서' 이루어진 게 맞겠으나 그 과정에서 땅을 '파는 일'도 활발히 행해졌다는 것이 중요하다. 게다가 1836년 토지 경계가 새로이 측량되고 (탁전度田) 측량 단위가 표준 단위로 통일된 데다가 중앙 조정이 "경작만 한다면 얼마든지 토지를 보유해도 된다"는 입장을 확실히 하게 됨에 따라 토지 매매 현상은 더욱 가속화되고 있던 형편이었다(Choi 2004: 169-170, 186).

토지의 집적 범위를 눈여겨볼 만하다. 썬남은 쩐반피엔의 토지 규모가 한 개 마을 전체 면적을 합친 것보다 넓었다고 했다(Sơn Nam 1997: 73). 이는 한 마을의 토지를 전부 소유하고 다른 마을로 소유 범위를 넓혀갔다고 해석되기 쉬우나 촌락공동체의 전통이 북, 중부에 비해 훨씬 미약한 형태이긴 하더라도 여전히 유지되던 남부의 자연 촌락에서 한

---

28) 이 지부는 공식적으로 작성되어 조정에 제출된 것으로서 현재 하노이 문서보관소에 소장되어 있다. 이 지부의 초안으로 보이는 동일 지부에도 같은 내용이 있다. 이 자료는 호찌민시 사회과학원 내 한놈원에 보관되어 있다(Viện Hán Nôm Serial No. 13).

사람이 촌락 전체 토지를 소유한다는 건 있을 수 없는 일이었다. 분재기에 표현되는 '본촌'의 토지 대장 즉 빈까익 촌 지부에는 쩐반피엔 외에도 여러 토지 소유자가 공존하고 있었다. 단지 쩐반피엔은 본촌 외에 다른 마을에도 땅을 갖고 있었다는 말이다. 분재기 안의 '쑹타인(Song Thạnh 雙盛)' '즈엉쑤언(Dương Xuân 陽春)' 마을의 땅이 바로 그것이었다.

장남 쩐반혹 대에 이르러 토지의 집적 범위는 더욱 확대되었다. 1876년에 작성된 쩐반혹의 분재기에는(자료12) 그의 토지가 빈까익, 쑹타인, 즈엉쑤언은 물론이고 떤묵(Tân Mục 新睦), 빈당(Bình Đẳng 平登), 롱찌(Long Trị 龍池) 쟈타인(Gia Thạnh 嘉盛) 촌에까지 분포되어 있음이 확인된다.

작인을 부려 토지를 경작하고 소작료는 빠짐없이 받아 내겠지만 지주가 보유한 토지에 대해서 충실히 국가에 세금을 바치는 경우는 거의 없었다. 앞서 잠시 언급한 대로 1836년 쟈딘에서는 토지 측량이 이루어지고 이에 기초해서 지부가 작성되었다. 모든 토지는 등록되어 조정은 지부를 바탕으로 토지 실태를 파악하고 세금을 물리려 했다. 황제는 토지를 되도록 많이 측정하고 등재해 세수를 늘리려 했고 토지 소유주들은 가능한 한 징세를 피하려고 했기 때문에 토지를 숨기거나 관을 매수하는 경우가 비일비재했다. 예를 들어 쩐반피엔의 빈까익 촌이 소재한 딘뜨엉 성의 한 관리는 탁전을 할 때 촌민들로부터 무수히 뇌물을 받아 먹은 사실이 드러났다(『寔錄』 2, 169:6). 부정을 저지르면 엄한 처벌이 뒤따른다는 경고가 있었지만 토지를 보유한 농민 입장에서는 세금과 요역 부담이 늘어나는 걸 피할 방법을 궁리해 보는 게 당연했다. 등재되는 경우 토지 소유자는 1머우 당 벼 26승(升, 약 78리터)을 세금으로 내야 했다(『寔錄』 2, 172:10b-12b).

분재기가 작성될 당시 335머우를 보유하고 거기서 매년 4,000쟈의 소작료 수입이 있던 쩐반피엔의 경우를 1836년 상황에 적용해 보자. 그가 거둘 소작료가 머우 당 평균 약 11쟈였으니 조정에 낼 세금은 소작료 수입의 약 2할이 된다. 새로운 제도 앞에서 지주는 고민했을 것이다. 쩐반피엔이 선택한 방법은 적당한 선에서 조정을 속이는 것이었다. 1836년 지부가 만들어질 때 그는 부총이거나 해총 직을 수행하고 있었다. 지부에 그의 토지는 51머우 정도로 기록되어 있다. 그러나 토지 매매 증서들을 분석한 바에 의하면 그는 1836년 당시 최소 44머우는 숨기고 있었다는 게 확인되었다(Choi 2004: 181). 구체적인 토지 분배 내역서 즉 분재기에는 숨겼던 토지들이 더 드러난다. 앞으로 보게 될 토지 지분들 중에는 그 위치를 설명할 때 '지부에 기록되어 있다'는 것 외에 '장부'라든가, '문계' 또는 '계약서'에 '기록되어 있는 대로'라고 쓰어 있는 게 많이 눈에 뜨이는데 그것은 공식적인 토지 대장인 지부에 기록되어 있지 않은 땅을 의미한다.

또 한 가지 주의를 기울일 만한 건 유언장 작성 주체가 쩐반피엔 부부(원문에는 부처 夫妻)라는 사실이다. 재산 또는 토지 소유권은 남자에게만이 아니라 부부에게 있었다. 그래서 유언장 뒷부분에는 부부 공동의 서명이 나온다. 쩐반피엔은 수기(手記)를 하고 그의 아내 쯔엉티쌍(Trương Thị Sáng 張氏創)은 손가락 사인을 했다. 손가락 사인이란 건 '디엠찌(điểm chi 點指+灬)'를 이름이다. '디엠'은 '점'이고 '찌'는 손가락을 의미하는 '지' 아래 네 개의 점을 더 찍어 만든 베트남식 조어 즉 쯔놈이다. 점이 매우 강조된 글자다. 손가락을 종이에 대고 각 마디 옆에 붓으로 점을 찍는 사인을 말한다.[29] 토지를 분배받는 경우 아들과 며느리, 딸과 사위가 나란히 디엠찌를 했다. 토지를 부부가 공동으로 소유하고

---

29) 남성은 검지를 엎고 여성은 누인다. 남성의 경우엔 세로로 쓴 이름 좌측 상단에 첫마디 점이 찍히고 여성의 경우엔 우측 상단에 첫마디 점이 찍힌다.

디엠찌의 사례들

장자 상속이 아니었던 만큼 땅 주인(남녀 불문)의 권리(또는 권력) 행사는 가부장적 지주의 그것에 비해 부드러웠을 가능성도 높다.

사당전(祠堂田)과 향화전(香火田), 그리고 사당의 존재 및 규모, 각 제기와 기물의 분배 불가 지시 등을 통해서 우리는 조상 제사에 대한 베트남인의 독특한 집착이 남부베트남 사회에서도 유지되었다는 사실을 확인할 수 있다. 제사용 토지 분배 규모 내지 성격은 유언장의 나머지 부분에서 확인이 되겠지만 조상의 제사를 모시는 전통적 관습 강조가 이 지주의 사회적 권위를 높여주는 역할을 했음을 짐작할 수 있다.

위에서 소개한 유언장의 내용 뒤에는 작성 연대와 피엔 부부의 서명, 그리고 피엔 부부의 뜻을 받아 적은 자의 이름이 기록되어 있고 곧 이어서 다음과 같은 구체적인 분배 내역이 나온다. 먼저, 분배가 불가하다고 못박은 향화전과 사당전에 대한 언급을 보자.

- 향화전은 원래 3승(繩)[30] 이었는데 측량이 이루어져 한 필지 23머우 정도가 되었다. [이] 백성이 나누어 경작하며 본촌에 있다. [경계의] 동서 사방은 지부에 기재된 대로이다. 우리 부부의 제사에 사용한다. 벼(粟)

---

30) 남부에서 쓰던 말은 '저이(dây)'였다. 줄을 의미하는 말이다. 이를 한자화 해 문서에서는 '탕(thẳng 繩 승)'이라고 표현했다. 토지 단위에 왜 '줄'을 썼는지는 그 이유가 분명치 않다. 새로운 땅으로 이주한 농민이 자기가 개척하려고 점찍은 땅에 줄을 둘러쳐 경계를 표시한 데서 유래한 게 아니었을까? 그렇게 해놓으면 개간이 진행되는 도중 뒤에 들어오는 이웃 이주자와 분란이 생기는 걸 막을 수 있었을 테니 말이다.

290쟈가 [소작료로] 나온다.
- 사당전으로 충당할 것은 원래 4승이었는데 측량 이후 한 필지 27머우 정도가 되었다. [이] 백성이 나누어 경작하며 본촌에 소재한다. 동서사방은 지부에 기재된 대로이며 [이] 백성의 조부모 및 증조부모 등의 제사 나흘 및 [이] 백성의 같은 배 형제자매가 기일에 모이는 날에 비용으로 사용한다. 3월 27일 한 번이다. 논에서 벼 320쟈가 나온다. 이상의 향화 관련 두 개 땅은 장남 백호(百戶) 학(學)에게 주어 봉제사를 총괄하게 한다.(자료8)

이 지주 집안에서 가장 중요했던 향화전과 사당전은 장남 학(쩐반 혹)이 계승하여 봉제사에 사용되기로 했다. 메콩 유역에서 막내아들이나 막내딸이 재산을 상속하는 경우도 많았다는 지적도 있긴 하다(유인선 1999: 376). 그러나 이는 주의를 요할 문제이다. 토지나 재산 분배가 부모의 유언장이 작성될 당시 한꺼번에 이루어지는 것만은 아니다. 실질적 재산 분배는 큰 자녀로부터 차례로(특히 혼인과 함께) 이미 이루어졌고 분재기 작성 내용은 그것을 확인하는 데 지나지 않을 수도 있다. 부모가 다 사망할 즈음에는 막내에게 줄 정도밖에 남지 않았기 때문에 막내 상속으로 이해될 수도 있다. 적어도 지금 살피고 있는 분재기에 의하면 상속 재산은 자녀들 간 균등 분배였다. 각 토지에 소작료가 명기되고 그 소작료를 기준으로 거의 균등하게 분배하고 있는 것으로 보아서 이즈음까지 쩐반피엔 부부가 경영하다가 비로소 자녀들에게 넘겨준 경우였다.

향화전과 사당전의 관리권만은 장자에게 상속되지만 이것을 장자상속제라고 보기는 어렵다. 향화전과 사당전만 장남에게 넘어갔을 뿐이지 나머지 토지는 거의 정확한 균분상속이었다. 이렇듯 조상 제사와 관련된 토지를 장남에게 물려주는 건 1818년 작성된 응우옌반꾸(Nguyễn Văn Cụ 阮文具)의 분재기에도 나타난다. 그러면서도 이 분재기에서는 "남녀가 똑같이 평등하게 균분한다(男女同平等均分)"는 원칙이 강조되고 있다(자료1). 부모가 같은 날 같은 시간에 사망하는 경우는 좀처럼 없으니 한 명 사후 나머지 한 명에 대한 부양 책임 역시 향화전을 상속한 장남에게 있었을 것으로 생각된다. 필자가 보유하고 있는 네 개의 분재기 중 1826년 생도(生徒) 응우옌반르엉(Nguyễn Văn Lương 阮文良) 부부의 경우 장녀에게 향화전을 상속하고 있긴 하다. 그러나 이는 그들 부부가 딸만 셋을 두었기 때문이다.

향화전과 사당전은 만들어진 경로가 명기되어 있지 않다. 뒤에 소개할 각 지분은 하나같이 누구로부터 구입한 것인지를 밝히고 있으되 이 두 종류의 땅에는 그게 없으니 '만들거나 산 것' 중 '만든 것'에 포함된다고 여길 수 있다. 그런데 쩐반피엔 역시 부모로부터 물려받은 토지가 있었을 것이고 증조부까지의 제사를 책임지고 있던 걸로 보아 이 두 종류의 토지는 상속분일 것이라는 추측도 가능하다. 그러나 역시 '만든 것'이었을 수도 분명 있다. 그래서 필자는 선행 연구에서 다음과 같이 주장한 바 있다. 전자는 쩐반피엔 부부의 주도로 개간된 토지이고 후자는 부모로부터 물려받은 것이었다(Choi 2004: 181). 앞서 언급한 응우옌반꾸의 사례에서 장남에게 물려준 향화전은 부부가 강의 지류 옆에 정착하여 처음으로 개간한 토지였다는 사실이 명기되어 있다(자료1).

장남 쩐반혹에게 상속된 향화전과 사당전은 1876년 쩐반혹이 분재기(자료12)를 작성할 때도 그대로 다시 그의 장남에게 상속되었다. 향화와 관련된 토지는 장남에게 대를 이어 상속되는 것이지 분배의 대상이 아니라는 원칙은 명확히 지켜지고 있음을 알 수 있다.

단지, 대를 이어 가면서 향화전의 규모가 커질 수 있었다. 더해지는 땅이 있었기 때문이었다. 집안의 규모가 커지고 제사가 점점 성대해지면서 지주들은 향화전의 분량을 늘릴 필요가 있다고 생각했을 것이다. 쩐반혹 역시 부모로부터 물려받은 향화전 두 덩어리에 더해서 자신 명의의 토지 두 덩어리 도합 37.5머우를 향화전으로 만들어 장남에게 상속했다.

그런데 이 추가되는 향화전의 존재를 통해 우리는 지주의 또 한 가지 토지 집적 방식을 알 수 있다. 만약 재산 분배가 부모의 나이 60 무렵 그러니까 장남의 나이 40 언저리가 될 때에 가서야 이루어진다면 형제와의 균등 분배로 인해 장남의 토지 분배 몫은 그다지 크지 않을 수도 있었다. 곧 보게 될 분배 내역 중에서 장남의 지분과 이 향화전을 합쳐도 쩐반혹이 물려받은 토지는 장부상 95머우였다. 그런데 쩐반혹이 약 20년 뒤인 1876년에 분재기를 남길 당시에는 상속할 토지가 도합 438머우로 다섯 배 가까이 늘어났다(Ibid.). 이렇게 늘어난 토지의 밑천이 그가 상속받았다는 95머우였을까? 아니었다. 이전부터 그는 토지를 불리고 있었다. 그 증거가 바로 쩐반혹이 추가의 향화전 몫으로 내어놓은 땅이었다. 이 땅 두 덩어리는 1836년, 그러니까 쩐반혹의 나이 17세 이전에 구입한 것이었다(Ibid.). 부모가 사 주었음이 분명하다. 쩐반혹의 분재기를 보면 이는 명백해진다. 그 역시 자신의 장남, 차남 이름으로 토지를 구입했다(Ibid.). 아내가 친정 부모로부터 물려받은 토지도 있었을 것이다. 쩐반혹 분재기 중 아내 명의의 땅이 있는데 그게 바로 이런 종류의 땅이 아니었을까 한다.

부모가 사 주거나 물려준 토지로 경제 활동 연령에 들어선 20대 전후에, 또는 혼인해 독립된 가정을 꾸리면서 한 지주의 장남은 독자적 토지 경영을 시작했다. 이는 대가족 제도가 일반적인 경우 장남이 부모의 집에 기식하면서 토지 경영의 보조적 역할을 수행했던 것과 다르다. 다시 말하면, 부모로부터 재산을 물려받은 시점부터 지주가 되는 게 아니라 이미 성인이 되면서 독자적인 지주가 되어 있었고 부모가 노쇠했을 때 물려받게 되는 향화전이나 사당전을 비롯한 재산은 이 지주의 원 재산에 추가되는 일부 몫이었을 뿐이었다는 것이다.

쩐반피엔의 보유 토지 대부분은 다른 사람으로부터 매입한 것이었다. 아래 각 자녀에의 토지 분배 내역을 보면 이 사실이 명확해진다.

- 장남 백호 학이 나누어 먹을[이하 '지분'] 토지는 원래 응우옌반응이(Nguyễn Văn Nghị 阮文誼)에게서 사들인 논 3승인데 측량이 이루어져 한 개 필지 45머우가 되었다. [이] 백성이 나누어 경작하고 본촌에 소재한다. 동서사방은 지부의 내용과 같다. 논에서 벼 500쟈가 나온다.
- 차남인 수재(秀才) 찌에우(Chiêu 昭)의 지분 토지는 원래 레반럼(Lê Văn Lẫm 黎文廩)의 땅 3승을 매입한 것이었다. 측량이 이루어져 나누어 받은 게 26머우이다. [이] 백성이 나누어 경작하고, 동서사방은 장부와 같으며 북쪽으로는 가족 쿠에(Khuê 奎)의 상속 지분 땅과 가깝다. 또 한 지분을 더해 줄 것인데, 원래 레티타인(Lê Thị Thạnh, 黎氏盛)의 토지 1승을 매입한 것으로 8머우이며, 한 지분은 훙(Hùng 雄)에게서 산 한 지분이며, 또 한 지분으로 ○[판독 불능]에게서 구입한 논도 있다. 이 세 지분은 원래 모두 본촌에 있다. 동서사방은 매매 문서를 참조하라. 논에서 벼 550쟈가 나온다.
- 차차남 백호 딘(Đính 錠)의 지분 토지는 3승으로서 원래 레티타인으로부터 매입한 것이다. 측량이 이루어져 25머우를 나누어 받았고 본촌에 소재한다. 동서사방은 매매 문서를 참고하라. 또 한 지분을 더해줄 것인데, 레티히에우(Lê Thị Hiếu 黎氏好)의 논 8머우를 산 것이다. 즈엉쑤언 마을에 소재한다. 동서사방은 매매 문서와 같다. 논에서 벼 500쟈가 나

온다.

- 딸 코이(Khôi 魁)의 지분 토지는 원래 레티썬(Lê Thị Sơn 黎氏山)에게 산 토지로 모두 43머우이며 즈엉쑤언 마을에 있다. 동서사방은 문건에 있다. 논에서 벼 550쟈가 나온다.

- 차녀 쿠에의 지분 토지는 레반럼에게서 구입한 토지 6승으로서 측량이 이루어져 세금을 받는 곳이다. 48머우이며 [이] 백성이 나누어 경작하고 본촌에 있다. 동서사방은 장부 내에 있는 대로다. 남쪽으로는 가족 수재 찌에우가 받은 논에 가깝다. 논에서 벼 570쟈가 나온다.

- 첩의 아들 반자오(Văn Giáo 文敎)의 지분 토지는 원래 응우옌반중(Nguyễn Văn Dũng 阮文勇)으로부터 구입한 반쪽 필지로서 원 장부에는 31머우 5까오이다. 쏭타인 마을에 있으며 동서사방은 문건 내에 보인다. 또 원래 보반짜익(Võ Văn Trạch 武文擇)과 보후이뚜엔(Võ Huy Tuyên 武輝宣)으로부터 산 땅 한 지분 10머우를 보태 준다. 쏭타인 마을에 있으며 동서사방은 문건 안에 보인다. 논에서 벼 350쟈가 나온다.

- 첩의 딸 토아(Thoả 妥)의 지분 토지는 원래 응우옌반중으로부터 구입한 반 필지로서 원 장부에는 31머우 5까오이다. 쏭타인 마을에 있으며 동서사방은 문건 내에 보인다. 또 원래 쩐반루언(Trần Văn Luận 陳文論)으로부터 산 땅 한 지분 5머우를 보태 준다. 논에서 벼 300쟈가 나온다. (자료8)

이 문서 안에 나오는 '승' 즉 '저이'가 통일된 계량 단위로 얼마나 되는지는 위에서 보는 바와 같이 일정하지 않다. 이런 불일치를 조정하기 위해서 조정에서는 1836년에 탁전 즉 토지 측량을 실시하고 토지 단위를 머우, 까오, 트억(thước), 톤(thốn)(畝篙尺寸)으로 통일했다. 연구자에게는 고맙게도 '저이' 단위로 매입했던 토지는 이 분재기에서 그대로 표기해 놓았다. 때문에 저이 즉 '숭(繩)'이라는 단위가 있는가 없는가에 따라서 해당 토지를 1836년 이전에 샀는지 이후에 샀는지를 알 수 있다. 앞서 필자가 쩐반혹이 1876년 향화전으로 내어놓게 되는 두 필지의 땅이 1836년 이전에 매입되었다고 단정할 수 있었던 것도 이 덕분이다.

　1836년 이전 토지 구입은 대부분이 수십 머우에 해당하는 규모의 거래였다. 일반 소농이 부부 중심의 가족노동으로 경작할 수 있는 한도가 대략 4-5머우 정도임을 고려할 때 토지의 매입은 소농으로부터가 아니라 대농으로부터였다고 보아야 한다. 또 이런 거래는 모두 본촌 즉 쩐반피엔이 살던 빈까익 마을 내에서 이루어졌다. 응우옌푹응이엡은 쩐반피엔의 장남 쩐반혹 토지의 많은 부분이 파산한 지주로부터 구매한 것이든가 빚을 갚지 못한 소농으로부터 양도받은 것이라고 주장하고 있는데(Nguyễn Phúc Nghiệp 2001: 49) 쩐반피엔의 토지 매입도 비슷한 과정을 통해 이루어졌을까? 매입 토지의 규모로 볼 때 전자 즉 파산 지주로부터의 매입이 더 보편적인 면모에 가까웠다고 생각할 수도 있겠다.

　그렇지만 쩐반피엔 단계에서 원 토지 소유자를 파산 지주라고 단정하기는 주저된다. 앞에서도 말했다시피 쩐반피엔 역시 필요에 따라서는 토지를 팔았다. 그렇다고 해서 이 토지 양도가 그의 파산 때문은 아니었다. 더군다나 일회 토지 구입의 규모로 보아서도 파산한 지주로부터 토지를 구매한 것이라고만은 할 수 없다. 쩐반혹은 프랑스 침입에 따른 대불 항쟁기를 겪었던 만큼 그 과정에서 파산한 지주가 많았을 것이다. 그러나 쩐반피엔이 토지를 집적하고 있었을 시기에는 파산 지주가 쏟아져 나올 이유는 없었다. 파산이라기보다는 경제적 요인에 의한 지주들 간의 토지 거래 활성화가 주요 요인이라고 할 수 있을 것이다. 그러는 과정 속에서 지주들이 일방 분해되고 일방 대지주로 성장하는 분화 현상이 이루어지고 있었던 것으로 보인다.

지주들의 활발한 경제 활동은 당시의 토지 거래 수단을 통해서 엿볼 수 있다. 땅을 팔고 살 때는 현금으로 결재가 이루어지는 게 일반적이었다. 예를 들어 쩐반피엔 부부가 1830년에 탕(Thắng 勝)이라는 사람의 땅 3승을 구입했을 때는 1,150꾸안(quan 貫)을 지불했다(자료2). 이런 돈은 쌀을 판매하여 마련된 금액이었다.[31]

이 거래가 있었던 1830년이라면 중앙 정부에서 남부베트남의 쌀을 주시하고 있을 때였다. 황제를 비롯한 조정의 관료들이 "쟈딘은 토지가 비옥하기가 천하의 으뜸이나 [...] 간사한 상인들이 쌀을 몰래 외국에 내다 판다."(『寔錄』2, 26:10, 79:27)는 불평을 빈번히 하고 있었다. 아울러 1832년에는 '부호(富戶)' 또는 '부민(富民)'들의 쌀 매점이 쌀 가격을 올리는 원인으로 지적된 바도 있는데(『寔錄』2, 65:3b-4a) 이들 중에는 당연히 남부베트남의 지주들도 포함되어 있었다.

이미 18세기 중반부터 메콩의 쌀은 외국과의 교역 물품으로 기능하기 시작했지만 19세기 들어 그 유통 속도는 빨라지고 범위는 넓어졌다. 동남아시아 쪽으로는 페낭과 싱가포르가 새로운 중국인 인구 밀집지대로 성장해 가고 있어서 쌀 수요가 늘어났다. 중국 쪽에서는 외국 쌀 수입에 특히 관심이 많았던 광동의 쌀 시장에서 베트남 쌀 수요가 증대했다. 쌀의 공급뿐만 아니라 가격 안정에도 신경을 곤두세우고 있던 광동성 정부에서는 외국에서 쌀을 싣고 오는 배를 환영했고 세금을 면제해 주는 혜택을 베풀었기 때문이다. 중국 측의 관찰에 의하면 1820년대

---

[31] 판후이레의 연구에 의하면 1826년 남부베트남 쌀 가격이 프엉(方)당 0.9꾸안이었다고 한다. Phan Huy Lê, "Châu Bản Triều Nguyễn và Châu Bản Nam Minh Mệnh 6-7(응우옌 왕조의 주본朱本과 민망 6-7년의 주본)." manuscript, 필자 소장, p. 33.

쌀을 실으러 가는 배들이 가장 많이 가는 곳은 베트남이었다.32) 베트남 상인 또는 베트남 내 거주 중국인에 의해 동남아시아 각지와 중국 시장까지 연계되던 쌀 유통망의 한쪽 끝에 이 지주 쩐반피엔은 서 있었던 것이다.

그런데 분재기 내용을 보면 1,150꾸안을 주고 산 3승의 이 땅이 재산분배 시점까지 남아 있지는 않았다. 누군가에게 이미 판매한 것이다. 쩐반피엔이 샀던 땅도 '만들거나 사들인 것'이라 한 것으로 보아(자료8) 이 3승 토지 일부는 자기가 개간한 것이지만 나머지는 누군가로부터 사들인 것이었다. 이렇듯 토지는 현금을 매개로 활발한 매매 과정을 거치면서 소수의 지주에게 집적되고 있었던 게 19세기 전반의 형편이었다. 탁전이 이루어진 후 쩐반피엔의 토지 매입은 더욱 적극적이 되면서 본촌을 넘어 인근 즈엉쑤언 마을, 쏭타인 마을에서도 땅을 사들였음을 볼 수 있다. 분재기에서 차차남과 딸, 첩 소생의 남매에게 물려준 토지는 모두 이 두 개 마을 소재이다. 땅의 단위가 '저이'가 아닌 '머우'임을 볼 때 이 땅들은 모두 1836년 이후 구입한 게 확실하다.

분재기에서 보듯 상속은 남녀균분의 원칙이 잘 지켜지고 있었다. 단지 첩의 자식들에게는 본처 소생들에 비해 약간 적은 양이 분배되었다. 그러나 첩실의 남매 간 상속 지분은 역시 균등했다.

주목할 것은 균등 또는 차등의 기준이 되는 게 토지의 양이 아니라 소작료였다는 사실이다. 쩐반피엔 부부의 토지 분배는 소작료의 양에 따라 사려 깊게 조정되고 있음을 발견할 수 있다. 소작료는 고정되어 있었다는 말인데, 이는 결국 각 토지의 생산량이 이미 정해져 있었다는 의미이다. 그 전제는 남부베트남이 우기와 건기에 따른 기후 예측이 비교

---

32) Seung-joon Lee, *Gourmets in the Land of Famine, The Culture and Politics of Rice in Modern Canton* (Stanford University Press, 2011), p. 34.

적 가능하고 자연 재해가 거의 없다는 데에 있다. 스콧은 일찍이 정액 소작료가 식민지 시대의 현상으로서 자연재해가 빈번해 수확량이 매년 일정하지 않은 곳에서, 그리고 부재지주가 많이 출현하면서 점차 증가한다고 주장한 바 있다(Scott 1976: 81). 그러나 쩐반피엔의 사례에서 보는 바와 같이 이미 식민지 시대로 들어가기 전부터, 그리고 생산량이 일정하고 자연재해가 없음에도 불구하고, 또 부재지주가 거의 없던 때에도 정액 지대가 나타났음을 알 수 있다. 이는 쩐반피엔의 경우에만 해당하는 게 아니라 남부베트남에서 보편적인 현상이었다. 다음 절에서 이 문제를 좀 더 살펴보도록 하자.

소작인과의 관계

메콩 델타에서의 토지 집적 및 대토지소유제의 발전은 중앙 조정의 주목을 받았고 조정 내의 우려를 키우기 시작했다. 1836년 남부베트남의 실정 파악을 위해 경략사로 파견된 중부 출신 관료 쯔엉당꾸에(Trương Đăng Quế 張登桂)는 다소 호들갑스러워 보이기도 하는 다음과 같은 말로 남부베트남의 형편을 묘사했다: "강한 자들이 세를 믿고 겸병하니 가난한 자는 송곳을 꽂을 땅도 없다(彊豪者恃彊兼併而貧乏者無地立錐)." (『寔錄』 2, 168:1)

그런데 쯔엉당꾸에의 이 말은 그로부터 15-20년 전 메콩 델타 출신의 고관 찐화이득(Trịnh Hoài Đức 鄭懷德)이 남긴 말과 차이가 크다. 찐화이득은 "남부인은 하루 세 끼 모두 밥을 먹는다(日三餐皆用飯)."는 표현으로써 쟈딘의 풍요로움을 강조한 바 있다.[33] 하루 세끼를 그것도 밥

---

33) Trịnh Hoài Đức, trans. by Đỗ Mộng Khương, Nguyễn Ngọc Tịnh. *Gia*

으로만 먹던 게 남부베트남 사람들의 생활수준이었는데, 어찌하여 쯔엉당꾸에의 시대가 되어서는 이렇듯 빈부 격차가 심해졌는가? 찐화이득이 메콩 델타에 대해서 기술하던 1820년 무렵부터 쯔엉당꾸에가 남부에 왔던 시점 사이에는 총진관(總鎭官) 레반주엣(Lê Văn Duyệt 黎文悅, 1763-1832)의 지배기가 있었고 레반주엣 사후 3년간 레반코이(Lê Văn Khôi)의 반란이 있었다. 그런데 레반주엣 치세기는 쟈딘이 극히 평온하고 번성하던 시기였음이 확실하고, 반란은 초기 몇 개월간 남부 전역을 휩쓸다가 반란군 주력이 사이공 성으로 들어가면서 그 바깥 지역은 조정군이 장악하고 있었다. 그래서 반란이 3년간 지속되었다고 하지만 사이공 이외의 지역이 피폐해질 이유는 별로 없었다. 두 기술의 차이는 지나칠 정도로 대조적이다. 남부베트남의 농민에 대한 진단을 놓고 볼 때 중부 출신 쯔엉당꾸에의 말이 맞을까, 메콩 출신 찐화이득의 말이 맞을까?

일단 조정은 쯔엉당꾸에 의견에 기초하여 과감한 정책을 내어놓았다. 지주들이 과도하게 많이 갖고 있던 토지를 빼앗아 공전으로 만든 후 소작인들에게 사용권을 분배한다는 구상이었다. 이를 위해서 1836년부터 쯔엉당꾸에의 주도로 남끼에서는 탁전이 실시되었고 소유주를 명기하는 지부가 작성되었다. 이 과정에서 상당량의 공전이 만들어졌다.

그런데 남끼의 특수성은 이 공전을 소작인들에게 분배할 때 드러났다. 조정에서 토지를 농민에게 분배하려 했지만 농민들은 토지를 받지 않았다(『寔錄』 2, 210:5b). 당황해하던 조정 측은 격렬한 논쟁 끝에 결국 토지의 무조건적인 몰수를 포기하고 공전도 극히 적은 양만 형식적으로 만들어 내는 데 그쳤다.

Định Thành Thông Chí (嘉定城通志) (HCM City: Nxb. Giáo Dục, 1998), p. 381('風俗').

그렇다면 무상으로 나누어 주어도 받지 않아 조정의 공전 창출 정책을 좌절케 한 이 남부의 소작인들은 어떤 존재였던가? '송곳 하나 꽂을 땅이 없다'는 이들 가난한 농민들은 땅에 대한 욕심이 없었던가? 스콧이 주장한 대로 "대부분의 경우 농민은 소작이 생존 위기 보호(subsistence crisis insurance)를 제공하기 때문에 당연히 그것을 선호"(Scott 1978: 44)했던 탓이었을까?

소작인은 지주의 선조들과 마찬가지로 인구는 많은데 토지는 부족한 북부 또는 중부로부터 얼마 전에 이주해 온 자들이거나 그런 이주민의 자손들이었다. 토지를 찾아 남끼로 내려온 농민들이 왜 토지를 주어도 받지 않고 소작인으로 남았던가? 쩐반저우의 표현대로 "경작자가 아니라 지주가 아쉬울 게 많았던" 남끼의 지주-소작 관계의 본질은 '주어도 받지 않는' 이 현상에 담겨 있다.

쯔엉당꾸에가 1836년 당시 한 말은 남끼의 실상을 크게 과장한 것으로 이해해야 한다. 이제 막 남부베트남의 반란을 진압하고 들어온 정복자로서 충분히 예견되는 질타였다. 아울러 상황을 그렇게 만든 레반주엣 같은 쟈딘 지배자들을 의도적으로 힐난하는 말이었다. 현실의 과장 혹은 왜곡이었던 것이다. '악화된 상황'을 자신들이 바로 잡겠다는 장담이기도 했다. 그러나 결과는 참담했다.

메콩 델타에서 살고 있던 소작인들의 사정을 좀 더 살펴보기로 하자. 이곳에서는 소작을 '따디엔(tá điền 借田)'이라고 하는데, 토지를 빌린다는 뜻이다. 이는 베트남 전역에서 사용되던 말로서 토지를 빌린다 함은 소작(tenant 또는 sharecropper)의 원래 의미를 십분 살린 말이라고 할 수 있다. 헌데 쟈딘의 특수성은, 소작의 개념이 말 그대로 따디엔 즉 토지를 빌린다는 그 자체라는 것이다. 지주와 소작인 사이의 상호 필요와 자유 의지에 따른 계약을 기반으로 한 임차농 개념에 가까웠다. 19세기 남부베트남은 경지 또는 경지로 전환할 수 있는 토지가 풍부한 데 비해 노동력 공급이 충분하지 않았다. 남부베트남 사람들은 거주지를 쉽게 옮기는 유동성을 중요한 특질로 갖고 있다. 개척 및 정착이 비교적 용이했기 때문에 사람들은 살던 지역에서 불편함이 느껴질 경우 이주 결정이 빨랐다. 군역을 피해 도망가 다른 곳으로 이주하는 일도 흔했다. 그래서 "부자, 조손이 각각 다른 마을에 살며"(『寔錄』2, 61:5b) 성씨를 바꾸는 일도 흔해서 "한 가족 내에 만약 남자가 셋 있으면 군역을 피해 각각 성을 바꾸고 다른 지역으로 달아난다."[34]고 조정의 관리들은 보고하고 있다. 이러한 유동은 새로운 곳에서의 정착에 큰 부담을 느끼지 않을 수 있는 자연조건 때문이었다. 대부분 소작인의 경우도 이런 유동성을 갖는 건 마찬가지였다. 지주의 입장에서 소작인이란 언제고 미련 없이 떠날 준비가 되어 있는 존재였다. 쩐반저우가 말한 '아쉬운 지주'는 바로 이런 환경하의 지주였던 것이다.

소작인의 입장에서 본다면, 토지가 없이 남의 작인이 되는 건 국가의 자의적인 의무 부과에서 벗어나는 길이기도 했다. 세금은 물론이고 병역, 요역 의무에서도 자유로울 수 있었다. 소작인이 되는 건 새로운 이주지에서 새로운 지주의 울타리 속으로 재빠르게 자신을 숨기는 수단이었다. 소작은 델타를 유동하는 농민들이 더 나은 삶을 영위하기 위해 선택한 결과였던 것이지 스콧의 주장대로 생존권을 확보하고 나아가 지주의 도덕성에 기대를 거는 심리가 그 동기가 된 건 아니었다. 1840년 남부 빈롱 성의 한 관리는 다음과 같이 자신의 관찰 내용을 보고하고 있다. "한 마을에 토지 소유자는 열 중 두셋밖에 되지 않는다. 병사를 징발하는 일이 생길 때면 토지 없는 자들은 '우리들은 토지가 없기 때문에

---

34) 『大南寔錄正編第四紀』(1892. 東京: 慶應義塾大學言語文化研究所, 1980)(이하 『寔錄』4), 19:2b.

병역 의무를 질 필요가 없다.'고 주장한다. [...] 때문에 그들은 즐겨 소작인이 된다."(『寔錄』2, 209:24b-25a)

지주에게 어느 날 나타난 외지인은 반가운 존재였다. 간혹 지주가 병역을 피하는 사람들의 약점을 이용하려는 시도도 있었을 것이지만 그건 보편적인 상황과는 거리가 멀었다. 자기 마을에 흘러들어온 외지인은 지주에게 귀중한 노동력으로 인식되었다. 그래서 조정 측은 "부자들은 계속해서 가난한 자들을 받아들이고, 그들이 어디에서 왔는지는 결코 묻지 않는다."(『寔錄』2, 195:15b)며 못마땅해하고 있었던 것이다.

지주가 제공한 보호의 우산 속에서 살게 되었지만 소작인은 하시라도 떠날 준비가 되어 있는 사람들이었다. 이런 소작인들이 징세의 대상이 되고 군역에 동원될 수 있는 공전 경작자가 되길 마다하는 건 당연했다. 폽킨은 전통 시대부터 이어지던 지주-소작 관계의 팽팽한 긴장이 농민들로 하여금 까오다이(Cao Đài)나 호아하오(Hòa Hảo) 같은 신흥 종교 집단을 보호자로 선택하게 만들었다고 했지만(Popkin 1979: 193-213) 전통 시대에 이미 소작인들은 보호자를 갖고 있었고, 그것은 지주였다. 그러나 여기서 '보호'라는 건 윤리적 의미를 담고 있는 게 아니라 단지 안전처를 제공하는 역할이라고 해야 할 것이다. 스콧이 이야기한 '안전 우선(safety first)' 원칙도 지주의 도덕성을 염두에 둔 농민의 요구나 그에 상응하는 지주의 도덕적 행위에 의해서가 아니라 농민들의 자발적 선택 즉 '안전지대의 선택(choice of a safety zone)' 원칙에 의해서 유지되었다고 보아야 한다. 이러한 소작인의 속성은 자본주의 경제가 발전하게 되는 식민지 지배 체제하에서 메콩 델타의 많은 농민들이 수확기에는 일당노동자로서 델타 각지를 유랑하는 모습으로[35] 진화하기

---

35) Pierre Brocheux, *The Mekong Delta: Ecology, Economy, and Revolution, 1860-1960* (University of Wisconsin-Madison Center for Southeast Asian Studies,

도 했다.

그렇다면 소작인의 부담은 어느 정도였기에 '즐겨 소작인이 되는' 형편일 수 있었던가? 필자는 인접한 빈당과 떤묵 마을의 사례를 통해서 1860년 소작료를 계산해 본 적이 있다. 그에 따르면 소작료는 1머우 당 벼 12-13쟈였다(Choi 2004: 188). 앞에서 검토한 쩐반피엔의 경우 총 면적 335머우의 땅에서 4,000쟈의 소작료를 받아낸다고 했다. 그렇다면 머우당 평균 소작료가 평균 약 11쟈였으니 이와 비슷하다. 이 정도의 액수는 당시 조정에서 머우당 벼 약 2.6쟈를 징수하던 것과(『寔錄』2, 172:12b) 비교해 4-5배 높다. 빈당과 떤묵 마을이 있는 딘뜨엉 성은 남부베트남의 6개 성 중 가장 토질이 비옥하고 특히나 미토와 사이공 사이에 있는 땅은 예나 지금이나 높은 생산력으로 이름 높다. 게다가 남부베트남에서는 한 가족이 최대 5머우 정도는 경작할 수 있다고 앞서 말한 바 있다. 쩐반피엔이 경영하고 있는 토지에서 소작인의 경작 규모 역시 평균 3-5머우였다. 자작 겸 소작인 경우에 경작 규모는 더 커진다. 설사 머우당 소작료는 다른 곳보다 많더라도 생산력이 높고 경작 면적이 크면 실수입은 높다.

이런 형편에서는 획득되고 축적된 잉여가 시장을 통해 거래될 수 있었다. 지주들도 그랬지만 소농 및 소작인 역시 시장으로의 접근이 용이했다. 배를 몰고 강로(江路), 수로, 해안을 따라 이동하면서 교역에 종사하던 상인들이 많았다. 이들이 바로 폽킨의 '독립적 소규모 교역자(independent small traders)'였다. 폽킨은 화교들이 그 역할을 맡았다고 했지만(Popkin 1979: 80) 19세기 전반 내내 성장하고 있던 베트남 상인들도 이 교역자의 범주에 들어가야 한다. 이 문제에 대해서는 다음 장에서 논의될 것이다. 이 교역자들에 의해서 연결되는 시장(해외 시장

1995), p. 59.

까지)의 존재가 소작인으로 하여금 지주에게 덜 의존적이게 만들었다. 빈당과 떤묵 마을의 소작료 내역을 살펴보자.

따오(艚, Tào)는[36] 땅 한 곳 4머우 2까오 7트억 5톤을 빌렸다. 호티푸(Hồ Thị Phú 胡氏富)의 소유로 되어 있다. 빌린 가격은 벼 100쟈이다. [그 외] 밀랍 1편, 쌀 1쟈, 오리 한 쌍 [이 추가된다].(자료10)

여기에서 보듯 작인은 소작료 외에도 밀랍, 백미, 오리를 매년 지주에게 납부해야 했다. 하지만 벌을 치고 오리를 길러서 밀랍 몇 편이나 오리 한두 마리를 마련하는 일은 녹지와 수목이 많아 꽃이 풍부하고 하천과 도랑이 거미줄처럼 얽혀 있는 메콩 델타의 지리 환경을 고려할 때 거의 부담이 되지 않는 양이었다. 이외에도 꽁레(công lễ 貢禮)라고 하는, 명절 때 지주 집안에서 큰일을 치를 때 돕기 위한 노역 봉사가 있었다. 그러나 남끼에서 소작인에게 과도한 부담이 될 정도로 꽁레가 부과되었을 리도 없고, 과다한 꽁레 부담을 그대로 감수할 소작인도 없었다.

이러한 조건 아래서 소작인이 된다는 건 언제나 비극이라고 할 수 없었다. 무엇보다도 그들은 토지가 없음을 이유로 병역에서 면제될 수 있었으며 등록이 되지 않았으므로 신세(身稅)를 낼 필요도 없었다. 만약 그들이 강제적으로 징집된다고 할 때 도망가 버리는 일은 토지 소유자가 그렇게 하는 것보다 더 간단할 수 있었기 때문에 많은 징집 대상자들이 원래 살던 곳에서 도망쳐 낯선 곳의 소작인으로 눌러앉았던 것이다. 소작인이 달아나는 건 프랑스 지배기에도 종종 목격되던 현상이었다. 지주는 모든 방법을 강구해 소작인을 토지에 묶어 두려고 하였다

---

36) 이 사람의 이름은 따우(Tàu)이다. '배(船)'라는 뜻이다. 그런데 한자를 사용하느라고 발음이 비슷한 따오라는 글자를 차용한 것이다.

(Popkin 1979: 208; Brocheux 1995: 25). 고도화된 프랑스의 행정 체제와 그에 따른 신분증 제도 등을 이용하여 지주들은 비교적 성공적으로 소작인들을 통제할 수 있었다. 그에 따라 소작인은 신체적으로나 정신적으로 지주에게 예속되어 갔다. 그러나 전통 시대의 지주들로서는 우호적인 조건을 마련해 주는 것 외에 소작인을 붙잡아 두는 뾰족한 방법이 없었다.

남부베트남 사람들이 '하루에 세 끼를 쌀밥만 먹는다.'고 하면서 그들의 여유로움을 강조한 찐화이득의 기술이나 '가난한 자는 송곳 꽂을 땅도 없다.'라는 쯔엉당꾸에의 말은 사실 둘 다 맞다. 자기 땅이 하나도 없는 소작인은 송곳 꽂을 땅도 없는 게 맞으며, 그러면서도 쌀밥으로 세 끼를 다 먹고 사는 게 현실이었다.

둔전과 촌락 만들기(屯田立邑)

앞에서 소개한 쩐반피엔의 분재기에서 장남 쩐반혹의 직책 '백호'를 주목할 만하다. 쩐반혹은 자신의 분재기에서도 이 백호 직책을 그대로 쓰고 있다. 꼭 호수와 일치하는 건 아니지만 백호는 말 그대로 백 가구를 통괄하는 직책이었다. 관할 규모에 따라서는 천호, 만호도 있다. 그런데 19세기 남부베트남에서 백호 직위는 지주들의 사회적 역할과 깊은 관련이 있다. 메콩 델타에서 백호의 기원은 베트남이 캄보디아를 병합해 경영하던 1839년에 군량미를 조정에 헌납하고 그것을 캄보디아까지 수송하는 공이 있는 자들에게 부여된 직급으로서, 8-9품 명예직이었다(『寔錄』2, 201:8b).

그러나 1839년 갓 스무 살이었을 쩐반혹이 이런 일에 관련되었을 가능성은 희박하다. 설사 그런 일이 있었다고 해도 백호가 되기엔 너무 젊었다. 그는 나이를 더 먹은 후에 다른 형태의 공훈에 대한 보상으로 백호 직을 얻었을 가능성이 높다. 그것은 뜨득 황제(Tự Đức 嗣德, 1848-1883) 초기에 있었던 둔전 설치, 입읍 정책의 결과였다.

남진의 역사 속에서 베트남 조정이 종종 둔전 경영을 영토의 확장과 변방 보호 목적으로 이용해 왔음은 주지의 사실이다. 둔전은 군대가 점유한 토지를 병사를 동원해 경영하는 생산 활동 시스템이었다. 그것은 공적 경영이었다. 일반적으로 병사들은 국가로부터 일정액의 봉급을 받고 가족까지 딸린 상태에서 평생을 군인으로 지내야 하는 형편이었다. 이런 점을 고려한다면 둔전은 국가가 경영하는 농장이라고 해도 좋을 것이다.

메콩 델타에서 최초로 둔전이 설치된 건 응우옌푹아인에 의해서였다. 사이공을 근거지로 하여 쟈딘 정권이 수립된 지 2년 뒤에 "처음 둔전을 설치했다(初置屯田)."[37]는 기사가 나온 이래 19세기 전반 남부베트남에서는 꾸준히 둔전이 만들어졌다. 특히 레반주엣이 쟈딘을 지배하던 시기에는 군인뿐만 아니라 북부, 중부로부터 남부베트남으로 유배온 죄수들까지도 둔전에 편입시켜 토지의 개간과 쌀 생산에 활용했다. 그가 쟈딘을 지배하던 때에 사이공 주변에 있던 3개의 둔전 병사 수가 8천-9천이었다니(『寔錄』2, 60:16) 당시 둔전 1개의 규모를 미루어 짐작할 수 있다.

1850년대에 접어들면서 남부베트남에서는 적극적으로 둔전이 설치되기 시작했다. 둔전 설치가 새롭게 고려된 건 1840년 말부터 시작해서 1847년까지 이어진 남부베트남에서의 소수민족 반란 결과로 기존

---

37) 『大南寔錄正編第一紀』(1848. 東京: 慶應義塾大學言語文化硏究所, 1968)(이하 『寔錄』1), 5:6.

의 둔전병뿐만 아니라 각처의 농민이 흩어지자 이들을 다시 모으기 위해서였다. 이즈음 한 지방 관리의 보고에 의하면 남끼에서는 사람 수를 제대로 파악하지 못해서, 장부에만 올라가 있고 실제는 존재하지 않는 조세 부담자 수가 2만에 이른다고 했다(『寔錄』4, 10:33b). 이런 형편이었으니 유랑하는 사람들을 모아 정착시키는 일이 조정으로서는 심각한 과제였던 것이다.

그런데 필자는 뜨득 시기, 즉 쩐반피엔의 집안이 토지를 늘려가던 때의 둔전이 이전과는 달리 사적 요소가 크게 강화된 새로운 형태의 둔전이란 사실에 주목한다. 둔전 건설 작업을 주도했던 사람은 남끼 경략사(南圻經略使) 응우옌찌프엉(Nguyễn Tri Phương 阮知方, 1800-1873)이었다. 그의 둔전 구상을 보면 둔전 경영의 교과서적 지침에서 크게 벗어나 있었다. 캄보디아와의 접경지대인 안쟝 성과 하띠엔(Hà Tiên 河僊) 성에서 시작된 새 시대의 둔전은 군인이나 죄수가 아니라 "민간인을 모아 둔전을 만드는(募民屯田)" 형태였다. 성인 남자 50명 및 그 가족을 묶어 한 개 대(隊 đội 도이)로 하여, 병사로 징집되는 걸 면해주고 평상시는 생업에 종사하다가 유사시에는 방위 업무에 임하게 한다는 것이었다(『寔錄』4, 9:4b-5a). 둔전의 구성 성분이 민간인으로 바뀐 것이다.

둔전 운영도 민간인에게 위임되었다. 응우옌찌프엉이 내어놓은 방안은 다음과 같았다. 50명을 모아서 한 개의 대를 만들고, 500명을 모아서 한 개의 기(奇)를 만드는데, 1대를 만든 자는 대장(隊長)으로 삼고 7품의 품계를, 1기를 만든 자는 해기(該奇)로 삼아 6품의 품계를 부여한다는 것이었다. 그러다가 이 둔전이 안정되면 1대를 1읍(邑)으로 하고 1기는 1총(總)으로 전환하여 대장과 해기를 각각 읍장(邑長)과 총장(總長)으로 삼는다고 했다.

군사적 기능이 필요한 곳에는 둔전을 설치하지만 그렇지 않은 곳에서는 둔전 설치 과정이 생략되고 바로 입읍을 하기로 되어 있었다. 30인 이상을 모은 자는 평생 신세(身稅)를 면제받고, 50인 이상을 모은 자는 9품 백호의 직을, 백 명 이상을 모은 자는 8품 백호 직을 갖고 촌락을 관할하게 한다는 방침도 정해졌다. 그때가 1853년이었다(『寔錄』4, 9:4b-5a).

둔전이 되었든 입읍이 되었든 인력을 모으고 경영을 하자면 비용이 들어갈 터였다. 이런 작업에 관심을 갖고 돈을 댈 사람은 지주밖에 없었다. 지주 쩐반피엔의 장남 쩐반혹과 셋째 아들의 이름 앞에 보이는 직책 백호는 입읍에 대한 공로로 국가로부터 부여받은 직책이었던 것으로 생각된다. 현 사이공 부근 고법(Gò Váp) 지역에 거주하던 지주 집안 쯔엉(張) 씨의 족보38)에서도 이 시기에 백호, 대장 등의 직책이 여럿 나타난다. 예를 들어 이 집안의 4대손인 명제(明除, 1827-1885)는 백호였다. 역시 4대손인 호아(花, 1829-1865)라는 여성의 남편 응우옌반안(阮文安)은 백호였고, 같은 세대 명초(明楚, 1825-1891)는 대장(隊長)이었다. 이들의 생존 시기는 대략 쩐반혹(1819-1879)의 그것과 유사하다. 장씨 집안의 백호와 대장 역시 1850년대 민간인에 의한 둔전입읍 정책의 결과로 나타난 직책이었다고 생각된다.

비용은 들어갈 것이나 지주 입장에서는 평생 신세를 면제받고도 다른 특혜를 가능하게 할 관작까지 부여받는 이점이 있었다. 지출을 줄이기 위해서 구사될 편법은 얼마든지 있었다. 소작인의 내력은 결국 유산민이니 그들의 명단과(허위라도) 경작지를 합친다면 조정에서 정한 기준에 얼마든지 꿰맞출 수 있었을 것이다. 물론 보고 체계상에 있는 관료들과 적절한 타협도 필요했다. 농민 입장에서는 병역 면제를 공식적으로 보장 받고(유사시는 동원되겠지만) 안전한 울타리 속으로 들어간다

---

38) 『張嘉祠堂世譜全集』 1886. Viện Hán Nôm A 3186, Hanoi.

는 걸 의미했으니 양자의 이해관계가 서로 맞아떨어지는 공간이 합법적으로 마련되는 게 바로 1850년대의 둔전입읍이었다.

그런데 이를 생산 관계 측면에서 보자면, 1850년대의 둔전입읍은 토지 개간과 농민 통제가 사영화된 걸 의미한다. 19세기 전반 내내 남부의 농업 경영은 국가 경영(둔전)과 민영 두 가지를 축으로 진행되어 왔지만 이때를 당하여 농업 경영이 완전히 민영화 되었다고 평가할 수 있다. 단지 이들 지주가 둔전입읍에 대한 공헌의 대가로 중앙 조정과 연결되는 위계질서 속으로 편입되었음이 특이하다.

프랑스 군대가 1859년 남부베트남으로 들어왔을 때 이곳의 지주들이 저항에 참여하거나 항전군에게의 재정적 지원에 적극적이었던 건 이렇듯 지주층이 공적 영역으로 포섭되었기 때문이었다. 쩐반혹은 항불 의군을 지원했으며, 이 집안은 저명한 항불투쟁 지도자 응우옌흐우후언(Nguyễn Hữu Huân 阮有勳, 1830-1875), 보주이즈엉(Võ Duy Dương 武維楊, 1822-1866)과 혼인 관계로 연결되어 있었다. 쩐반혹은 응우옌흐우후언과 사돈 간이다. 그의 장남 쩐반타인(Trần Văn Thạnh 陳文盛)은 응우옌흐우후언의 딸 응우옌티통(Nguyễn Thị Thông)과, 그의 딸은 보주이즈엉과 결혼했다.39) 1876년에 작성된 쩐반혹의 분재기에는 "원래 있던 사당과 제사 관련 물품은 모두 서양인에 의해 불탔다."고 하니 전쟁의 피해는 이 집안에도 미쳤음을 알 수 있다.

응우옌푹응이옙이 다루고 있는 또 다른 지주인 고꽁의 즈엉티흐엉(Dương Thị Hương) 역시 쩐반혹과 자취가 유사하다. 무남독녀 외동딸이었던 그녀는 재산을 어머니 쩐티싸인(Trần Thị Sanh)으로부터 물

---

39) Nguyễn Hữu Hiếu, *Võ Duy Dương với Cuộc Kháng Chiến Đồng Tháp Mười* (동탑므어이에서의 항전과 보주이즈엉)(Đồng Tháp: Nxb. Tổng Hợp Đồng Tháp, 1992), pp. 66-67.

려받았다. 쩐티싸인은 훗날 항불 지도자가 되는 쯔엉딘(Trương Định 張定)에게 재가한 여성으로서 쯔엉딘이 둔전입읍하는 일을 할 때 실질적 재정지원자였다(Choi 2004: 196, Nguyễn Phúc Nghiệp 2001: 48-49). 말하자면 즈엉티흐엉은 쯔엉딘의 의붓딸이 되는 셈이었다. 간접적이나마 19세기 중반 지주의 둔전입읍과 관련을 갖는 이 여성은 또 다른 형태로의 저항의식을 표현했다. 응우옌푹응이엡의 연구에 따르면 프랑스 지배가 시작된 이후 살아남은 이 지주가 매입한 토지 중엔 후인반떤(Huỳnh Văn Tấn) 소유 약 250머우가 있었다고 한다. 후인반떤은 프랑스 군대에서 활동하면서 쯔엉딘을 죽인 자로 유명하다. 그는 남부베트남의 반불항쟁을 진압하는 데 참여한 공으로 프랑스 정부로부터 토지를 하사받았다. 그가 받은 토지 중 일부는 반불투쟁에 참가했다가 파산한 지주들의 것이었다. 즈엉티흐엉이 이 신지주 후인반떤의 토지를 매입한 행동이 고꽁 사람들에게는 그녀의 의붓아버지 쯔엉딘을 위한 복수로 인식되기도 한다는 것이다(Nguyễn Phúc Nghiệp 2001: 48-50).

리뷰와 전망

19세기 메콩 델타의 지주는 이주, 정착, 개간, 경작 등을 단계적으로 밟아 나온 변경지대의 평범한 농민이 기원이었다. 세습적 권력이나 관직과 연결되는 대토지 소유 내지는 겸병, 또는 집적을 통해 성장한 지주가 아닌, 신세계에서 빈손으로 시작해 성장한 농민이 궁극적으로 도달한 사회경제적 지위였다. 그들은 관직에의 투자보다는 땅에 대한 투자에 더 많은 관심을 보였고 19세기에 중대하고 있던 국내외의 쌀 수요에 대응하면서 생산을 늘리기 위해 토지를 모아 갔다.

쩐 씨 집안의 분재기에서는 다양한 형태의 토지 집적 방식을 찾아낼 수 있었다. 상속이라든가 불법적 겸병, 공전의 탈취, 또는 국가의 토지 하사 등은 대토지 집적을 가능하게 한 요인이 아니었다. 상속의 지분은 미미하며 집적은 주로 개간 및 증여, 매매를 통해 이루어졌다.

특히 매매는 중요한데, 이는 당시 국내외에서 발전하고 있던 미곡 유통, 그에 따른 화폐경제의 발전과 상관이 있었다. 1836년 조정에서 탁전을 실시해 토지 단위가 통일되었으며 공전 창출 시도가 실질적으로 포기되고 그 대신 경작할 수 있는 한은 얼마든지 토지를 소유하는 게 공식적으로 인정됨으로써 매매를 통한 토지 집적은 더욱 활발해졌다. 토지의 소유 범위가 주변 촌락들로 확대되는 것도 이즈음부터였다. 물론 이 과정에서 지주는 대단히 합리적(rational)이었다. 여기서 '합리'는 '合理'라기 보다는 '合利'에 가까웠다. 그들은 많은 양의 토지를 은닉하여 국가에 낼 세금을 피하고 있었고, 토지 집적 과정에서 향촌 지도자로서의 권위를 적당하게 이용했을 혐의도 짙다. 집안 제사를 위한 향화전은 분배 불가를 천명하여 장남에게 물려줌으로써 가문을 안정되게 유지하려는 수단을 마련하는 외에 장남에게는 이른 나이부터 토지를 증여하여 그것을 밑천으로 한 독립적인 토지 집적을 종용했다. 장남의 경제력이 안정되고 향상되는 만큼 자신을 비롯해 조상들을 위한 향화전은 늘어날 것이고 받을 제사상은 더욱 풍성해질 것이었다.

소작인과의 관계에서 지주의 합리성은 더 빛을 발했다. 소작인은 지주의 땅을 경작해 줄 소중한 인력이었다. 하시라도 떠날 준비가 되어 있는 소작인을 잡아 두고 새롭게 마을로 흘러들어 오는 유랑 농민을 끌어들이기 위해서 소작료는 적절한 수준이어야 했다. 일방적인 착취는 엄두도 못 냈다. 소작인을 쥐어짜는 것보다 땅을 놀리지 않고 경작하는 게 지주에게는 수지맞는 일이었다. 소작인의 입장에서도 지주의 땅은 '생존선(subsistence level)'을 보장하는 절실한 터전이라기보다는 특정 시기 특정 조건에서 자기에게 유리하다고 여겨지는 안전한 보호구(保護區)였을 뿐이다. 이 보호구는 조건이 맞지 않으면 하시라도 떠날 곳이지 지주의 자비만을 기대하며 인내하는 곳은 아니었다.

지주와 소작인이 만들어 내는 촌락은 도덕경제가 지배하는 이상향도 아니었고, 양자의 이기심이 첨예하게 대립하는 긴장의 공간도 아니었다. 지주-소작 관계는 '상호 이해 고려(mutual interests)'에 따른 느슨한 계약 관계였다. 그 관계 속에서 소작인도 잉여를 창출할 여지가 컸다. 시장경제와의 연결은 소작인으로 하여금 지주에 덜 의존적이게 만들었다. 남성 지주가 토지에 대해 절대권을 갖고 있지 못하고 부인과 그 권리를 공유하는 것은 소작인을 향한 지주의 가부장적 절대 권력을 완화하는 요소이기도 했다.

1850년대의 '둔전입읍'은 상기한 생산관계 속에서 만들어진 남부베트남의 독특한 사회경제적 변화상을 담아낸 그릇이었다. 이 제도를 통해 남부베트남 사회에서 토지 경영의 민영화가 공인되었다. 그런데 이 민영화는 지주의 공적 지위 획득과 연계되어 있었다는 점이 특이하다. 토지 경영은 완전 민영화되는 대신 지주는 국가권력의 대리인으로 포섭되었다.

프랑스의 침입을 맞아서 이들은 어떻게 분화될 것인가? 일단은 많은 지주 및 그 가족들이 항전에 참여했다가 살해당하고 파산했다. 그런데 쩐반혹 집안의 경우는 그런 파탄을 면했다. 그들은 프랑스와의 관계를 회복하고 적절하게 타협하면서 존속했다. 이 유형의 지주에 대한 이해를 돕고자 몇 마디 덧붙이고자 한다.

파산을 면하고 생존하여 새로운 시대에 적응하는 과정에서 변화는 불가피했다. 응우옌푹응이엡의 지적대로 쩐반혹이나 즈엉티흐엉 같은 지주들은 주변의 파산한 지주, 소농의 토지를 계속 집적했을 수도 있었다. 예를 들어 즈엉티호엉이 상속한 토지는 약 240머우였는데 비해 1865년 이후 그녀가 구매한 토지는 약 2,200머우였다고 한다(Nguyễn Phúc Nghiệp 2001: 49). 쩐반혹은 분재기를 작성한 이후에도 여전히 토지를 구매했다는 게 확인된다(자료 13). 이 과정에서 프랑스 측과 원만한 관계를 유지하는 일은 필수적일 수밖에 없었다. 쩐반혹이 곤경에 빠진 셋째 딸 즉 항전지도자 응우옌흐우후언의 아내를 구하기 위해서 1869년에 쓴 다음과 같은 편지에는 전통 사회의 지도자로서의 품위를 지켜가며 프랑스 측과의 적절한 타협을 모색하는 그의 고뇌가 잘 나타나 있다. 현재 사이공의 제2문서관리소에 보관되어 있는 이 편지는 빈까익 마을 관할권을 갖고 있던 프랑스 관리에게 보내는 것이었으나 그는 편지에서 형식적으로나마 조정의 이부상서를 수신인으로 쓰고 있다.

이부상서께 제 딸의 죄를 자복합니다. 제 이름은 쩐반혹으로 [...] 작년에 천호(千戶) 즈엉[보주이즈엉]이 반란을 일으켰을 때 제 딸 방[Trần Thị Vàng]을 위협하여 아내로 삼고 딸 하나를 낳았습니다. 이후 즈엉은 도망치다가 죽고 제 딸도 역시 두려워 다른 곳으로 도망갔습니다. 올해 제가 탐비엔[40]에게 자수하고 생업으로 돌아왔습니다. 그리고 나서 제 딸과, 그 아이가 즈엉과 사이에 낳은 딸을 건사했는데 죄가 될까 두려워 대관께 죄를 실토합니다. 크신 아량으로 저에게 두 모녀가 생업으로 돌아오게 하고 저로 하여금 그 아이들을 한집에서 살게 해주신다면 무한한 은혜로 알겠습니다.[41]

---

40) Tham biên, 베트남인이 프랑스인 관할 책임관을 부르던 호칭.
41) Nguyễn Hữu Hiếu(1992), pp. 65-66에서 재인용.

이미 1862년과 1863년 프랑스 점령군은 남부베트남에서 모든 토지를 정부에 등록하라는 명을 내렸다. 등록되지 않은 토지는 몰수되어 친불 협력자들에게 불하되었다. 대불항쟁에 참여했다가 도피한 자들이 토지를 등록한다는 건 곧 자수를 의미하고 처벌까지 감수한다는 선택이었으니 많은 이들이 토지 등록을 포기할 수밖에 없었다. 쩐반혹이나 즈엉티흐엉이 매입한 토지 중에는 포기자들이 남기고 간 땅도 있었을 가능성도 있지만 아직 확인하기는 쉽지 않다. 단지 이 조치로 인해서 적어도 쩐반혹은 모든 토지를 등록했다. 그래서 아버지 쩐반피엔의 분재기와는 달리 쩐반혹의 분재기에는 대부분의 토지가 '지부'에 등록되어 있는 것으로 나타나 있다. 세금이 물려질 것이다.

이전 시대와는 달리 지주의 토지 대부분이 국가에 노출됨으로써 세금 부담은 증가될 텐데 그 손실액을 어떻게 보전할 것인가? 시장경제와의 본격적인 접촉 및 근대적 생활 방식의 도입과 함께 각종의 지출이 증가될 것이다. 소비재는 물론이고 신농구 구입에도 돈이 들어갈 것이고 새로운 형태의 주택을 마련한다든지 유학을 포함하는 교육 비용 등이 늘어날 것이다.

쩐반혹이 분재기를 작성했을 때까지는 소작인과의 관계에서 전통의 관례가 거의 유지된 것으로 보이지만 이미 변화가 감지된다. 그의 총 소유 토지 438머우에서 거두어들이는 소작료가 6,000쟈로서 평균 약 13.7쟈였으니(자료12) 아버지의 분재기에 나타난 평균 소작료 약 11쟈보다 상승하고 있었다. 게다가 지주가 대납하든 소작인이 납부하든 간에 모든 사람에게 적용되기 시작한 신세 부담도 지주와 소작과의 관계를 변화시키는 데 일조하게 될 것이다.

제2장
베트남 상인층의 성장

응우옌 왕조 수립 이후 왕조 건설에 공이 컸던 중국인과 중국인 공동체에 조정은 호의적이었다. 이런 분위기 속에 남부베트남 사회, 특히 경제 분야에서 중국인은 영향력을 크게 확대하고 있었다.

그런데 민망 연간 중반부터 형편이 달라졌다. 1830년대부터 본격적으로 시작된 중국인 억압 정책으로 말미암아 그동안 남부베트남 경제에서 주도적 역할을 해 왔던 중국인의 활동은 위축되었다. 중국인에 가해진 제한은 혹독했다. 그들은 바닷길을 통한 일체의 교역에 종사하지 못하게 되었다. 외국과의 교역은 물론이고 국내에서의 상거래조차 자유롭지 못했다. 선박을 건조, 구입하는 일도 금지되었으며 해상 선박에 선원으로 고용될 수도 없었다. 조정의 정책은 중국인의 불만을 야기하여 레반코이의 반란과 소수민족의 반란에 중국인이 적극적으로 가담했다. 이에 대한 대응으로 조정 측은 중국인의 정체성을 파괴하고 그들을 베트남인으로 동화시키려고까지 시도했다.[42]

---

[42] 이상과 같은 경과는 본인의 박사논문에서 다루어졌다. 이 내용은 여러 차례의 편집 과정을 통해서 다음 두 책들의 한 장을 구성했다. Nola Cooke·Li Tana(ed.), *Water Frontier: Commerce and the Chinese in the Lower Mekong Region, 1750-1880* (Lanham: Rowman & Littlefield, 2004); Geoff Wade(ed.), *China and Southeast Asia: Historical Interactions* (New York: Routledge, 2009). 제목은 'The Nguyen Dynasty's Policy toward Chinese on the Water Frontier in the First Half of the Nineteenth Century'

황제의 압박으로 중국인의 활동이 줄어들어 가던 형편을 바라보며 필자가 제기했던 한 가지 가능성은 중국인들이 약동하던 영역, 즉 대외 교역 방면으로 베트남 사람들이 영향력을 확대하지 않았을까 하는 것이었다. 만약에 그렇다면 19세기 베트남 조정의 중국인 정책은 남부사회에서 중국인의 영향력을 배제했던 외에 베트남 상인층의 성장을 자극했다는 적극적 의미 부여가 가능하다.

이 장에서는 필자가 제기한 가능성을 새로 발견한 자료들을 통해 검토해 보려고 한다. 20세기 후반 베트남 학계에서 전통 시대, 특히 19세기 베트남 상인층의 대외 교역 역량에 대해서는 상당히 회의적인 것으로 평가되었다. "베트남 조정의 상공업 독점과 제한, 그리고 폐관(閉關)으로 인해서 대상(大商)이 발전할 수 없었으며 있어도 약간의 화교들뿐이었다."[43]는 식의 주장은 19세기 전반 베트남에서 무역은 물론 일반 상업조차 발전하지 못했음을 강한 전제로 깔고 그 이유를 응우옌 조정의 쇄국정책에서 찾는 하노이 중심의 베트남 사학계에서 보이던 오랜 관행의 반영이었다. 역설적이지만 혁명을 성공시킨 현 체제 베트남 사학계의 이런 태도는 우드사이드가 지적한 대로 식민시대 프랑스인 베트남 역사 연구자들 사이에서의 통설, 즉 베트남인은 민망 치세에 국제 교역을 위해 해외로 나가는 것이 허용되지 않았다는 주장[44]을 답습하는 모습이기도 했다.

이와는 다르게 19세기 전반의 상업 경제를 좀 더 객관적으로 평가해야 한다는 베트남 학계 일각의 주장에 귀 기울일 만하다. 이런 입장을 갖고 있는 역사가들은 마지막 왕조가 정말로 '억상'하고 '폐관'했는

---

43) Nguyễn Quang Ngọc(ed.), *Tiến Trình Lịch Sử Việt Nam* (베트남 역사의 전개)(Hanoi: Nxb. Giáo Dục, 1999), p. 204.
44) 예를 들어 J. Silvestre, *L'Empire d'Annam et le peuple annamite* (Paris, 1889), pp. 196-199, Woodside(1971), p. 266에서 재인용.

가를 묻고 있다. 그 선구적인 저술이 도방(Đỗ Bang)의 『응우옌 왕조 치하 베트남의 상업 경제(Kinh Tế Thương Nghiệp Việt Nam Dưới Triều Nguyễn)』(1996)였다. 여기에서 도방은 19세기 전반 베트남의 상업 관련 사례들을 소개하고 있다. 기존 주류학계에서 19세기 전반 상업 발전을 일방적으로 부정하는 것과 비교한다면 이 도전은 베트남 역사 서술에서 대단히 중요한 의미를 갖는다고 할 수 있다.

그러나 이는 단지 조심스러운 시도로만 보였을 뿐이다. 각종의 사례를 나열하고 교역의 발전상을 제시하긴 하지만 필자 도방은 그것들이 앞뒤의 역사 속에서 어떤 맥락을 갖는지, 나라 정책과의 관련성은 무엇인지에 대해서 제대로 된 설명을 제공하지 않았다. 게다가 이러한 발전의 싹들은 개화하지 못한 걸로 그려지고 그 책임은 조정 측에 있다고 여겨졌다. 무엇보다도 이 글에서 도방은 조정에 의한 관선무역 외에 베트남 상인들의 역할을 전혀 인식하지 못하고 있었다.

식민지 역사학과 혁명 또는 민족주의적 역사학에 의해서 퇴행적이고 후진적이며 반동적으로 그려지던 마지막 왕조 상을 좀 더 긍정적으로 그려내 보려 노력해온 일군의 비베트남인 역사가들에게서도 베트남 토착 상인의 존재를 무시하는 모습이 보이는 건 마찬가지다. 안소니 리드는 소위 '자주적 역사(autonomous history)'라는 대안을 제안하면서 식민지 시대가 도래하기 이전 베트남을 비롯한 동남아시아 또는 아시아 사회의 자주적인 발전상의 사례들을 탐구해 왔다. 하지만 이의 구체적인 방법으로 베트남 토착 무역상의 역할에 대해서 관심을 갖기보다 그는 베트남 내 중국인의 역할을 자주적 역사의 한 대안으로 제시했을 뿐이다.[45] 의도야 어쨌든 베트남인의 역할을 도외시한 이런 제안은 교

---

45) Anthony Reid(ed.), *The Last Stand of Asian Autonomies: Responses to Modernity in the Diverse States of Southeast Asia and Korea, 1750-1900* (New

역 분야에서 이 민족의 열등성을 부각시키는 결과만을 초래한다. 극단적인 시각은 일찍이 다음과 같은 언어로 잘 정리된 바 있었다. "[19세기 전반의] 대외 무역은 중국인이 대부분 지배하고 있었고 토착의 베트남 상인들은 국내 상업 활동에만 주로 관심을 갖고 있었다."46) 베트남 토착 상인의 역할에 대해서 일정 정도 주목하는 걸 빠뜨리지는 않지만 국내에서 그랬다는 것이고, 외국과의 무역에서는 중국인 즉 화교가 주인공이었다는 주장이다.

일련의 글에서 남부베트남을 중심으로 한 국제 교역망의 발전에 대해 논해 온 리 타나는 이미 18세기 후반부터 메콩 델타에서 교역을 통해 부를 축적한 베트남인 상인들이 성장하고 있었을 가능성을 제시하고 있다. 떠이썬의 반란이 일어나자 후에 조정의 통제력이 상실되었으니 자유로워진 메콩 유역에서 동남아시아로의 쌀 교역이 발전했다는 것이다.47) 리 타나의 이 제안은 나에게 중요한 영감을 선사했다.

단지, 아쉽게도 그녀의 논구 과정은 허술하다. 예를 들어 그녀는 18세기 말 베트남 상인의 성장 예로 두 명의 상인 안(An 安)과 떰(Tâm 心)을 들고 있다. 그런데 이들은 베트남 관리들의 태국 방문 기록인 『섬라국노정집록(暹羅國路程集錄)』에 나오는 사람들이다. 이 책을 통해서 그녀가 알아낸 건 이들이 푸꾸옥(Phú Quốc 富國) 섬의 상인이었다는 사실과 1810년 태국을 방문한 조정 사절이 기록을 정리하는 데 도움을 주

York: St. Martin's Press, 1997), pp. 11-14.
46) Thomas Hodgkin, *Vietnam: The Revolutionary Path* (New York: St. Martin's Press, 1981), p. 114.
47) Li Tana, "Rice, Saigon and Its Regional Context"(International Conference on 300 Years of Saigon, HCM City, Sep. 1998), pp. 3-4; "The 18th and Early 19th Century Mekong Delta in the Regional Trade System"(International Workshop in the title of 'Commercial Vietnam: Trade and the Chinese in the 19th Century South,' HCM City, Dec. 1999), pp. 3-5.

었다는 게 전부다(Li 1999: 3-4). 이들이 베트남인이었다는 명확한 증거는 없다. 필자가 보기에 이 상인들이 중국인이었을 가능성도 배제할 수 없다. 중국인의 정치적 사회적 영향력이 강했던 태국에로의 사절 방문을 수행한 상인이었다는 점에서 더욱 그러하다. 나는 그들을 베트남인 상인의 사례로 들지 않을 것이다. 중국인에 대한 리 타나의 큰 관심이 토착 베트남 상인의 활동에 대한 고려를 막고 있는지 모른다.

리 타나의 중국인 연구는 수차례의 학술회의와 워크숍을 통해『수향(水鄕)의 변계(邊界) - 하부 메콩 지역에서의 교역과 중국인(Water Frontier: Commerce and the Chinese in the Lower Mekong Region, 1750-1880)』(2004)으로 정리되었다. 이 책은 남중국 연안부로부터 메콩 델타, 샴 만을 거쳐 말레이 반도 동부에 이르기까지의 광대한 해안 지역에서 중국인의 활동을 주목했다. 나 역시 한 장의 집필자로서 이 책 출판에 참여했지만 중국인 세계의 형성 주장에 동조하기 위해서가 아니라 그런 주장에 대한 견제자로서의 역할이 강했다. 내 글이 이 책에 수용될 수 있었던 건 책 만들기를 주도했던 리 타나, 놀라 쿡, 안소니 리드의 포용성에 힘입은 바 크지만, 역사가들이 갖추게 되는 그 어떤 감각 내지는 후각이 작용했을 수도 있다. 중국인 뒤에 서 있던 베트남인의 모습을 감지하는 능력 같은 것 말이다.

『수향의 변계』를 남긴 필자들은 더 많은 중국인을 찾아 떠나갔고, 나는 메콩 델타와 그 앞에 펼쳐진 바다를 중국인에게 넘겨줄 리 없을 베트남 사람들을 계속 찾아보기로 했다.

이 장에서 내가 다루려고 하는 분야는 세 개다. 먼저, 1820년대까지 중국인들이 지배하던 남부베트남의 대외 무역 발전상과 그것을 가능하게 한 제 조건을 살펴보겠다. 그 다음엔 이들 남부베트남의 무역 활동에 대한 조정 측의 입장을 정리하고자 한다. 여기서는 조정의 전반적인 시각과 정책이 언급될 것이다. 이 부분은 내가 『수향의 변계』에서 말한 부분과 많이 겹친다. 마지막 장에서는 19세기에 들어서 성장하고 있던 베트남 상인들의 면면을 살피며 그들이 구체적으로 어떻게 대외무역 분야에서 활동하게 되는지를 추적한다. 이렇게 함으로써 19세기 전반 남부베트남의 교역 발전상을 연속적인 것으로 파악하고, 그 연속성 상에서 교역의 주체가 중국인으로부터 베트남인에게 넘어가고 있었음을 보이고자 한다.

중국인, 혹은 화교 상인들

남부베트남의 개발과 발전에 중국인의 역할은 컸다. 캄보디아의 남부 지방 즉 지금 말하고 있는 남부베트남에 베트남인의 이주가 시작된 건 이미 16세기부터였다. 17세기 말 수천의 명나라 유민이 메콩 유역의 현 미토와 사이공 동부의 비엔호아 지역에 정착했다. 18세기 초에는 막끄우(Mạc Cửu 鄭玖)가 이끄는 중국인 집단이 메콩 서부의 반떼이 메아스(훗날 하띠엔)에 들어와 항구도시를 발전시키면서 남부베트남은 본격적으로 개발되기 시작했다. 이들 중국인 이주민들의 공헌에 의해 남부베트남의 대외 교역은 곧 "청나라 사람과 서양, 일본, 말레이 등 여러 나라 상선이 몰려들었다(淸人及西洋日本闍婆諸國商船湊集."(『前編』, 5:22b)고 할 정도로 괄목할 만한 발전을 보였다. 1698년 남부를 지배하기 위한 행정 기구 가정부(嘉定府)가 현 쩌런(Chợ Lớn) 지역에 설치되었다. 행정 중심부가 설치됨에 따라 미토와 비엔호아 지역의 중국인들이 점차 이곳으로 이동했고, 새로 이주해 들어오는 중국인들도 이곳에 정착하여 18세기 동안 쩌런 지역은 사이공이란 이름으로 크게 번성했다. 사료에는 이곳이 '시곤(柴棍)'으로 표기되는데 베트남 말로 '사이꼰'으로 발음된다. 즉 사이공인 것이다.

사이공을 중심으로 18세기 내내 강력한 경제망을 구축해가던 중국인들은 18세기 말 정치 세력으로까지 성장했다. 1782년 떠이썬 군에 의해서 약 만여 명의 중국인이 사이공에서 살해되는 사건이 일어났다. 이는 이미 정치적, 군사적으로 성장하여 자신들의 사이공 점령을 방해하던 중국인 사회를 파괴하고자 하는 떠이썬 측의 의도에서 비롯된 것이었다.

사이공 중국인은 응우옌푹아인 즉 훗날의 쟈롱 황제(Gia Long 嘉隆, 1802-1820)를 지지하는 세력이 되었다. 이들에 대한 응우옌푹아인의 보상은 컸고, 중국인의 활동은 응우옌 왕조 건국 이후 베트남 역사상 최극성기를 맞았다고도 할 수 있을 정도였다.

남부베트남에서 나고 자랐으며 18세기 말에서 19세기 초까지 응우옌푹아인 곁에서 활동했던 레꽝딘(Lê Quang Định 黎光定)의 말을 소개하고자 한다. 그는 저서 『일통지여지(一統地輿志)』에서 사이공 및 그 주변의 "풍속은 사치하고 화려한 것을 즐긴다. 상인이 떼 지어 몰려오며 선박이 즐비하다."[48]고 했다. 이는 상업이 발전한 사이공의 면모를 잘 나타내고 있다. 과거 베트남에서 흥성했던 몇 개의 유명한 무역항, 즉 북베트남의 흥옌(Hưng Yên 興安)이라든가 중부베트남의 호이안(Hội An 會安)에 비해서 사이공은 대외 무역에 관심이 있는 이들이 적극적으로 해외로 진출하는 데 훨씬 유리한 조건을 갖추고 있었다. 계절풍대에 위치하여 아시아 지역을 항해하는 범선들이 기착했음은 물론이었고, 메콩의 수운을 따라 캄보디아와 연결되었다. 서쪽으로 샴 만을 건너면 태국에 이를 수 있었으며, 사이공 강을 따라 바다로 나와 계절풍을 타고

---

48) Nguyễn Thu, 『寰宇紀聞』(Hanoi: Viện Hán Nôm A. 585), 卷3에서 재인용.

남쪽으로 가면 말레이 반도 남단이나 바타비야에 닿았다. 1819년부터는 국제 무역 도시 싱가포르가 건설되어 남부베트남에 살고 있는 중국인들의 대외 무역 활동을 더욱 자극하였다.

사이공이 기존의 두 무역항에 비해서 유리했던 이유 하나는 서쪽에 거대한 메콩 델타를 끼고 있다는 지리적 현실이었다. 이곳에서 생산되는 쌀이 18세기부터 주요 교역 상품으로 기능하기 시작했고, 메콩과 남해의 풍부한 수산물, 그리고 정글과 배후 산지에서 생산되는 임·광산물 또한 사이공과 그 주변을 번성하게 하던 천혜의 자원이었다. 이런 조건이 메콩 델타의 생산 관계에 영향을 미쳤다는 말은 앞 장에서 한 바 있다. 보스톤을 출발하여 필리핀을 거쳐 사이공에 도착해 1819년부터 1820년 사이 체류했던 미국인 존 화이트(1782-1840)는 사이공을 비롯한 남부베트남의 자연적 환경과 교역상의 입지적 조건에 대해서 다음과 같이 구체적으로 기술하고 있다.

수많은 강줄기와 수원(水源)들은 농업과 국내 교역을 촉진하는 매우 중요한 요소들이다. 좋은 조건을 갖고 있는 많은 만(灣), 항구, 강, 또 해안 항해의 안전성이라든가 편리함 등은 해상 교역에서 다른 국가들보다 유리한 점들이다. 또한 땅과, 인접한 바다에서 나는 자연 산물들은 질이나 양적 측면에서 아시아의 어떤 지역도 이곳보다 더할 수 없다. 산에서는 금, 은, 동, 철 등이 생산되고, 삼림에서는 침향(沈香 eagle-wood), 자단(紫檀 rose wood), 소방목(蘇芳木 sappanwood) 같은 향기로운 목재를 비롯해서 아이언우드(iron-wood), 여러 종류의 락카 나무(varnish-tree), 복숭아나무, 등황(藤黃 gamboge), 대나무, 등나무 등과 염색, 건축, 설비 등에 유용한 여러 목재가 생산된다. 이곳에서는 또 계피, 꿀, 밀랍(蜜蠟), 각종 짐승가죽, 아레카, 베텔, 담배, 면화, 생사(生絲), 사탕, 사향, 후추, 쪽, 싸고(sago), 상아, 사금, 코뿔소 뿔(犀角), 그리고 6가지 종류의 벼가 있다.[49]

이렇게 열거될 만하게 다양한 물산이 산출되는 나라는 다른 곳도 많을 것이지만 우리가 이 기사에서 주목할 것은 '땅과, 인접한 바다에서 나는 자연 산물들은 질이나 양적 측면에서 어떤 나라도 이곳보다 더할 수 없다.'고 한 말이다. 이는 남부베트남이라는 독립된 지역에서의 물산이 여타 나라의 전체 산물과 비교해서도 손색이 없을 정도로 다양하고 풍부했음을 강조하는 말로 받아들여야 할 것이다. 화이트가 열거한 물자들 중에서 상아, 사금, 서각(犀角), 쌀은 정부의 독점 품목이어서 일반 상인들이 합법적으로 취급하기 힘들었지만 그 외의 물품들은 활발히 교역되고 있었다. 말린 생선, 아레카넛 즉 빈랑 열매는 주요 수출품이었으며, 흑단, 자단, 계피, 짐승가죽, 면화 등은 중국으로 수출되고 있었다(White 1824: 249-250).

쌀의 종류가 여섯 가지나 된다는 관찰은 화이트가 사이공을 방문한 목적을 반영한다. 토마스 제퍼슨이 프랑스에 체류하던 1787년부터 미국의 기록에 등장하기 시작한 베트남 쌀은 미국 서부 지역에서 재배할 만한 상품 작물로 사람들의 관심 대상이 되었다. 제퍼슨은 18세기 중반 6개월 동안 베트남에 체류했던 프랑스 상인 삐에르 빠브르(Pierre Poivre, 1719-1786) 덕에 베트남 쌀의 종류와 품종을 알게 되었다는 글을 남기고 있다. 여기에 더해 그가 1788년 파리에서 만난 응우옌푹아인의 큰아들 까인(Cảnh 景, 1780-1801) 왕자 일행에게서도 베트남의 쌀에 대해서 확인했던 것 같다. 여섯 종류라는 건 제퍼슨의 기록에도 보이며 그

---

49) John White, *A Voyage to Cochin China* (1824, London. Oxford University Press, Kuala Lumpur, 1972), pp. 248-249.

숫자의 기원은 빠브르였다고 한다.[50] 화이트는 이 중 다섯 종류의 샘플을 미국으로 가져갔다(p. 251).

화이트의 기술에서 또 한 가지 주목되는 건 그가 열거하는 품목들이 전부 일차상품이라는 것이다. 옷감이나 도자기 등의 공산품이 이곳에서 생산되지 않았다는 말은 아니다. 단지 이윤이 많이 나는 거래 품목을 찾고 있던 화이트에게 당시까지는 이렇다 할 남부베트남의 공업생산품은 눈에 띄지 않았다고 이해해야 할 것이다. 그가 "베트남인이 소유한 거의 모든 일용품은 중국으로부터 들여온 것"(p. 262)이라고 여길 만큼 현지의 공업생산품 수준은 낮았던 것 같다. 적어도 그가 체류했던 19세기 전반의 상황은 그러했다. 그런데 이러한 현상을 뒤집어 생각하자면, 레꽝딘이 말한 바 '풍속은 사치하고 화려한 것을 즐기는' 이곳 사람들의 취향을 위해서는 그런 물자들이 외부로부터 들어와야 했음을 의미한다.

화이트의 관찰대로 사이공에서 유통되던 일용품은 중국으로부터 들어왔을 뿐만 아니라 외국과의 물자 교역은 중국인에 의해서 주도되었다. 화이트보다 조금 늦게, 크로퍼드(John Crawfurd) 사절단을 따라 1822년에 사이공을 방문한 핀레이슨의 다음과 같은 관찰도 음미해볼 만하다.

축면사(縮緬紗 crape), 공단, 비단 등이 모두 사용되는데, 대부분은 중국이나 통킹에서 생산한 것이다. 때문에 사실 이곳에서 생산되는 것은 아주 적거나 없다. 그들 자신이 만든 물건은 그리 많지 않다. 다음 정도를 열거할 만하다: 아름답지만 거친 돗자리, 보트나 정크바닥에 까는 자리, 거친 바구니, [락카를 칠해] 반짝거리는 [나무]상자, 우산, 어디에서나

---

50) Robert Hopkins Miller, *The United States and Vietnam 1787-1941* (Washington: National Defense University Press, 1990), pp. xv-xvi, 6-7.

쓰이고 남자나 여자 모두가 들고 다니는 예쁜 비단 지갑, 못, 그리고 조잡한 가위 등. 그 외 모든 것은 주변 국가들로부터 수입되었다. 대신 이 땅에서는 많은 양의 쌀과, 두구(荳蔻), 후추, 사탕, 상아, 베텔 등이 생산된다. 이곳에서는 소수의 부유한 중국인들이 대규모로 교역을 담당하고 있다.[51]

사이공에서는 싱가포르를 비롯한 말레이 반도의 영국령 도시 즉 말라카, 페낭 같은 곳과의 교역이 많아졌고 중국인의 활동도 활발했다. 크로퍼드의 기록에서 우리는 이러한 사실을 읽을 수 있다.

말라카 해협의 영국령 항구도시들과의 [사이공의] 교역은 1819년 싱가포르의 성립에 주로 기원한다. 지난 몇 년간 [거래량은] 평균적으로, 한 척당 약 2,500 피컬[piculs, 1피컬은 약 60kg], [무게로는 총] 4,000톤 이상[을 선적한] 26척의 정크였던 것으로 추산된다.[52] 이 교역에서 수입품은 쌀, 소금, 사탕, 생사를 비롯한 소비재들이었으며, 수출품으로는 아편, 빈랑고(gambier), 남부베트남인들이 소비하는 아선약(catechu), 사이공으로만 들어가는 철, 무기, 영국제 모직, 면제품 등이 있다. 이 분야는 물론이고 코친차이나의 모든 외국 교역은 중국인에 의해서 이루어진다. 그들은 상인이며, 선원이며, 항해사이다.[53]

---

51) George Finlayson, *The Mission to Siam and Hue, the Capital of Cochin China, in the Years 1821-22* (1826, London. Oxford University Press, Singapore, 1988), p. 311.
52) 크로퍼드는 이 수치가 1824년의 것이며 이해부터 내항 선박 수가 급속도로 증가했다고 주를 달고 있다.
53) Jonh Crawfurd, *Journal of an Embassy from the Governor-General of India to the Courts of Siam and Cochin China* (1828, London. Oxford University Press, Singapore, 1987), pp. 513-514. 위에서 열거된 물품들 말고도 크로퍼드

크로퍼드의 눈에 띈 품목 중에는 쌀이나 아편 등 중앙 조정이 외국과의 거래를 금하는 물품들도 있었지만 그의 말마따나 당시 중국인의 영향력이 컸던 남부베트남에서 "금지라는 건 실제(real)라기보다는 명목(nominal)"(Crawfurd 1828: 519)이었다. 법령과 실제 사이의 차이는 동서고금 어디에고 목격되는 현상이니 크로퍼드의 관찰이 베트남에만 적용될 일은 아니었을 것이다. 단지 우리는 여기에서 중국인의 기민함 즉 현지의 법령을 솜씨 있게 피해가며 그 어떤 구매자의 요구든지 충족시켜주는 능력을 한 번 더 확인할 뿐이다. 당시 중국인이 집중 거주하던 쩌런 지역에서는 구하지 못하는 유럽 상품이 없었을 정도였다고 핀레이슨은 우리에게 실상을 전하고 있다(Finlayson 1824: 311).

황제의 눈에 비친 쟈딘의 '말업'

민망은 중국인들을 핍박했다. 민망의 태도 배후에는 경제 분야에서 중국인이 급속한 성장을 보이는 데 대한 견제의식이 있었다. 하지만 더 중요하다고 생각되는 건 남부베트남에서 경제력을 바탕으로 행사되던 중국인의 정치적 능력에 대한 의구심이었다. 또한 중국인 탄압은 1830년부터 야심적으로 추진되던 남부베트남에서의 소수민족 동화 정책, 즉 인종적으로 잡다한 남부 지역을 베트남화 하는 작업의 일환이기도 했다. 중국인을 향한 조정의 적대적인 정책에 대해서는 『수향의 변계』에

는 보고서에서 계피, 후추, 아레카, 면화, 다이우드(Dye-woods), 락카, 마른생선, 백두구, 등황, 코끼리와 코뿔소 가죽, 상아, 물소뼈, 태국산 직물, 캄보디아 직물, 오렌지 등을 남부베트남의 수출품으로 열거하고 있으며, 도자기, 차, 종이, 마른 과일 및 과자류, 장난감 등도 사무역을 통해서 수입되고 있음을 기록하고 있다. pp. 226, 474, 519-520.

서 이미 자세히 논구된 바 있다.

이 장에서 내가 강조하고 싶은 건 조정의 중국인 억제 정책이 무역 활동을 바라보는 조정의 입장 그 자체가 아니라는 사실이다. 민망 시기 중국인의 교역 활동을 억제한 이유는 베트남 경제에서 중국인의 영향력을 약화시키려는 의도에서 비롯되었으되 해외 무역 그 자체를 위축시키려고 했기 때문이 아니었다.

사농공상이라는 개념은 베트남 사회에서도 광범하게 퍼져 있었다고 보는 견해가 적지않다. 19세기의 조정 사료에는 상업을 말업(末業)이라고 부르는 한자문화권의 일반적인 용례도 종종 등장한다. 그래서 학자들 사이에는 이 사농공상의 개념을 들어 민망 시기의 정책 기조가 억상(抑商)이었으며 상업에 주로 종사하고 있던 중국인을 억압한 것을 상업 억제 정책의 맥락으로 이해하는 경향도 있다.[54]

그러나 전통 시대 베트남 사회에서 이런 사회적 서열화는 실제로 별 의미가 없었다. 사인과 상인의 사회적 거리는 거의 없었던 것으로 보이며 한집안에 사농공상 네 개의 직업이 공존하는 경우도 드물지 않았다. 그리고 이런 형편은 같은 시기 중국도 마찬가지였다. 두 집안의 자제는 함께 교유하며 능력 있는 사인이 영향력 있는 상인을 위해 일하고 동업하기도 했다. 상인 집안 출신 인재가 과거에 응할 수도 있었고 중앙의 회시에 합격하는 경우 진사 학위를 따는 길도 있었다.[55] 청나라의 고관

---

54) 예를 들어 Cao Tự Thanh, "Hoạt Động Thương Nghiệp của Người Hoa trong Tiến Trình Lịch Sử ở Nam Bộ trước 1862(1862년 이전 남부의 역사 여정 속에서 화인의 상업 활동)" (International Workshop in the title of 'Commercial Vietnam: Trade and the Chinese in the 19th Century South.' HCM City, 10-11 December 1999), p. 3.

55) Steven B. Miles, *The Sea of Learning, Mobility and Identity in Nineteenth-Century Guangzhou* (Harvard University Asia Center, 2006), pp. 32-33, 66-67, 70-71.

이자 대학자였던 완원(阮元, 1764-1849)은 조선의 김정희(1786-1856)가 스승으로 섬겨 완당(阮堂)이라는 호까지 이 세상에 나오게 했던 인물이다. 그런데 완원의 부계는 원래 무관이었던 데다가 아버지는 거의 건달로 지낸 사람이었다. 중년의 나이부터 완원의 아버지는 상인인 외삼촌과 함께 소금 담는 대나무 통 장사를 했다. 완원이 수도로 회시를 보러 갔을 때 여행 및 체류 경비를 댄 건 고향 양주(揚州)의 소금 장수들이었을 만큼[56] 중국에서도 사인과 상인의 거리는 멀지 않았다. 베트남에서는 심지어 왕의 지도 아래 조정 측에서 직접 대외 무역을 수행하고 있었으니, 민망 시기부터 시작된 동남아시아 '관선무역(官船貿易)' 또는 '하주공무(下洲公務)'나 중국 광동으로 채매단을 보내는 '여동공무(如東公務)'는 그 전형적인 예이다.[57] 그리고 응우옌 왕조의 원류가 되는 남국 응우옌 씨 정권의 지배자들은 모두 국제 교역을 직접 챙겼다. 그건 동남아시아에서 보편적으로 보이던 왕권의 상업적 성격이기도 했다.

  베트남의 유가 관료들이 '말업' 운운하는 걸 두고 그들이 상업을 천시했다고 여기든가, 조정의 정책을 억상으로 본다면 그것은 너무 성급한 태도다. 19세기 전반 베트남 조정의 상업에 대한 입장을 고려할 때는 사료 안에 무수히 보이는 '말업'과 관련된 기사를 전후의 맥락 속에서 신중하게 읽고 해석해야 한다. 억상으로 보이는 많은 기사는 유가 관리의 명분론적 수사에 불과할 뿐 실제로는 그것이 상업 활동의 억제와는 상관이 없을뿐더러 오히려 발전하고 있던 상업 활동의 사료적 근거로 이

---

56) Betty Peh-T'i Wei, *Ruan Yuan 1764-1849, The Life and Work of a Major Scholar-Official in Nineteenth-Century China before the Opium War* (Hong Kong University Press, 2006), pp. 26, 35.
57) 하주공무와 여동공무에 대해서는 졸고 「19세기 전반(1823-1847) 베트남의 동남아시아 官船貿易」(『東洋史學硏究』 제70집, 2000), 「19세기 베트남 관선의 광동(廣東) 왕래 시말」(『동남아시아연구』 21권 3호, 2011).

용될 수 있을 여지가 크기 때문이다. 예를 들어 일부 유가 관료들이 조정의 해외 무역을 상행위라 하여 격렬히 비판하지만 그 대척점에 서 있던 일군의 관리와 황제는 전혀 다른 주장을 펴고 있었다. 황제는 베트남에 남아도는 사탕을 내다 팔고 동남아시아 등지에서 조총이나 화약, 직물 등을 사오는 것, 육계(肉桂), 두구, 연와(燕窩)를 광동에 가져가 서적, 인삼, 약재 등을 사오는 활동을 "있는 걸로 없는 걸 얻는 일"이어서 그만둘 필요가 없다고 반박하고 있다(『寔錄』2, 218, 21b-22a, 33b-34a). 이런 황제의 입장 아래서 양해되던 해외 교역 활동이 1850년대 프랑스가 들어올 때까지도 지속되었다.

중앙 조정이 1835년부터 본격적으로 남부베트남을 경영하기 시작했을 때 이곳의 상업 발전을 진단하고 반응하던 모습도 마찬가지였다. 황제 이하 중앙 관리들은 농업을 '본업'이라 하여 최우선에 두고 있음을 표방했지만 상업을 억제하는 구체적인 방안을 찾아내는 데는 적극적이지 않았다. 우선 다음과 같은 상주문을 보자. 이는 1835년 남부에서 일하던 한 중앙 파견 관리가 조정에 제출한 글이었다.

남끼 6성의 땅 힘은 풍요롭지만 사람들의 성격이 일반적으로 게으르며 많이들 선박으로써 생업을 삼고 있습니다. 그리하여 마침내 비옥한 전답과 땅을 버려두어 황폐하게 만드니 강을 다니는 배의 폐해가 농업에 미치는 바는 잡초가 논밭에 미치는 해와 다르지 않습니다. 그동안 강을 다니는 배에 대해서는 구 남영성[南榮城, 프놈펜]에 가서 행상하는 자들에게는 징세했으나 6성 내 강 위의 장삿배에는 세금 징수 예가 없었습니다. 청컨대 모든 성에 영을 내려 본년 10월 이후부터는 관할 지역 강을 오가는 배들을 살펴서 징표를 주고 징세를 한다면 말업을 좇는 자들을 되돌려 논밭에 매어 놓을 수 있을 것입니다(『寔錄』2, 159:13b-14a).

이 관리는 상업을 통제하고 경작 인구를 증대시킨다는 명분으로 상선들에 세금을 매길 것을 제안했다. 그런데 주의해서 보면 이 관리의 비판 표적이 상업 행위 자체가 아니라 상업을 추구하느라 농사를 돌보지 않는 '폐해'였음을 알 수 있다. 즉 이 제안의 주된 관심은 농본에 있는 것이지 억상에 있지는 않았다. 이 제안에 황제는 다음과 같이 답변하고 있다. "상주한 바는 역시 말[업]을 억제하고 본[업]에 힘쓴다는 것으로서 가히 행하여야 할 일"이라는 거였다. 자신이 보낸 신하가 제기한 주장의 당위성이 강조되고 있었다.

그러나 민망 황제는 시행 시기를 미루자고 했다(Ibid.). 이 제안의 시행이 결정되는 건 다음해인 1836년이었는데(『寔錄』2, 171:35) 우리는 그 시행령이 지니고 있던 융통성을 주목할 필요가 있다. 쌀이나 사소한 일용품에 대해서는 징세를 면제하기로 한 것이다(Ibid.). 그래서였는지, 2년 뒤인 1838년 남부의 보고에 의하면, "6성은 강물이 여러 갈래이고 상인의 교묘한 속임수가 백출하여 화물을 싣고 항해하면서 길을 돌아 징세를 피하며, 돌아올 때는 곡식을 실었다고 하는[…]"(『寔錄』2, 194:19a) 등의 방법으로 상인들이 징세를 피했다고 한다. 이에 따라 남부에 파견된 중앙 관리는, 각 선박에 통행 허가서를 발급하고 거기에 통행 사유를 일일이 기재하며 농민으로서 쌀을 싣고 다른 물건과 교환하는 자들과 친척을 방문하는 자들만 면세하고 상인들은 설사 쌀을 실었다 해도 징세할 것을 청하기까지 했다. 하지만 조정에서는 이를 허락하지 않았는데, 그 이유는 "모두 징세하면 쌀을 거래하는 일이 반드시 날로 적어져서, 상거래를 금함을 무겁게 하다가는 백성을 병들게 하는 데 이를지도 모르기 때문"(『寔錄』2, 194:20a)이라는 것이었다.

관소(關所)를 설치하여 통행세를 징수한다는 방안을 살펴보자. 관소 즉 선박의 통행을 관리하는 장소를 설치한다는 것 자체는 분명 말업을 억제하는 방법으로도 해석될 수 있을 것이다. 그럼에도 불구하고 우리가 이것을 실질적 억상 정책의 실행이라고까지 말하기 곤란한 건 당시 가장 중요한 소비품이었던 미곡의 운송이나 판매에는 관소가 전혀 손을 대지 않고 있다는 점 때문이다. 조정은 과도한 법의 집행을 자제하면서 적당히 현지의 일반화된 관행과 타협한 것으로 보아야 할 것이다. 상행위는 금지된 것이 아니고 통행세를 내는 경우에는 얼마든지 자유로운 활동이 보장되는 것이었다. 말업에 대한 질시의 염을 표현하면서도 황제를 비롯한 조정 측의 정책 결정자들이 줄곧 고려하는 사항 중의 하나는 상업에 대한 법을 엄하고 복잡하게 하면 "혹 장사에 종사하는 자들(商民)을 병들게 할까 두렵다."(『寔錄』2, 169:8a)는 것이었다. 1839년 안장 성에서 하띠엔으로 이어지는 운하를 파고 이것을 바다와 연결시키는 작업을 계획할 때도 황제는 그 가장 중요한 이점이 "상고의 유통"에 있음을 강조하고 있다(『寔錄』2, 202:14a). 뿐만 아니라 1836년 남해의 곤륜도(崑崙島)에 군대를 주둔시키는 목적이 해적들을 제어하고 상선들을 보호함으로써 "상고가 날로 증가"하게 하기 위해서라거나(『寔錄』2, 166:3b) 1840년 중국에서의 아편 전쟁 소식을 듣고 "우리나라는 청과 경계를 접하고 있어 종래 백 가지의 재화를 무역하고 유통했는데 이제 홍모(紅毛 영국)가 방해한즉 바닷길이 불통하니 […] 상업을 병들게 하고(病商) 백성을 병들게 하는구나(病民)."라고 민망 황제가 우려하는 데서(『寔錄』2, 209:6b) 우리는 '말업'에 대한 조정 측의 실질적 입장을 읽을 수 있다.

    조정이 민간인의 대외 교역을 억제했다는 증거도 찾을 수 없다. 물론 쌀을 해외로 내다 파는 문제라든가 외국으로부터 아편을 들여오는 행위 등에 대해서는 엄격한 처벌이 가해졌고 이런 물자의 교류를 주도했다고 여겨지던 중국인을 해상 교역에서 완전히 배제하는 노력은 꾸준히 경주되었다. 쌀을 내다 팔고 아편을 들여오던 베트남 상인들도 단속 대상이었다. 그러나 국가가 금하는 물건 외의 물자 교역에 대해서 정부는 이렇다 할 제한을 두고 있지 않았다. 오히려 금지 품목의 자유로운 교역조차도 고려했던 적이 있었다. 1847년 빈딘과 푸옌을 관장하던 총독 응위칵뚜언(Nguy Khắc Tuần 魏克循)이 금법을 완화하자는 제안서를 조정에 보냈다.58) 당시 후에의 주인이었던 티에우찌(Thiệu Trị 紹治, 1841-1847) 황제에 의해서 거부되기는 했지만 응위칵뚜언의 행동은 대외 교역에 대한 베트남 관료 집단의 융통성을 보여주는 사례로서 주목할 만하다.

그 외에 동남아시아 여러 나라와 중국에서 오는 각 국적의 상선 입출국은 자유로웠으며 이들 상선들에게는 국가별, 선박 규모별 세액이 정교하게 규정되어 있었다.59) 대외 교역 문제에서 베트남 조정의 욕구는 강렬했다. 크로퍼드 사절단이 다녀간 뒤에도 영국 상인들이 베트남을 방문하는 일이 많지 않자 황제는 그들이 기회를 제대로 이용하지 못하고 있다고 싱가포르 주차관(駐箚官, Resident of Singapore)에게 불만을 토로할 정도였다고 한다.60) 베트남으로 찾아오는 외국 상선에게 보인 태도 역시 특별히 경직되었던 것으로 보이지 않는다. 1836년 음력 4월 미국 상선이 다낭에 왔다가 별다른 요구 없이 돌아갔을 때 아쉬움을 표시하던 민망 황제는 "오는 자 거부하지 않고 가는 자 붙잡지 않는다(來

---

58) 『大南寔錄正編第三紀』(1894. 東京: 慶應義塾大學言語文化研究所, 1977)(이하 『寔錄』3), 24:20.

59) 『寔錄』2, 139:21; *Đại Nam Điển Lệ Toát Yếu* (大南典例撮要)(1909. HCM City: Nxb. TPHCM, 1994)(trans. by Nguyễn Sĩ Giác), p. 196.

60) Straits Settlements Record(H. 14), 19 May, 1825. Wong Lin Ken. "The Trade of Singapore, 1819-1869," *Journal of the Malayan Branch of the Royal Asiatic Society* vol. 33 No. 192(Singapore, 1960), p. 155에서 재인용.

者弗拒 去者弗追)."(『寔錄』2, 168: 4b)라는 말로 자신의 방침을 간결하게 요약하고 있다. 또 이는 재위 말기인 1840년 그의 발언에서 다시 확인된다: "우리 조정의 서양인에 대한 [입장은] 오는 것 마다하지 않고 가는 것 붙잡지 않음이다(本朝之於洋人不拒其來不追其去)."(『寔錄』2, 218:23a) 단지 외국 배의 내항을 다낭 한 개 항구로 일원화했고 티에우찌 시기인 1847년에 프랑스 군함 두 척이 다낭에서 무력을 행사한 후 서양 선박에 대한 태도가 경색되기 시작했을 뿐이다. 그러다가 뜨득이 즉위하면서 다낭에서의 서양인 선박 왕래 통상까지도 금하기 시작했기 때문에(『寔錄』4, 1:16) 서양과의 관계가 끊어진 듯도 했다.

그러나 실제는 그렇지 않았다. 필자가 조사한 바에 의하면 조정에서 해외 정세 관찰과 물자 구매 목적으로 보내는 관선의 동남아시아 방문은 1858년까지 계속되었고(최병욱 2000: 193) 서양 선박과의 거래도 그치지 않았다. 베트남에서 2년간 지내다가 돌아간 영국인 선원 에드워드 브라운이라는 사람이 있었다. 그가 1858년 베트남을 떠날 때의 형편은 다음과 같았다. 브라운은 사이공을 거쳐서 하띠엔으로 갔다가 거기서 다시 가까운 캄보디아의 깜뽓(Kampot)으로 이동해서 영국인 선장이 지휘하는 배들을 만났다. 그가 베트남 관리들의 안내를 받아가며 깜뽓까지 갔던 이유는 사이공이나 하띠엔에 서양 배가 들어오지 않았기 때문이었다. 이는 분명 프랑스의 다낭 도발 이후 서양 세력에 대한 조정의 태도가 경색됨으로써 서양 배의 입항을 금지했기 때문이라고 생각된다. 그럼에도 불구하고 서양 상선들과의 교류는 지속되었다. 브라운에 의하면 매년 60여 척의 유럽 배 및 싱가포르를 비롯한 동남아 각처에서 오는 배가 하띠엔으로부터 약 30마일 떨어진 깜뽓에 정박하고 화물들은 다시 거룻배에 실린다고 했다.[61] 이 거룻배들을 통해서 깜뽓에 정

---

61) Edward Brown, *Cochin-China, and My Experience of it. A Seaman's Narrative*

박한 외국 배들과 하띠엔 간의 물자 교역이 이루어졌다.

서양 배를 제외하고 중국으로부터 혹은 주변 동남아시아 국가들로부터의 상선 방문은 계속되었다. 브라운은 "많은 태국 배와 매년 수백 척의 중국 배, 그리고 싱가포르나 말레이 지역 중국인 소유의 유럽제 선박들이 이곳 [사이공]에 오며"(Brown 1861: 267) 자기 일행이 하띠엔으로 이동하기 위해 상부 메콩(Upper Mekong, Tiền Giang)을 건널 때 강을 거슬러 오르고 있는 말레이 배들도 보았음을 우리에게 전하고 있다(p. 279). 여기서 말하는 말레이 선박은 여러 가지 의미를 갖는다. 당시 말레이 지역에는 통일된 국가가 없었다. 따라서 말레이인 또는 말레이 선박이라는 건 말레이 반도에 존재하던 술탄국 출신 사람들과 그들의 선박을 가리킨다. 이에 더해 동남아 각국 즉 캄보디아, 태국 등지의 말레이 종족이 말레이인으로 인식되기도 했으며 동남아시아에서 출몰하던 말레이 해적도 이 '말레이'의 범주에 들어갔다. 인도네시아 지역 사람들이 말레이인으로 인식되는 경우도 있었다. 말레이 상선들이 메콩 강을 통해 캄보디아로까지 왕래하던 건 19세기에 일반화된 상황이었다. 1808년 응우옌 왕조 초기에 중국인의 자유로운 활동이 보장되던 때 조정은 남부베트남인들이 프놈펜으로 가 무역할 경우 허가서를 발급받아야 하지만 말레이 상선과 베트남 내 거주 중국인 상선은 자유롭게 캄보디아와의 국경을 넘나들며 무역할 수 있도록 보장한 바 있었다(『寔錄』2, 36:1b-2a).

따라서 19세기 전반 베트남 조정의 상업과 대외 무역에 대한 태도는 쟈롱 때는 물론이고 민망 시기까지 일관되게 개방적이었다고 나는 여

---

of His Adventures and Sufferings during a Captivity among Chinese Pirates, on the Coast of Cochin-China, and Afterwards during a Journey on Foot Across that Country, in the Years 1857-1858 (1861. 台北: 成文出版社, 1971), p. 286.

긴다. 티에우찌 말기부터 뜨득 황제 시기까지 서양 배의 입항이 금지되었던 건 사실이지만 서양과의 교역이 완전히 차단되지는 않았다. 무엇보다도 주변 국가들과의 교역은 활발히 지속되고 있었다는 사실이 중요하다.

단지 이런 교역 활동에서 중국인들이 1830년대부터 정책적으로 배제되기 시작했던 것이다. 그렇다면 중국인이 밀려나는 가운데 베트남인들은 어떻게 교역 활동에 참여하고 있었는가를 다음 절에서 구체적으로 살펴보도록 하겠다.

새로운 사람들

남부베트남 상인층의 성장이 활발해질 수 있던 여건이 19세기에 들어서 마련되었다. 베트남이 통일되고 역사상 처음으로 현재의 북, 중, 남부가 하나의 정권하에 놓이게 된 건 중요한 전제였다. 변화를 가능하게 했던 첫째 요인으로 잉여 산물을 꼽을 수 있다. 쟈딘-떠이썬 내전이 종결되고 북, 중부에서 메콩 델타로의 이주가 활발해지면서 남부베트남에서는 인구가 증가했다. 그리고 토지 개간 정책이 뒤따르고 경작 면적이 확대되어 메콩 델타의 생산력은 크게 증대되었다. 이때부터 비로소 메콩의 잉여 미곡이 수출품으로 국가적인 주목을 받기 시작했다.

쌀뿐만 아니라 여러 가지 과실과 수산물, 임산물이 안정적으로 생산되고 국내외 시장에서 활발하게 교역되기 시작했다. 대외 교역은 국가 사이의 상업 거래이다. 그래서 대외 교역의 주요 전제는 국가의 경계 확정이다. 18세기가 끝날 때까지 베트남과 캄보디아의 경계는 명확하지 않았다. 무왕 시기(1738-1765)까지 메콩 델타 대부분이 베트남 영토로

흡수되었지만 아직 메콩 하류의 짜빈, 속짱 등은 캄보디아 땅이었고 이 문제는 해결되지 않은 채 쟈딘-떠이썬 내전 와중에서 18세기를 넘겼다. 19세기에 들어서 응우옌 왕조가 수립되면서야 비로소 베트남과 캄보디아 사이에 우호적인 관계가 수립되고 또 대략이나마 나라의 경계가 확정되었다. 짜빈과 속짱이 베트남 영토로 편입이 확정된 것도 이때부터였다. 경계가 만들어지고 국경에서 세금을 징수하는 관소가 만들어졌다. 이렇게 되면서 국가 사이의 무역이라는 개념도 확실해졌다.

적절한 관리도 필요했다. 1808년부터 프놈펜으로 가는 남부베트남 상인들로 하여금 남부베트남을 총괄 지배하던 가정성총진에서 발행하는 증서를 발급받게 한 지시는(『寔錄』1, 36:2a) 두 국가 사이의 국경을 넘나드는 거래를 국가가 통제하겠다는 의식의 출현을 의미하는 것이었다.

메콩 델타에서 베트남인의 거주 지역이 19세기에 들어 급속히 확대되는 가운데 캄보디아와 가까운 메콩 동안의 동탑머이 지역에도 1807년부터 시장이 열리기 시작했다. 까오뜨타인은 이곳의 베트남 상인들이 우기에는 강을 따라 캄보디아로 들어가 교역하기 시작한 걸 지적하면서 19세기 초 이곳에서의 대외 무역 발전상을 제시하고 있다.[62]

새로운 제도가 예기치 않은 결과를 야기해 대외 무역을 자극한 경우도 있었다. 쟈딘에서 생산된 쌀은 쌀 가격 안정을 위해서 중부, 북부로 이동하게 되어 있었다. 그 운송 책임은 민간 수송업자에게 맡겨졌다. 쌀을 실어 나르는 배가 대역선(代役船)이었다. 이들 대역선 업자가 외국에 쌀을 내다 팔아 번 돈으로 아편을 사서 베트남에 반입하는 현상이 나타나는 시기도 19세기에 들어서부터였다.

---

62) Cao Tự Thanh, *Nghiên Bút Mười Nam* (10년의 벼루와 붓) (HCM City: Nxb. Văn Học, 1999), pp. 169, 173, 175.

그들의 상대자는 누구였을까? 이에 대한 해답과 연결되는 것이 두 번째 요소였다. 베트남 상인의 교역 대상은 19세기에 급속히 확대되었다. 중·북부베트남(이전의 북국 치하)이 남부 쌀의 소비지로 등장한 변화라든가, 방콕에 18세기 말부터(1782) 안정된 정권이 들어선 변화도 남부베트남에서 대외 교역 활동을 자극하는 요인이 되었다. 무엇보다도 1819년에 출현한 싱가포르는 베트남 대외 교역의 근대화에서 중요한 의미를 갖는다. 북동 계절풍을 타고 별 어려움 없이 내려가게 되어 있는 이 지역이 동남아시아의 무역중심지로 발전하면서 찐화이득이 "열 명 중에 아홉 명은 물을 건너고 배를 부리는 데 익숙하다(十人而九善涉水慣使船)."(Trịnh Hoài Đức 1998: 380 '風俗')고 했던 남부베트남인들의 항해 호기심을 자극했을 것이다.

다음으로 우리가 생각해야 할 요소는 베트남인들의 상업적 역할이나 재능이다. 베트남 역사 속에서 우리는 중국인의 활동 양과 역할의 부피에 압도되어 베트남인의 존재를 잊거나 과소평가하는 경향이 있다. 하지만 교역 활동에서 베트남인의 전통 또한 짧지 않다. 1835년 남부에서 중앙에 올린 '말업' 운운하는 상주문 내용에서도 우리는 메콩의 본류와 지류를 따라 많은 베트남인들이 상업에 종사하고 있었음을 보았다. 게다가 베트남 여성들의 상업적 자질은 잘 알려진 바이다. 그들은 많은 경우 중국인을 비롯한 외국인들의 현지 파트너로서 재능을 발휘하지만 외국인과는 전혀 관계없이 독자적인 활동 능력을 보이기도 했다.

19세기에 들어서 남부에 안정된 지방 정권이 들어선 것도 베트남 상인층의 성장에 한 요인이 되었을 것이다. 남부베트남을 지배하게 된 가정성총진은 중국인에게 호의적이었고 중국인의 영향력이 강하게 행사되던 행정조직이었음은 의심할 여지가 없다. 그런데 이 안정적인 남부베트남 통치조직은 쟈딘 사람들에 의해서 지배되는 정치체였다는 사실도 기억할 만하다. 중국인의 활동이 보장되었음은 분명하지만 가정성총진이 존속하던 시기(1808-1832)는 남부인들이 가장 자신만만하게 각자의 영역에서 능력을 발휘하던 때이기도 했다. 존 화이트가 만난 베트남의 여자 상인들이, 중국인들이 자신들의 사업 영역을 침해한다고 판단했을 때 이 중국인 상인들과 연계되어 있는 가정성총진 서열 2-3위의 고위 관리에게(그가 바로 찐화이득이다.) 거세게 항의할 수 있었던 것도 (White 1824: 332) 가정성총진 지배 아래서 남부인의 권위가 존중되는 분위기를 반영하는 것이라고 볼 수 있다.

이런 가운데 일부 베트남인은 중국인과 경쟁하는 상인 계층으로 성장했다. 앞서 제1장에서 소개한 장씨 집안의 족보는 사이공 주변의 한 농민 집안에서 19세기에 들어 상인층이 출현하는 모습을 함축적으로 보여준다고 할 수 있다. 이 집안의 선조로서 18세기에 중부 빈딘을 떠나 사이공 주변으로 이주해 온 사람은 농사를 지었다. 다음 대에 가서 아들 넷 중 두 명이 농부, 하나가 학자, 또 하나는 악공(樂工)이 되었다. 그러다가 3대째에 이르러 상인이 출현하는데, 1806년생이다. 즉 19세기에 들어서 이 집안에서도 상인이 나타나며 대를 거듭할수록 상업에 종사하는 자들이 늘어났다. 찐화이득이『가정성통지』를 쓴 건 1810년대였는데, 이 책에서 사이공 이서 밤꼬 강 유역으로부터 상부 메콩 사이에 "복록(福祿)과 순안(順安) 두 개 현에는 [열에] 아홉은 농민이고 하나는 상인이다."(Trịnh Hoài Đức 1998: 390 '風俗')라 한 것도 당시 이곳에서 늘어나던 베트남 상인들에 대한 인상을 기록하고 있는 것으로 보인다. 현 빈롱 지역은 "백성들이 캄보디아와 교역하는 데 익숙하고 장사하러 왕래하기 때문에 그 말에 통하는 자들이 많다."(p. 391)고도 전하고 있다.

바닷길을 통한 해외 교역에서 베트남 상인들의 활동은 어떠했던가?

크로퍼드는 사이공을 방문했던 1820년대 초 사이공과 말레이 반도 혹은 싱가포르 사이의 무역이 중국인에 의해서 이루어지고 있다고 했다. 그런데 중국인의 활동에 대한 그의 수많은 기술 사이에는 우리가 놓치지 말아야 할 귀중한 대목이 하나 있다. 그의 눈에 중국인들의 활동 영역, 즉 해상무역에서 베트남인들이 움직임이 포착된 것이다: "아주 최근 코친차이나 사람들도 이 사업[말레이 지역과의 교역]에 뛰어들기 시작했다."(Crawfurd 1828: 519)

이런 베트남인 해상 무역업자의 사례를 우선 한 가지 들겠다. 1823년 버마와 베트남의 관계와 관련된 한 기록에서 우리는 남부베트남 상인들의 동남아시아 지역으로의 항해 활동을 엿볼 수 있다. 이해 가정성 총진관 레반주엣은 자신의 수하 응우옌반닥(Nguyễn Văn Đạc 阮文度)을 병기 구매 목적으로 동남아시아에 파견했다. 이 배는 버마의 '도외진(桃歪鎭 Tavoy?)'에 기항했다가 버마 왕이 파견한 통호 사절단을 대동하고 베트남에 돌아왔다. 이 병기 채매단을 태우고 나간 배는 '상인 판닷(Phan Đạt 潘達)의 배'라고 '여문열 열전'에 나와 있다.[63] 남부베트남에 사는 중국인의 활동에 대해서 관심을 갖기 시작할 때 필자는 이 판닷이 중국인이었을 가능성이 높다고 여겼던 적이 있었다. 그러나 이후 19세기 조정 사료의 기록 관행에 더욱 익숙해지게 되면서 판닷은 베트남인으로 간주해야 함이 옳다는 결론에 도달했다. 응우옌 왕조의 '실록'에서는, 중국인으로 확인되는 경우에는 예외 없이 그 사실을 밝혀놓기 때문에 중국인이라고 명기되지 않은 이 인물은 베트남인으로 간주해야 함이 옳다. 하노이의 권위 있는 역사학자인 응우옌꽝응옥(Nguyễn

---

63) 『大南正編列傳初集』(1889. 東京: 慶應義塾大學言語文化硏究所, 1962)(이하 『列傳初集』), 23:4b. 이 사람의 이름이 판동닷(Phan Đồng Đạt 潘仝達)으로 표기되기도 했다. 『寔錄』 2, 162:6b.

Quang Ngọc) 교수는 판닷의 이름이 매우 베트남적임도 지적하면서 그가 베트남인이었음이 틀림없다고 나와의 대담에서(RSPAS, ANU, Canberra, 1995년 5월) 확인해 준 바 있다. 다시 말하자면 채매단은 베트남 상인이 소유한 배를 타고 동남아시아 지역으로 항해한 것으로서 판닷은 동남아시아 지역과의 거래 경험이 있었던 베트남인 무역상이었던 것이다. 64)

응우옌 왕조 조정에서는 1820년대 후반부터 중국인들을 해상 교역 활동에서 배제했기 때문에 베트남인만 바다를 통해 베트남 남부, 중부, 북부 사이를 연결하며 미곡을 실어 나르는 대역선을 독점적으로 운영하게 되었다. 그리고 이들 대역선 관련자들은 1830년대에 빈번히 외양(外洋)의 섬에서 무역을 하는 건 물론이고 중국, 도서부 동남아시아까지 사업의 영역을 넓히고 있었다. 이들 대역선 외에도 베트남인이 운항하는 사영선(私營船)들이 싱가포르 등지로 내려가 교역하곤 했다. 쌀을 몰래 내다 팔고 돌아올 때는 아편을 사들여 오던 이 상인들은 공무로 파견된 베트남 관리들이 "관선을 보기만 하면 놀라고 두려워하여 사방으로 흩어진다. 또 그들 중 일부는 종종 말레이 야만인들에게 약탈을 당하기도 한다."(『寔錄』2, 166:33b)고 묘사한 자들이었다. 베트남 주변 바다를 돌아다니는 중국 상인과 쌀 거래를 하고 말레이 지역까지 진출해서 교역하던 이 상인들은 후에의 옥좌에 앉아 있던 민망 황제가 "청인에게 쌀을 몰래 팔고 사사로이 [쌀을] 싣고 하주에 가서 무역한다(盜賣米粒與淸人及私載往下洲貿易)."고 하던(1835) 사람들이었다(『寔錄』2, 146:5a). 여기서 하주는 말레이 지역을 가리킨다.

---

64) 오세영(吳世榮)이 편찬한 『皇閣遺文』(卷1, 1847)에서는 민망 황제의 입을 빌려 이 두 사람을 "쟈딘의 상인" "우리 나라 상인"이라 표현하고 있다. 이 책에서 판닷은 판바닷(潘伯達)이라고 쓰였다.

한 지방관이 황제에게 올린 보고문에는 1832년 딘뜨엉 성, 끼엔호아(Kiến Hòa 建和) 현, 민득(Minh Đức 明德) 촌에 사는 응우옌반꾸옌(Nguyễn Văn Quyền 阮文權)의 처 도티꾸어(Đỗ Thị Của 杜氏貼)가 말레이 해적에게 붙잡혀 팔려가 말레이의 한 술탄국에서 4년여간 종으로 살다가 영국인들의 도움으로 귀환했다는 내용이 있다. 그녀는 "배를 타고 장사하러 다니다가(乘船行商)" 그런 변을 당했다고 한다. 그녀가 탄 배의 선원들은 도망쳐 돌아오고 그녀만이 끌려갔다고 하니[65] 이 배는 여성 한두 명이 타고 다니는 강로(江路)상의 조그만 배가 아니었다. 그녀는 장사하러 바다로 나갔다. 일상화된 해상 교역 활동 속에서 남부인들은 무역풍을 타고 싱가포르까지도 내려갔다. 존 화이트는 남부베트남인들의 항해술이 중국인들에 필적할 만큼 뛰어나다고 극찬한 바 있다(White 1828: 265). 이런 능력이 베트남인의 원양 항해를 가능하게 했다. 그 중 어떤 배에 도티꾸어가 타고 있었던 것이다.

남부베트남인의 상업적 재능을 보여주는 구체적인 사례는 조정 안에서도 발견된다. 호부의 유능한 관료 중에 다오찌푸(Đào Trí Phú 陶致富)가 있었다. 그는 남부베트남의 비엔호아 출신이었다. 1825년 향시 합격자였던 다오찌푸는 서양어에도 능통한 인물이었다. 중앙 조정에서 일하게 된 그는 수차례 조정의 관선을 지휘하여 싱가포르, 바타비아 등지에 항해하면서 대외 무역을 주도했다. 여러 척의 서양제 증기선까지 사들여온 인물이 그였다. 그는 당시 왕 주도의 대외 교역에서 베트남 관리들 중 어느 누구보다도 뛰어난 능력을 발휘한 사람이었다(Choi 2004: 76-77). 이런 인물이 남부 출신이라는 건 우연한 일이 아니다. 남부의 경제 지리적 여건이나 그 여건이 만들어낸 상업적 분위기가 이런 인물을 배출했다고 볼 수 있다.

---

65) 阮朝硃本, 1837년 음력 7월 29일자, National Archives No.1, Hanoi.

남부베트남이 경제 분야에서 의미있는 외적 변화를 맞게 되는 건 1830-1840년대였다. 이때 남부는 레반코이의 반란과 이민족의 반란을 겪었다. 곧이어 중국인의 활동을 억제하는 정책이 본격적으로 시행되면서 교역 활동이 위축되는 듯했다.

그런데 그동안 필자가 주목했던 것은 이 기간 동안 『대남식록』 곳곳에 언급되는 "바다를 넘어 교역을 운영하는(越海營商)" 베트남인들이었다. 위에서 언급한 대역선 업자는 물론이고 관선을 타고 간 관리들이 싱가포르 등 동남아시아 여러 항구에서 발견하게 되는 베트남인들, 그리고 말레이 해적들에게 붙잡혀 종이 되었던 여인까지도 다 이 범주에 집어넣을 수 있을 것이다. 이 '월해영상'하는 자들 언급은 1830-1840년대를 거치면서도 줄어들지 않는다. 다음과 같은 기록은 이런 주장을 뒷받침하는 증거다. 중국인의 모든 해상 활동을 금지하는(1838년) 조항 중에 "소재 관할의 월해영상 하는 일체의 상선"은 어떠한 형태로도 중국인을 고용하지 못하게(『寔錄』 2, 196:26a) 한 것이다. 그렇다면 중국인의 활동이 위축되기 시작한 때에도 '월해영상' 하는 자들의 활동은 계속되었다는 말이다. 문제는 '월해영상'이 1840년대를 경과하면서 어떤 양상을 띠는가 구체적으로 파악하는 것이었는데 몇 가지 자료를 통해 상당 부분 베트남 무역업자들의 활동상이 드러나게 되었다.

우선 이 시기 활동했던 한 상인을 소개하고자 한다. 레반검(Lê Văn Gẫm, 1813-1847)은 메콩 유역의 고꽁에서 태어났고 어린 시절 비엔호아로 이주해 성장한 인물이다. 검은 기독교도로서 하주(下洲 Hạ Châu 하쩌우) 즉 싱가포르를 포함하는 말레이 반도 항구도시들을 왕래하면서 선교사들을 실어 나르다가 붙잡혀 처형되었다. 후에 성인 다음 반열인 아성(亞聖 Á Thánh 아타인)으로 추존되었기 때문에(1900) 그에 관한 비교적

자세한 행장이 교회에 남아 있다.66)

이 행장에 의하면 검은 "장사로 넉넉히 생계를 꾸렸다(lo buôn bán làm ăn từ tế)."(p. 81)고 한다. 그는 소금을 싣고 캄보디아에 가서 무역을 한 적도 있었다(p. 84). 교회에 남아 있는 이 자료는 검을 줄곧 라이 검(Lái Gẫm)이라고 기술하고 있는데, 이는 그가 어느 정도 수준의 상인이었는지를 나타내는 것이다. 라이는 라이 부온(lái buôn)의 줄임말이다. 라이 부온은 사전적 의미로 큰 규모로 원거리 교역을 행하는 사람을 가리키는 단어임이 리 타나에 의해 밝혀진 바 있다.67) 검은 틀림없는 원거리 무역상이었다. 이 행장보다 이르게 1885년 상인 검의 순교 사실을 소개한 바 있는 루베(Louvet) 신부는 검이 외국의 여러 곳을 다니면서 상업에 종사해 왔던 인물이라고 했다.68)

관할 교구에서는 1846년 검에게 '페낭 학생(học trò Pinang 혹조 삐낭)'과 서양 선교사들을 수송하고 교회에 필요한 물자를 반입하는 업무를 전담하게 했는데, 그는 이미 한 차례 이 임무를 무사히 완수했었다고 한다(p. 83). 당시 페낭에는 파리외방선교회에서 건설한 성직자 양

---

66) Linh Mục Mattheu Đức, *Hành Cha Minh và Lái Gẫm Từ Đạo Là Hai Vị Á Thánh Thư Nhứt Địa Phận Nam Kỳ* (민 신부와 상인 검, 남끼 교구 최초의 두 亞聖의 순교에 대한 행장)(Saigon: Imprimerie de La Mission à Tân Định, 1902). 이 귀중한 자료를 찾는데 도움을 준 베트남 원로 사학자 응우옌딘더우(Nguyễn Đình Đầu)옹, 호찌민 시 한국총영사관의 김재천 부영사, 떤딘(Tân Định) 성당의 호앙낌또안(Hoàng Kim Toàn) 신부에게 감사드린다.

67) 『섬라국노정집록(暹羅國路程集錄)』에 나오는 푸꾸옥 섬의 두 상인을 소개할 때 리 타나는 이 두 사람 이름 앞에 라이(梩)가 붙어 있었음을 지적하면서 이 라이라는 글자로써 이들이 대규모 교역 상인이었음을 알 수 있다고 주장한 바 있다. Li Tana(1999) 앞의 글, p. 3. 일찍이 이 책을 주석했던 진형화(陳荊和)는 라이가 뱃사람이라는 뜻을 갖는다고 한 적이 있다(pp. 20-21, 24-25). 뱃사람과 상인은 서로 통하는 바가 없지 않다.

68) L. E. Louvet, *Cochinchine Religieuse* Tome 2 (Paris: Missionnaire Apostolique de La Congrégation des Missions Étrangères Paris, 1885), p. 164.

성 교육 기관이 있었다. 이곳에서는 선교지에서 발탁된 학생들이 유학을 하기도 했다. 유명한 쯔엉빈끼(Trương Vĩnh Ký, 1837-1898)나 응우옌쯔엉또(Nguyễn Trường Tộ, 1830-1871) 같은 이들도 페낭에서 교육을 받았다.69) 검이 이미 페낭 학생과 선교사들을 실어 날랐다는 건 2년 전인 1844년에 교구 측에서 돈을 내 상인 검으로 하여금 큰 배를 건조해서 하주 항해에 사용하도록 해 이미 한 번 하주에 다녀왔다는 얘기였다(Ibid). 행장에 의하면 검의 신앙이 돈독하고 용기가 있어서 그에게 임무가 부여되었다고 한다. 서양 선교사들을 실어 나르는 일을 하기 전에도 검은 이미 수차례 해당 지역을 왕래했을 가능성이 높다. 때문에 그의 죄목 중의 하나가 밀수였다(p. 94). 나포된 그의 배 안에서는 싱가포르에서 구입한 서양 물품들이 있었다는 사실도(p. 89) 그가 단순히 교구의 해외 항해 담당자는 아니었음을 입증한다.

상인 검이 타고 다녀온 배에는 6명의 기독교도와 불승 1명, 몇 명의 페낭 학생, 길을 안내하던 히엔(Hiến) 신부, 선장과 선원 몇이 승선한 것으로 보아(p. 84) 그 규모를 대충 짐작할 수 있다. 크로퍼드가 추량했듯 한 척당 500-700피컬의 미곡을 실을 수 있고 원양 항해가 가능했던 대역선(Crawfurd 1828: 230) 정도의 규모는 되지 않았을까 생각된다. 양력 3월경에 하주로 갔던 이 배는 필요한 물자를 구입한 뒤 선교사들을 태우고 5월 27일경부터 본격적인 항해를 시작해 6월 6일 사이공으로 들어오는 통로인 껀저(Cần Giờ) 입구에 도착했다 (p. 85). 무역풍

---

69) 조선 최초 신학생으로 선발된 최양업(1821-1861), 최방제(?-1837), 김대건(1821-1846)도 원래 이 페낭 학교에서 공부할 예정이었다. 하지만 페낭의 교육 여건이 악화되었다는 이유로 마카오에는 1836년 '조선 신학교'가 개설되었다. 이 세 젊은이가 마카오에 도착한 건 1837년 6월이었기 때문에 페낭으로 갈 기회는 없었다. 김정수, 『성 김대건』(부산: 양업서원, 2011), pp. 39-40. 페낭 유학이 성사된 때는 1854년이었다. 이해에 배티 신학교(충남 진천 소재) 학생 3명이 페낭으로 떠났다.

을 탈 경우 싱가포르에서 사이공 근처까지 약 10일 정도 소요되었다는 얘기이다. 검이 순라선의 조사를 받았을 때 과일을 싣고 하주에 다녀온 다고 둘러댔던 것으로 보면 (p. 86) 이 진술의 사실 여부를 떠나 검 같은 상인들이 하주에 싣고 가는 물자들 중에는 과일도 있었다고 추측할 수 있다. 크로퍼드에 의하면 이미 1820년대에 질 좋고 큼직한 오렌지("the lagest and finest orange I ever saw")가 사이공으로부터 싱가포르에 수입되었다고 한다(Crawfurd 1828: 226).

그렇다면 이런 베트남 무역상들의 교역 규모와 내역에 대해 알아보기로 하자. 싱가포르로 내항한 각국 선박에 관한 자료들을 분석한 바 있던 우웅린컨(Wong Lin Ken)에 의하면, 1844-45과 1856-57 사이에 싱가포르의 베트남 무역은 금액상으로 52%가 늘어났다(Wong 1960: 157). 싱가포르와 베트남 사이의 교역은 1847년 서양 선박의 베트남 입항 금지 조치 이후에도 늘어나고 있었던 것이다. 하지만 이 통계는 베트남 무역상의 활동상을 보이기에는 유효하지 못하다. 교역 내용에서 수출과 수입이 구분되어야 하고 베트남에서 들어오는 배는 그것이 관선인지 사선인지, 사선이라고 해도 그것이 중국인의 배인지 베트남인의 배인지가 구분될 필요가 있기 때문이다.

이런 문제들 중 일단 사선과 관선의 구분 문제를 해결하면서 베트남으로부터 온 배에 대한 명확한 통계를 제공해 주는 자료가 'Singapore Free Press and Mercantile Advertiser'(이하 '프리 프레스')70)이다. '프리 프레스'에 의하면 중국인의 해상 활동이 일체 금지된 이후에도 싱가포르로 들어오는 베트남 배가 줄곧 있었다. 때로 늘어나기도 하고 때로 줄

---

70) 1845년 창간된 이 신문은 주간이었으며 싱가포르 내의 동산, 부동산 정보 및 선박 입출항 자료 등도 싣고 있다. 현재 싱가포르국립대학도서관에 마이크로 필름으로 보관되어 있다.

어들기도 하지만 베트남으로부터의 선박 내왕은 그치지 않았던 게 확인된다. 이들 배는 대부분 코친차이나, 즉 남부베트남으로부터 오는 정크(junks), 또는 작은 배(boats)로서 베트남 조정에서 보낸 관선 즉 유럽 스타일의 대형 범선(square-rigged ships)과는 달리 비교적 작은 규모의 선박이었다. 이 신문에서는 코친차이나(Cochin China 남부베트남)와 안남(Annam 중부베트남)을 구분하고 있다. 통킹(Tonkin 북부베트남)에 대한 언급은 보이지 않는다. 안남이 언급되는 경우도 극히 적다. 중부베트남인들은 여간해서 원양으로 나가지 않기 때문이다. 까오뜨타인의 설명에 의하면, 중부는 우선 바다가 깊고 풍랑이 잦다. 또 동남아시아 지역으로 나가려면 해안을 따라 남부까지 내려간 후 거기서 다시 본격적인 항해를 시작해야 하는 번거로움도 중부인들이 말레이 지역으로 여간해서 나가지 않은 이유이다.[71] 유인선 역시 주 영역이 안남 지역이었던 17-18세기의 당쫑(Đàng Trong) 문화를 얘기하면서, 외국인들의 베트남 방문으로 교역이 활발했음에도 불구하고 "베트남인들이 해외로 나아가는 예는 그리 많지 않았다."(유인선 1999: 371)고 했다.

'프리 프레스'에 포착된 코친차이나 선박들이 북동 계절풍이 불 때 싣고 들어온 물자의 양을 살펴보기로 하자. 1843-1844 겨울 조정에서 파견한 관선 중에서는 3척이 싱가포르에 들른 것으로 되어 있으며 이들이 싣고 와 판매한 물건은 총 1,500톤이었다. 같은 시기 싱가포르에 내항한 베트남 민간 선박은 17척으로서 판매량은 1,204톤이었다. 그러나 다음해 같은 시기 베트남 관선은 마찬가지로 3척이 싱가포르에 왔었던 데 비해서 민선의 수는 117척, 선적물자는 9,854톤으로 민선의 싱가포르 항해가 급속히 증가했다. 이 신문이 외국에서 온 배들의 선적 내역을 1843년 수치부터 기록하기 시작하고 있기 때문에 1843-1844 수

---

71) 대담, Cao Tự Thanh 자택, HCM City, 2001, 2월.

치가 이전의 것과 어떤 상관관계가 있는지는 현재로서 알 수가 없다. 그러나 이즈음 민선의 내항이 17척밖에 되지 않는다는 건 다소 의외이다. 아마도 이 신문이 1845년 5월 29일 자이기 때문에 2년 전의 내항 선박 기록은 다소 착오가 있었을 수 있다. 중요한 것은 당시로선 최근이었던 1844-1845 겨울 파악된 민선의 수가 117척이나 된다는 사실이다. 반입 물자 양도 베트남 조정의 관선이 싣고 온 양을 훨씬 능가하게 되었다.

이러한 상황은 계속되었던 것 같다. 1847년 이후 조정은 대외 관계에서 지극히 경계적인 태도로 바뀌고 관선 파견도 줄였다. 1849년 5월 24일 자 '프리 프레스'를 보면, 베트남의 관선은 1847-1848 북동풍이 불 때 1척(선적량 123톤), 그 다음해 역시 1척(선적량 400톤)만이 싱가포르를 방문했다. 이때 남부베트남에서 온 민선은 1847년-1848년 162척(선적량 15,754톤), 다음해에는 103척(선적량 8,746톤)이었다. 이 자료의 기술 방식은 한결같지 않아서 내왕 척수와 선적 톤수를 기술하는 것은 여기까지뿐이다. 하지만 베트남에서의 민선 내항이 계속되었음을 '프리 프레스'는 우리에게 알려주고 있다. 1858년, 그러니까 프랑스의 남부베트남 침입이 있기 얼마 전의 기록에는 코친차이나로부터 정크와 보트에 실려 온 쌀과 사탕이 있었다. 3월 22일자에는 쌀 4,800피컬과 사탕 2,000피컬, 4월 20일에는 쌀 104,760피컬, 사탕 5,604피컬이 수입되었다고 한다. 가장 규모가 큰 품목으로 쌀과 사탕만이 자세히 기록되어 있지만 남부베트남에서 오는 상품 중에는 소금도 중요했다. 코친차이나의 사탕은 당시 싱가포르에서 거래되던 태국, 자바, 마닐라, 싱가포르제 사탕과 더불어 주요 거래품이었고, 소금은 태국산과 베트남제가 유일하게 가격이 매겨져 있음을 신문 매호의 시장 가격란에서 확인할 수 있다.

해외에서 중국인과 베트남인 사이에 미묘한 갈등이 발생했다. 베트남에서 중국인의 출항이 금지되고 대신 베트남인이 싱가포르에 내왕하면서 생기는 문제 중의 하나였다.

'프리 프레스'를 검토하여 싱가포르의 역사를 일별한 바 있는 찰스 버클리는 싱가포르에 내왕한 베트남인에 대한 기록을 남겼다. 그의 글 속에서는 1849년 싱가포르에 물자를 싣고 온 베트남 상인을 싱가포르의 중국인이 위협하고 괴롭히는 모습이 발견된다. 베트남인의 배에 몰려온 중국인들은 베트남 배가 프랑스인 선교사를 태우고 있다는 약점을 잡았다. 그리고 그들은 선적된 상품을 자신들에게 유리한 조건으로 넘기라면서 배 전체를 샅샅이 뒤지겠다, 말을 듣지 않으면 불이익을 주겠으며 심지어 해상에서 해를 입히겠다고 위협하여 문제가 되었다.[72] 본국에서 중국인들을 핍박하고 중국인들 대신 싱가포르를 비롯한 동남아 여러 항구로 항해하던 베트남인들에게 동남아시아 현지 중국인들의 불만이 이렇게 표현되었다고 보아야 할 것이다.

루베의 기술 중에도 이와 비슷한 얘기가 있어 관심을 끈다. 앞서 소개한 상인 껌이 싱가포르에서 돌아오다 순라선을 만났을 때 순라선의 관리들이 평소와 같이 적당히 넘어가지 않고 배 안으로 들어와 자세히 조사했다. 루베는 그 이유가 싱가포르의 중국인 상인들이 이미 껌이 외국인 신부를 태우고 있다는 사실을 관리들에게 귀띔했기 때문이라고 주장하고 있다(Louvet 1885: 158). 이는 사실 여부를 떠나서 베트남 상인과 중국인 상인의 긴장 관계를 암시한다. 이러한 관계는 당연히 하주와 베트남 간의 무역에서 베트남인의 역할 증대와 그에 대한 중국인

---

72) Charles Burton Buckley, *An Anecdotal History of old Times in Singapore: From the Foundation of the Settlement Under the Honourable East India Company, on February 6th, 1819 to the Transfer to the Colonial Office as Part of the Colonial Possessions of the Crown on April 1st, 1867* (1902, Singapore. University of Malaya Press, 1965), pp. 505-506. 이 기록의 원자료가 되는 1849년의 해당 기사는 마이크로필름에서 찾지 못했다. 찰스 버클리가 이 자료를 검토한 것은 1902년 이전이었으니 그는 원전을 읽었으리라고 생각한다.

의 견제 심리 사이에서 발생한 것이라고 생각된다. 교역을 위해 외양으로 나선 쟈딘 사람들은 종종 바다에서 말레이 해적 또는 중국인 해적의 표적이 되었다. 더욱이 베트남 상인은 이들 직업적인 약탈자뿐만 아니라 중국인 이주선이나 상선을 만나서 몽땅 화물을 빼앗기는 경우도 있었다. 1852년 2월 20일 자 '프리 프레스'에는 쌀을 실은 코친차이나 배 한 척(a Cochin-chinese tope)이 들어 왔는데 그 배에 코친차이나 사람(Cochin-chinese)은 없고 중국인(Chinese)만 있어 이를 의심한 당국에서 조사를 벌이고 있다는 기사가 나온다. 중국인의 약탈을 의심하고 있는 이 신문은 여러 중국인의 진술이 엇갈리고 있음을 지적하면서 확실한 조사를 촉구하고 있다.

이렇듯 베트남산 물자를 갖고 싱가포르를 내왕하며 중국인과 힘겨운 경쟁을 벌이고 있던 민선 상인들이 바로 1840년대의 '월해영상' 하는 자들이었다. 물론 이런 무역업자 중에는 중국인 혹은 적어도 민흐엉 중국인이 어떤 형태로든 끼어 있었을 가능성도 분명 있다. 그들은 여전히 정부의 금령을 어기면서 밀항했을 담대하며 요령있는 자들이었다. 하지만 정부의 금령이 엄격하고 레반코이 반란, 소수민족의 반란 등을 겪으면서 중국인의 활동이 극히 위축된 가운데 과연 얼마나 많은 중국인이 처벌을 감수하면서 싱가포르에로의 항해를 계속했을까는 극히 의심스럽다. 설혹 해상 교역에서 중국인의 존속 가능성은 배제하지 않는다고 할지라도, 베트남에서 중국인의 활동을 적극적으로 억압했던 시기부터 싱가포르와의 해상 교역이 꾸준히 지속되는 현상에 공헌한 건 중국인이 아니라 베트남 상인들이었다고 나는 본다.

리뷰

17세기부터 본격적으로 개발되기 시작한 남부베트남에서 중국인은 대외교역의 주체로 성장했다. 이는 18세기 말까지 지속되는 상황이었으며 마지막 왕조의 수립에 큰 기여를 한 중국인들은 19세기 초 남부베트남에서 그들의 영향력을 더욱 확산할 수 있었다. 바로 이 때문에 1820년대까지 사이공을 방문한 외국인들에게 이 지역의 대외 교역은 전적으로 화교에 의해 수행되는 것처럼 보일 정도였다. 그러나 1830년대부터 강력하게 실시되던 중국인 핍박 정책으로 인해서 화교의 활동은 위축되었다. 그런데 조정의 정책은 중국인 억압이었을 뿐 대외 교역 자체를 억제하려 한 것은 아니었다. 주변 국가들과의 교역은 지속되었고 관선 운영에 의한 조정의 적극적인 대외 교역 수행도 주목된다. 몇 가지 금지 품목을 제외한 나머지 물자의 수출입은 자유로웠다. 단지 1847년 이후 서양 선박의 베트남 방문은 거부되었으되 외국 배의 입항 자체가 금지되었던 건 아니었다. 오히려 싱가포르와의 교역은 꾸준히 늘고 있었다. 남부베트남에서 출발한 민선들은 싱가포르 시장에 부지런히 상품들을 공급하고 있었다. 베트남의 대외 교역은 프랑스가 들어오기 이전까지 단절 없이 지속되고 있었다. 단지 교역 활동의 주체만이 중국인에서 베트남인으로 교체되는 중이었다.

제3장
도자기 산업

공장(工匠)에 관한 몇 가지 전제

남부베트남의 이미지가 선진적인 공산품 생산지로 급속히 바뀌게 되는 것은 18세기 말 쟈딘-떠이썬 내전이 전개되면서부터였다. 응우옌푹아인의 쟈딘 정권 근거지가 사이공에 마련되고 중국인, 크메르인 및 영국과 프랑스 출신의 서양인이 쟈딘 군대에 참여하면서 남부베트남은 베트남에서 가장 선진적인 공업 제품 생산 기지로 탈바꿈하기 시작했다. 유럽식 다색범선(多索帆船)이라든가 대포, 총기 등을 생산하던 병기창은 1819년 사이공을 방문한 미국인 화이트나, 3년 뒤 이곳을 찾은 영국인 크로퍼드의 눈에도 매우 인상적으로 각인되어 그들이 남긴 보고서에 기록되어 있다. 뿐만 아니라 18세기 말에 유럽식 기술과 양식을 베트남 전통적인 방식과 적절히 융합해 건축한 사이공의 팔괘성(八卦城) 및 주변의 도로나 도시 구획은 당시 유럽의 도시들과도 견줄 수 있는 수준으로 평가받기도 했다(Finlayson 1826: 304-305).

공업 분야의 선진성은 남부에 근거한 응우옌푹아인이 떠이썬을 이겨내게 한 동력이었다. 이러한 기술적 전통이 이어져서 베트남은 아시아의 그 어떤 나라보다도 먼저 증기선을 도입하고 연구하여 만들어낸 나라가 되었다. 베트남은 비교적 튼튼한 대외 방어체제를 구축해서

1858년에 있었던 프랑스의 다낭 공격을 막아내 직접 수도로 진격하려는 프랑스군의 의도를 좌절시킬 수 있었다. 이는 아시아의 식민지화 과정에서 매우 예외적이다. 외국군은 늘 수도에 인접한 항만으로 접근하며 그곳의 방어군을 무력화하고 왕궁을 직접 위협하기 마련이었다. 베트남은 이러한 보편적 작전을 좌절시켰던 것인데, 방어력의 근원은 기술력에 있었고 기술력의 기원은 바로 남부베트남에 있었다고 필자는 생각한다.

그렇지만 특수한 군사 방면 기술이 해당 사회 또는 지역 전반의 공업 발전 수준이라고 볼 수 있을까? 베트남인의 거주 역사가 짧은 쟈딘에서 전반적인 공업 발전 수준이 중부나 북부를 능가했다고도 여길 수 없다. 특히나 수천 년의 역사 속에서 성장한 북부 하노이 주변의 다양한 수공업 면모와 비교한다면 19세기 남부베트남의 공업 발전상은 아마도 초라하기 그지없었을지도 모른다. 존 화이트가 말한 대로 사이공에서 "쓸만한 편의품 대부분은 중국제"(White 1824: 262)라 할 정도였음은 당시 남부의 공업 또는 수공업 수준을 잘 드러낸다.

그렇다고 하더라도 우리는 공업의 발전과 관련하여 남부베트남 사회에서 19세기 중반부터 일어나고 있었던 어떤 변화상을 무시할 수는 없다. 쟈딘의 농업생산물은 베트남 타 지역은 물론이고 해외에서도 활발하게 교역되었고 그 과정에서 베트남 토착 상인 및 무역상들이 성장하고 있었다는 걸 앞 장에서 살폈다. 중부는 물론 북부로부터의 인구 유입이 계속되고 있었던 만큼 남부는 인구가 늘고 돈이 돌아가기 시작하는 사회였다. 늘어나는 인구와 그들의 경제 및 사회활동에 상응하는 공업 발전은 예상될 수가 있다. 화이트의 말대로 대부분의 일용품을 수입에 의존했다고도 할 수 있지만 모든 물자를 수입해다 쓸 수는 없다. 화이트의 관찰 대상은 주로 중국인이 거주하는 현 쩌런 지역의 상품이었기에 중국제가 더 많이 눈에 띄었을 뿐이다. 일반 베트남인의 삶과 밀착된 물자, 도시민이 아닌 농민의 물자들을 염두에 둘 필요가 있다. 그리고 이런 물자들이야말로 남부사회의 토착적이고 본원적인 공업발전의 단계 및 그것에 상응하는 사회적 변화상의 지표가 될 수 있다.

어떤 물품을 주목해야 할까? 먼저 돗자리나 각종 그릇류, 우마차 등에 이르기까지의 생활용품이 있다. 그런데 이들은 특정 지역의 특산물은 될 수 있을지언정 아직 역사적 중요성은 띠지 못한다. 그다음은 국가의 관리를 받는 물품으로서 남부에서 생산되던 견사, 목면 등 각종 천이라든가 특산주, 사탕, 소금, 선박 등이 이에 해당한다. 이들 물건 중에서 19세기 외국과의 교역 증대와 관련되는 것을 꼽아 본다면 소금과 사탕, 선박이 있다. 쌀과 더불어 소금과 사탕은 정부의 금령에도 불구하고 빈번히 외국으로 판매되어 나갔다. 남부의 쌀과 소금은 싱가포르 '프리 프레스' 시장 가격의 지표가 되는 주요 상품이었다고 했다. 물길이 많은 남부에서 선박은 주요 교통수단이며 외국과의 무역에서도 견고한 선박이 필수적이었다. 교역의 증가와 더불어 선박 제조업이 발전하는 것은 당연한 이치이다. 따라서 남부베트남의 공업 또는 수공업을 논하는 글들에서 이들 세 가지의 물품이 자주 언급된다.

그러나 필자가 보기에 이들 물품을 19세기 남부사회의 변화와 관련해서 논하는 데에는 다소 문제가 있다. 우선 소금은 제외되어야 할 것 같다. 소금은 비록 '제변(製變 process-manufacturing)' 과정을 거치는 물품이라고는 하나 그 과정이 기계적이지 않기 때문에 공산품으로 분류하기에 부적합하다. 사탕 역시 남끼의 공업 문제를 논함에 적절치 않은데, 그 이유는 사탕수수의 생산과 사탕 제조가 남부베트남에서만 특별하게 이루어지지는 않았기 때문이다. 오히려 중부 지역에서 사탕 제조 산업이 흥했으며 특히 꽝남(Quảng Nam 廣南)의 사탕 제조 산업은 유명했다. 게다가 사탕 제조 역시 사탕수수를 생산하는 농가가 여업(餘業)으로 행하는 경우가 대부분이었다. 응우옌판꽝(Nguyễn Phan Quang)에 의하면 19세기 사탕 제조는 일 년 중 3개월만 행해졌다고 하니,73) 독립된 공장(工匠)의 활동 영역이라 보기는 어렵다.

쟈딘의 선박 건조 기술 역시 주목할 만한 가치가 있음에는 틀림없다. 남부에는 선박의 재료로 쓰이는 질 좋은 목재가 생산되었기 때문에 조선업이 발전했고 베트남 배는 중국에도 수출되었다.74) 응우옌 왕조가 수립되고 나서, 그리고 남부의 가정성총진이 폐지되는 1830년대를 거치면서 선진 조선기술의 중심지는 중부로 이동해 증기선과 같은 최첨단 선박도 후에(Huế)의 공부(工部) 소속 기술자들이 중부의 조선소에서 만들고 있었다. 설사 거기에 남부 출신의 기술자가 참여했다고 하더라도 이를 갖고 프랑스 지배기가 시작되기 이전 19세기 남부의 사회상을 이해하는 재료로 사용하기는 어렵다.

이렇듯 여러 가지 문제점으로 인해 공업과 관련된 물품을 하나하나 지워 나가고 있던 중 필자는 하노이의 한놈 연구원에서 다음과 같은 기록을 발견했다. 쓰인 연대가(작자 미상) 대략 19세기 후반의 것으로 여겨지는 필사본『대남풍화고략(大南風化考略)』이란 인문지리서에 "북녕(北寧)의 발장(鉢場), 평순(平順)의 반리(潘里), 변화(邊和)의 파지(婆地), 가정(嘉定)의 복림(福林) 등은 모두 도자기로 유명하다."(p. 313)는 말이 있었던 것이다. 북녕(北寧) 즉 박닌(Bắc Ninh)의 발장(鉢

---

73) Nguyễn Phan Quang, "Góp Thêm Tư Liệu về Nghề Thủ Công Truyền Thống ở Nam Bộ Thời Pháp Thuộc(1867-1954)"(법속 시기 남부 전통 수공예에 관련된 자료 몇 가지), Hội Văn Nghệ Dân Gian Việt Nam, *Xóm Nghệ & Nghề Thủ Công Truyền Thống Nam Bộ* (남부 전통 예술 및 수공예 마을) (HCM City: Nxb. Trẻ, 2002), p. 248.

74) 이 문제에 대해서는 Nola Cooke·Li Tana(2004). *Water Frontier* 중 "Ships and Shipbuilding in the Mekong Delta, c. 1750-1840" 참조.

場)은 현재도 도자기로 유명한 밧짱(Bát Tràng)의 음사(音寫)다.[75] 평순(平順) 즉 빈투언(Bình Thuận)의 반리(潘里)란 판리(Phan Rí)를 이름인데, 베트남 중남부에 위치한 이곳은 원래 참(Cham)족의 한 중심지였다. 이 자료의 필자는 참 도자기의 산지로 판리를 소개하고 있었다. 변화(邊和) 즉 비엔호아의 파지(婆地)는 바리아(Bà Rịa)를 가리키는 것이고 가정(嘉定)의 복림(福林)은 현 사이공의 쩌런 근처가 아닌가 한다. 비엔호아와 가정 공히 남부베트남이니 이 자료의 필자는 19세기의 유명한 도자기 산지로 북부에 하나 중부에 하나 남부에 두 개를 소개하고 있는 것이다. 북부 밧짱의 도자기 생산은 유명하며 이에 대한 연구는 베트남 국내외를 막론하고 무수히 많다. 참족의 도자기 제조나 교역 전통도 꽤 알려진 바이다. 그러나 일반적인 관찬사료에서는 남부 도자기에 대해 언급하고 있지 않으며 조정이 공납품으로 정하는 특산물 품목에도 남부베트남의 도자기가 들어가 있지 않았다. 헌데 이 사료는 남부에서만 두 군데를 도자기 생산지로 소개하고 있으니, 쟈딘의 도자기 산업이 무시할 만한 수준이 아니었다는 단서는 잡은 셈이다.

여기에 더해 현재 보이는 활발한 생산 활동도 남부베트남이 도자기 생산에 관련된 만만치 않은 전통을 갖고 있었다는 확신을 갖게 한다. 사이공 북부의 빈즈엉(Bình Dương 平陽) 지역과 동부 동나이 성에서는 고품질의 도자기가 생산되고 있고 수출도 활발하다. 또 사이공 중심부에 즐비한 특산물 가게에는 각종의 도자기들이 전시되어 있는데 생산지를 물어보면 거의 백퍼센트 '밧짱에서 생산된 것'이라고 한다. 하지만 발색이나 제조 양식을 볼 때 도저히 밧짱 산이라고 생각할 수 없는 것이 많다. 상당수가 사이공 주변 특히 빈즈엉이나 동나이에서 생산되었을 가능성이 높다.

---

75) 현재 하노이에 속한 밧짱은 19세기에 박닌 성 관할이었던 적이 있었다.

이상 두 가지 요소 즉 사료와 현재의 상황 이외에 또 한 가지 고려해야 할 것은 20세기에 들어 프랑스 식민지 당국이 비엔호아에 미술학교(Trường Mỹ Thuật Biên Hòa)를 설립하고(1903년) 도자기 연구, 생산을 적극 권장하기 시작했다는 사실이다. 도자기 생산은 급속한 발전을 보여 1925년에는 동나이 즉 비엔호아 도자기가 파리에서 열린 세계 예술품 전람회에서 금상을 차지할 정도로 국제적 명성을 획득했다. 남부 베트남 도자기의 우수성을 강조하는 사람들 중에는 현재 남부지역의 도자기 산업 발전의 배경을 미술학교 설립으로 이해하는 경우도 많으나 우리는 프랑스 당국이 왜 하필 동나이에서 도자기 연구와 교육, 생산에 적극적이었으며 어떻게 그렇게 빨리 동나이의 도자기 산업이 국제적 수준으로 발전했는가를 생각해 볼 필요가 있다.

남부 도자기 산업 발전의 기원을 조금 더 앞당긴 연구가 있긴 하다. 르엉반히(Lương Văn Hy) 등은 일찍이 비엔호아 도자기 산업의 형성, 생산 관계, 생산 기술을 소개하며 떤반(Tân Vạn)에서 최초로 가마가 설립된 게 1878년이며 갓 중국에서 이주해온 사람에 의한 것이었다고 주장한 바 있다.[76] 그러나 이런 주장은 오해를 불러일으킬 수 있다. 비엔호아의 중요한 도자기 생산 중심지인 떤반은 중국인에 의해서 그리고 식민지 시대에 개발되기 시작한 것이라는 엉뚱한 역사가 창조될 수 있다. 인류학자 르엉반히의 주장은 과거의 사실을 밝혀내는 작업을 사료가 아니라 사람들의 불명확한 기억에만 의존한 데서 비롯되는 오류였음이 본문에서 확인될 것이다.

분명 예부터 이어오던 전통은 있었으며 『대남풍화고략』이 언급한 내

---

[76] Luong Van Hy, Diep Dinh Hoa, "Culture and Capitalism in the Pottery Enterprises of Bien Hoa, South Vietnam (1878-1975)," *Journal of Southeast Asian Studies* vol. 22 no. 1(1991), pp. 16-18.

용은 그 상황을 가리키는 것이라고 필자는 생각한다.

남부의 도자기 산업은 19세기 중반 남부베트남 사회의 변화상을 설명해줄 수 있는 재료로서도 기능할 수 있다. 비록 이곳의 도자기가 황제의 관심 대상은 되지 못했으나 오히려 관심의 대상이 되지 않았기 때문에 생산이나 유통 등에서 인위적 왜곡 없이 자연스런 시장 경제 속에 적응하고 변화하는 모습을 보여줄 수 있다. 게다가 도자기는 앞서 지적한 세 가지 물품 즉 소금, 사탕, 선박 제조 산업이 19세기 중반 베트남의 공업을 살펴보는 재료로 적합하지 않은 요소들에서 자유롭다. 소금이나 사탕처럼 계절적 생산 활동에 의한 것도 아니고, 제작 과정에서의 기계성도 충분하며 종사자의 전문성도 확실하다. 그리고 도자기 생산은 선박 제조처럼 생산지가 정치 중심지에 집중되어 있지 않고 북부, 중부, 및 남부에서 각자 다른 형태로 발전하고 있었기 때문에 지역성도 분명하다.

남부베트남의 도자기 산업을 연구하는 데 필요한 자료는 매우 적다. 관찬사료에서 관련 자료를 찾아내기는 거의 불가능하며, 자술적(自述的) 자료를 남길 능력도 공인 집단에게는 미약했다. 나는 비엔호아 박물관도 방문해 보았으나 전시품만 놓고 보자면 전통시대 남부베트남 도자기는 극히 적어서 도자기 산업이 없던 것으로 결론을 내려도 무방할 정도이다. 몇몇 도자기 생산 가마도 둘러보고 그들의 가족사에 대해서 인터뷰해 보았다. 한 세기 이전의 일을 기억하는 사람들은 없었다. 르엉 반히의 오류도 전통시대의 남부베트남 도자기 산업에 대한 연구 및 자료의 빈곤에 기인한다는 생각이 들었다.

하지만 다행히도 전통시대 남부베트남의 도자기 산업에 대해 관심을 갖고 연구하고 있는 학자들은 그 수가 매우 적기는 하지만 있기는 있으며 그들은 초보적인 단계나마 관련 글들을 생산해 오고 있는 중이어서 필자가 이 연구를 포기하지 않게 하는 데 큰 힘이 되어 주었다. 그들의 연구 결과를 활용하고 내 조사를 덧붙여 19세기 남부베트남의 도자기 산업을 남부베트남 사회의 의미 있는 변화와 연결해 논해보고자 한다.

도자기 기술자들

도자기는 도기(陶器 ceramics, đồ gốm)와 자기(磁器 porcelain, đồ sứ)로 세분될 수 있다. 전자는 1,000도 안팎, 후자는 1,300도 가량의 고온대에서 구운 그릇을 말한다. 후자가 기술적으로 힘든 제품이기는 하나 그릇의 용도나 취향에 따라서 선호도가 다른 것이기 때문에 어느 게 더 가치가 있는 제품이라고 말할 수 없다. 일반적으로 예술적 가치가 있다고 하는 제품은 이 온도대(1,000-1,300)에서 나오는 것들이기 때문에 통칭해서 도자기(ceramics)라고 부른다.

도자기 제조에 필요한 조건으로 얘기되는 요소가 세 가지 있다. 첫째는 흙이다. 비엔호아 일대는 고령토[77]의 산지이다. 서쪽으로는 사이공 북쪽에 위치한 라이티에우(Lái Thiêu)로부터 롱빈(Long Bình), 비엔호아 중심지, 그리고 고원지대 다랏(Đà Lạt)으로 올라가는 노상에 위치한 중고지(中高地) 바오록(Bảo Lộc)에 이르기까지 고령백토 또는 회색의 질 좋은 흙이 생산된다.[78] 그다음은 땔감인데, 서부고원 지대로 연결

---

77) 도자기 생산으로 유명한 중국 경덕진 지역 고령(高嶺)에서 기원한 말이다. 고령의 중국어 발음은 '까오린'에 가깝기 때문에 이 말이 진화되어 고령토의 공식 용어인 카올리나이트(kaolinite)가 되었다.

78) Nguyễn Quang Vinh·Trần Ngọc Định, "Truyền Thống Cần Mẫn Tài Hoa Cởi Mở của Thợ Thủ Công Sài Gòn"(사이공 수공업자의 피어나는 재주와 근면한 전통), Trần Văn Giàu et al., *Địa Chí Văn Hóa Thành Phố Hồ Chí Minh* (호찌민시 문화지지) vol.3(HCM City: Nxb. TPHCM, 1990), p. 385.

되는 비엔호아는 땔감으로 쓰이는 목재가 풍부할 뿐 아니라 질도 좋다. 또 도자기 수요가 많은 도시로의 근접성이라든가 용이한 운송을 위한 수운도 중요하다. 비엔호아를 거쳐 서류하여 사이공 강과 합류하는 동나이 강은 중량이 나가는 도자기들을 배에 싣고 사이공 시장으로 운반하기에 적합했다.

게다가 비엔호아 자체도 19세기까지 교역의 중심지로 번창한 곳이어서 도자기의 자체 소비나 국외로의 수출도 용이했다. 17세기에 명나라 유민들이 대거 남부베트남으로 이주해 건설한 두 곳의 대표적인 도시가 미토와 동나이[79]였고, "청인 및 서양, 일본, 말레이 등 여러 나라 상선이 몰려들었다."는 곳이 바로 이 두 도시였다. 특히나 동나이에 정착한 명나라 유민들 중에는 도기공도 포함되어 있었을 터이니[80] 이들이 가마를 세우고 그릇을 굽기 시작했다면 남부 도자기 제조 역사는 기원을 17세기로 잡을 수 있을 것이다.

그러나 남부에서 도자기 제작은 이미 그 이전부터 시작되었다. 『대남풍화고략』에서 빈투언의 판리가 도자기 생산으로 유명한 곳 중의 하나라 했으며, 필자는 이곳이 참인의 도자기 생산 전통이 강하게 남아 있는 곳이라 말했다. 참인들은 자기(磁器)보다는 도기 분야에서 독특한 문양이나 발색으로 이미 오래전부터 국제 시장에서 명성을 얻어 왔다. 특히 14세기-16세기에 수출이 활발했던 참 도자기는 동남아 각지는 물론 이집트에서도 발견될 정도로 시장의 범위가 넓었다고 한다.[81] 참인의 도

---

79) 당시 동나이는 비엔호아의 중심지를 가리켰다. 현재는 반대로 동나이 성의 성도가 비엔호아이다.
80) Nguyễn Thị Nguyệt. "Nghề Gốm Mỹ Nghệ Biên Hòa"(비엔호아 미예 도기업), *Xưa Và Nay*(1998), p. 37.
81) Từ Huyền Trân. "Gốm Cham Bình Định qua Con Đường Tờ Lụa Hàng Hải"(항해 실크로드를 통한 빈딘의 참 도기), *Xưa Và Nay* no. 148(2003), p. 65.

기 제조 기술은 판리가 있는 평순과 이웃한 비엔호아에까지 퍼져 있었을 가능성이 높으며 실제 이곳에서 17세기 이전의 것으로 보이는 참인들의 가마가 발견되기도 했다.[82]

베트남인의 이주는 중국인보다 훨씬 이른 때부터 시작되었는데, 중부의 투언호아(Thuận Hóa 順化)나 꽝남으로부터 비엔호아 지역으로 들어온 베트남인 중에는 도기를 만들 줄 아는 사람들이 있었다. 훗날 비엔호아 미술학교 교원이 되는 보낌도이(Võ Kim Đoi), 쩐반언(Trần Văn Ơn), 부이반짜(Bùi Văn Trà)의 조상들이 그런 이들이었다(Nguyễn Thị Nguyệt 1998: 38).

이상과 같은 사실들을 종합하여 도자기 기술의 민족적 도래 관계를 정리해 보자면 다음과 같다. 비엔호아에 들어온 베트남인 중에는 이곳에 가마를 세우고 그릇을 만드는 사람들이 있었을 것이다. 이들은 비엔호아라고 하는 천연의 도기 재료 산지를 만나 정착하는 가운데 선주민인 참인 기술자들과 상호 교류하며 영향을 주고받았겠다. 여기에 중국인 이주자들이 17세기 말에 대거 밀려들어 오고 또 그들 가운데 섞여 있던 그릇 제조 기술자들이 가마를 세우면서 세 민족이 상호 영향을 주고받는 가운데 비엔호아 고유의 그릇이 만들어지게 되었을 것이다. 교역이 발전하고 인구가 느는 가운데 도자기에 대한 수요는 더욱 늘어나게 되어 있었다.

이에 더하여 1698년에는 가정부(嘉定府)가 설치되면서 사이공이 남부의 중심적인 대도회지로 발전하게 됨에 따라 비엔호아의 도자기 생산은 더욱 활발해졌음을 충분히 짐작할 수 있다. 각 민족의 그릇 생산지는 서서히 동나이 강과 인접한 히엡호아(Hiệp Hòa) 즉 꾸라오포(Cù

---

82) Trần Hiếu Thuận, "Có Một Đời Sống Văn Hóa Gốm ở Biên Hòa"(비엔호아에 도기 문화 생활이 있었다), *Xưa Và Nay* no. 88(2001), p. 36.

Lao Phố) 주변으로 집중되었고 이곳은 도기(gốm)와 가마(lò)라는 이름이 들어가는 라익로곰(Rạch Lò Gốm)이란 이름으로 알려지게 된다. 위에서 언급한 보낌도이, 쩐반언 등의 조상들이 거주하던 곳도 꾸라오포 지역이었다(Nguyễn Thị Nguyệt 1998: 38).

꾸라오포를 중심으로 생산된 그릇들은 점차 시장에서 주목을 받기 시작했다. 그런데 한 상품, 특히 그릇 류가 상품으로서 독립된 가치를 지니려면 그 상품이 지역성을 갖는, 다시 말하자면 지역적 특산물로서 사람들 머릿속에 기억되고 사람들 사이에 공인되어야 할 필요가 있다. 예를 들어 도자기 생산지 하면 떠올리게 되는 북베트남의 밧짱이라든가 중국의 경덕진, 한국의 광주(廣州)나 이천 등이 그것이다. 가정부 아래로 비엔호아 지역을 통괄하는 쩐비엔(Trấn Biên 鎭邊) 영(營)이 18세기 중반에 설치되면서 이곳의 생산물들은 '쩐비엔 도기(gốm Trấn Biên)' 혹은 '꾸라오포 도기(gốm Cù Lao Phố)'로 불리게 되었다는 것도(Trần Hiếu Thuận 2001: 36) 지역별 특산화가 개시되었음을 의미한다. 특산화된 물품은 인지도가 더욱 높아지면서 급속도로 판매영역을 확대해 나가게 마련이다. 바야흐로 18세기 중반 이후 비엔호아의 도자기 산업은 전성기를 맞는 듯했다.

그러나 1771년부터 시작된 떠이썬 반란은 비엔호아 도자기 산업을 뿌리째 흔들었다. 전쟁으로 인해 도자기 수요가 급속히 줄어들었음은 말할 필요가 없다 쳐도 비엔호아 도자기 산업의 한 축을 담당하던 중국인의 활동이 크게 위축되었다. 떠이썬이 사이공의 중국인을 학살한 사실은 잘 알려져 있지만, 사이공뿐만 아니라 비엔호아의 중국인도 떠이썬 군대에 저항하다가 막대한 피해를 입었다.

그러다가 1788년부터 사이공이 북·중부의 떠이썬에 맞서는 쟈딘 정권의 중심지로 입지를 확고히 하게 되면서 중국인 사회도 안정되었다.

비엔호아의 중국인은 사이공 지역으로 이동하기 시작했다. 이때 중국인 도공들도 비엔호아를 떠나 현재의 쩌런에 가까운 빈즈엉, 투저우못(Thủ Dầu Một), 꺼이마이(Cây Mai) 등지로 점차 모여들었다.[83] 비엔호아의 도기 산업 측면에서만 보자면 3개의 구성 민족 중 중국인이 먼저 분리되어 나간 것이다. 참인은 베트남인의 숫자가 증가하고 베트남 조정의 각종 동화 정책으로 인해 점차 그 존재가 희미해져 감에 따라 비엔호아의 도자기 생산은 이제 베트남인이 주도하게 되었다.

비엔호아 도자기

존 화이트는 사이공에서 쓸 만한 편의품 대부분이 중국제라고 했다. 그가 주로 관찰한 곳이 중국 상품으로 가득한 쩌런이었음은 분명하지만 구도시 쩌런과 신도시 벤응애(Bến Nghé)를 포괄하는 사이공의 공업 생산품 수준이 낮았다는 건(적어도 중국에 비교해) 인정해야 할 것이다.

그러나 우리는 화이트의 기록을 백퍼센트 믿어서, 당시 베트남의 기술 수준을 일방적으로 폄하할 필요는 없다. 그때나 지금이나 가짜가 넘쳐나는 사이공 또는 쩌런에서 이 미국인이 중국 물건인지 아니면 중국제를 가장한 현지 생산품인지를 정확하게 판별하고 있었다고는 믿기 어렵다. 일부 품목 중에서 베트남인의 생산품은 중국 것과 거의 구별할 수 없는 것도 있었다. 예를 들어, 1836년 사이공을 거쳐 외국에 나갔던 사절이 중국제라 하여 옷감을 사 왔는데 알고 보니 베트남에서 만든 것

---

83) Nguyễn Thị Hậu, "Lò Gốm Cổ Hưng Lợi"(흥러이의 옛 도기 가마), *Xưa Và Nay* no. 56B(1998), p. 35.

이었다는 사실도 참작할 만하다.84) 괜찮은 물건을 두고는 일단 '중국제'라고 하는 건 현재 사이공에서 그럴듯한 도자기는 모두 '밧짱 것'이라고 말하는 심리보다 훨씬 더 보편적인 당시 베트남인 사이의 관행이었을지도 모른다.

더군다나 우리가 조금 더 주의 깊게 살펴보면, 중국인이 상권을 장악하고 있는 이곳에서도 중국의 것이라고 우기기는 불가능한 베트남 고유의 상품들이 교역에 관심 있는 서양인의 이목을 끌고 있었음을 발견할 수 있다. 크로퍼드 사절단 일원이었던 핀레이슨은 다음과 같이 베트남의 토착 생산품임이 확실한 품목들을 나열하고 있다고 앞 장에서 말한 바 있다: "아름답지만 거친 돗자리, 보트나 정크 바닥에 까는 바닥 자리, 거친 바구니, 반짝거리는 상자, 우산, […] 예쁜 비단 지갑, 못, 그리고 조잡한 가위 등."(Finlayson 1826: 311)

그런데 핀레이슨의 관찰은 다른 각도에서 해석될 여지가 있다. 사이공에서 1년가량을 머물렀던 화이트가 마주쳤던 베트남제 수공품은 "거친 비단 제품, 다양한 제품의 차(茶), 조잡한 장난감 등"(White 1824: 262)이었다. 화이트보다 2-3년 뒤 핀레이슨이 몇 달간 머물면서 보았던 사이공 시장에는 화이트가 본 제품들보다 더 많은 상품이 등장했음을 주목할 필요가 있다는 것이다. 매우 제한적이기는 하지만 이는 교역과 연계되는 물품 생산이 다양해지고 있음을 보여주고 있는 증거가 될 수 있지 않을까?

전후 사정은 다음과 같았다. 19세기에 들어 통일 왕조가 들어서면서 비엔호아의 도자기 산업도 새로운 전기를 맞았다. 새 왕조의 수도는 중부 후에로 정해졌고, 사이공은 남부를 지배하는 가정성총진의 소재지가 되면서 남부의 정치 경제 중심지로 안정적인 발전을 구가하기 시

---

84) 潘叔直 n.d. 『國史遺編』(香港: 新亞硏究所, 1965), p. 271.

작했다. 인구가 늘어나고 대외 교역이 활성화되었다. 소매 시장도 커졌다. 이에 따라 시장과 연계되는 공업상품 생산도 세분화되는 과정을 밟고 있었다. 도자기뿐만 아니라 다른 물품 생산도 마찬가지여서 18세기 말-19세기 초 사이공 및 그 주변에서는 수공업 전문화가 진행되고 있었다(Nguyễn Quang Vinh · Trần Ngọc Định 1990: 384). 아울러 자가 사용이 아닌 타 지역의 수요에 충당하기 위한 각종 수공업품 생산이 남부에서 발전하기 시작했다.[85]

이는 중요한 변화였다. 베트남에서 수공업은 농민들 사이에서 농업 외 소득을 가능케 하는 부업으로 행해지는 것이 일반적이었다.[86] 그런데 이렇게 생산된 물품이 한 지역을 대표하는 상품으로 자리 잡으면서 전업 생산자가 나타나게 되었다. 농업 인구로부터 공업 인구가 분리되고 있었던 것이다.

사이공 주변의 수공업 발전상에 대해서 깊이 있는 연구를 시도한 응우옌꽝빈, 쩐응옥딘은 19세기 수공업 발전의 원동력으로 다음과 같은 네 가지 변화를 들고 있다: 1. 도시의 형성과 발전, 2. 인구 유입, 3. 조정이 주도하는 전문화 조직으로서 장(匠), 국(局), 사(司), 대(隊), 창(廠) 등의 출현, 4. 연구/교육 담당 기구 조직(Nguyễn Quang Vinh · Trần Ngọc Định 1990: 386).

이 중 도시의 형성과 발전은 앞서 필자가 말한 대로이다. 두 번째 요인인 인구 유입은 인구가 늘어나면서 소비가 증대된다는 것 이외에도

---

85) Thạch Phương et al. *Địa Chí Bến Tre* (벤쩨 지리지)(Hanoi: Nxb. Khoa Học Xã Hội, 1989), p. 355.
86) Bùi Thị Tân·Vũ Huy Phúc, *Kinh Tế Thủ Công Nghiệp và Phát Triển Công Nghệ Việt Nam Dưới Triều Nguyễn*(응우옌 왕조 시대 베트남의 수공업 경제와 공예 발전)(Huế: Nxb. Thuận Hóa, 1998), p. 71; Nguyễn Thế Anh(1971), p. 171.

특정 기술을 가진 인력이 해당 사회에 추가될 수 있다는 데서 주목할 만하다. 중부로부터의 이주민이 많아지면서 이들 중에 포함되었을 전문 기술자의 유입이 늘어났을 것이다. 통일 베트남 성립으로 인해 북부로부터 농민, 군인, 범법자 등이 대거 남부베트남으로 이동했는데 이들 중에 도자기 제조를 비롯한 수공업 기술을 보유한 이들도 포함되었을 것임이 틀림없다. 세 번째 요인은 응우옌 왕조가 들어서면서 정교한 행정체제를 수립한 결과 생겨난 중앙 6부 중 공부 산하의 각 생산조직을 이름이다. 이들은 제품의 종류, 생산 및 작업의 성격 등에 따라 이름이 붙여지는데 예를 들어, 선박 제조지는 창이라 불리며, 세공품 제작은 장이라 했다. 동전이나 은화 등은 국에 속한 장인들에 의해서 만들어졌다. 왕조 초기 남부베트남이 가정성으로 재편되었을 때 가정성총진에는 중앙의 공부에 해당하는 공조(工曹) 또는 공방(工房)이 설치되어 남부의 공산품 생산을 관리했다. 네 번째의 요인 즉 연구·교육 담당 기구의 출현은 프랑스 식민지배가 시작된 이후의 사정을 말하고 있는 것이다. 예를 들어 비엔호아 미술학교가 설립된 게 그 사례였다.

　이상에서 소개한 네 가지 요소에 더해서 필자가 중요하다고 여기는 게 한 가지 더 있다. 그것은 교역의 발전이다. 물론 이는 도시의 발전과도 상관이 있는 것이지만, 그에 더 나아가 남부 각처에 이르는 유통망의 발전, 대외 교역의 활성화까지를 염두에 두는 요소이다. 응우옌꽝빈 등은 19세기 동안 베트남에서 대내외 교역이 발전하지 못했다는 기존의 역사 인식에 사로잡혀 있는 관계로 이를 간과하고 있다. 그렇지만 교역의 발전을 고려하지 않고서 앞에 열거한 네 가지의 요소만으로 수공업의 발전을 자극할 수는 없는 법이다. 예를 들어 프랑스 식민지 시대에 미술학교가 설립되어 도자기에 대한 연구와 교육이 실시되었다면, 그 궁극적 목표는 생산된 도자기를 국내외에 판매하기 위함이었다. 소비

처가 있을 때 해당 산업은 발전을 지속할 수 있다. 동으로는 비엔호아로부터 서쪽 끝의 하띠엔까지 단일한 행정 권역으로 통일된 남부베트남에서는 19세기 전반 내내 교역이 발전하고 있었고 이 교역망은 인근의 캄보디아, 태국, 말레이 반도, 그리고 중국 동남부 해안 지대와도 연계되는 교역망 즉 동아시아 '수향의 변계'에 닿아 있었다.

도자기 산업만을 놓고 볼 때, 두 가지 측면에서 변화가 있었음을 얘기할 수 있다. 첫째, 떠이썬과의 내전에서 동나이의 도자기 생산지가 파괴되고 비엔호아의 중국인이 사이공으로 이동하면서 도자기 생산지가 확대되었다. 빈즈엉이나 투저우못, 라이티에우, 꺼이마이 등이 도자기 생산지로 새롭게 부상했고, 생산품은 소위 '꺼이마이 도자기'로 시장에서 인정되었다.[87] 둘째, 도자기 생산의 주체가 명확하게 나뉘기 시작했다. 『대남풍화고략』에서 남부 도자기 생산지의 하나로 복림이라 언급되는 곳이 사이공 근처의 중국인 도공 지역이라면, 파지로 언급되던 비엔호아의 생산지에서는 베트남인들이 남아 도자기 산업을 이어갔다. 이들은 동나이 강을 건너 떤반, 빈다(Bình Đa), 빈끄우(Vĩnh Cửu), 빈쯔억(Bình Trước) 등지로 이동하면서 동나이 특유의 베트남 도자기를 발전시켜 나가고 있었다.

도자기뿐만 아니라 이곳 비엔호아에서는 프랑스 세력이 들어오기 시작하는 19세기 중반까지 항아리, 접시, 벽돌, 타일 등을 만드는 장인들이 집결해 있었다(Nguyễn Quang Vinh·Trần Ngọc Định 1990: 388). 응우옌 왕조 수립 이후 도자기 자체는 남부베트남의 지역 특산물로서 아직 조정의 주목을 받고 있지 못했으나 생산 공정이 유사한 건축용 기와는 매년 천 개를 조정에 납품하고 있었다고 한다(Bùi Thị

---

87) Huỳnh Ngọc Tràng·Nguyễn Đại Phúc, *Gốm Cây Mai* (꺼이마이 도기) (HCM City: Nxb. Trẻ, 1994).

Tân·Vũ Huy Phúc 1998: 40). 전국적으로 밧짱과 더불어 이곳 비엔호아 지역만이 질 좋은 기와의 납품 지역으로 지정되어 있었던 사실로 보아(Ibid) 흙을 구워 물건을 만들어내는 기술은 상위 수준으로 인정받고 있었다는 걸 알 수 있다. 1832년에 남부베트남이 6개의 성으로 나뉘어져서 이 지역이 비엔호아 성(省)이 되자 특히 떤반 도자기는 '비엔호아 도자기'로 국내외 시장에 알려지게 되었다(Trần Hiếu Thuận 2001: 36).

일반적으로 수공예품이 공적인 장에 모습을 드러내면 그 가치 부여는 전통 시대에 국가나 왕실 등의 권력 기관에 의해 이루어졌다. 특정 물품을 특산물로 지정하는 것도 마찬가지 맥락이다. 비엔호아의 기와가 공납품으로 지정되었음이 그 사례이다. 하지만 특정 수공예품 가치에 대한 의미 부여는 반드시 권력 기관만이 아니라 일반 소비자들의 자발적 합의에 의해서 이루어질 수도 있는 것이며, 그것은 생계 경제에서 상품 경제로의 전환기에 나타나는 현상이라고 할 수 있다.[88] 비엔호아 지역에서 베트남인 도공들의 독립적인 그릇 생산과 그 생산물의 특산물화 역시 마찬가지 맥락에서 이해될 수 있다고 본다.

工匠 사회의 면모

남부베트남에서는 물품의 생산 기술 전수에 혈연성이 별로 중요하지 않았다. 중국인은 특정 물품의 생산에서 소위 '비전(秘傳)'이라고 여겨

---

88) 김이선, 「관광 발달에 따른 타이 수공예품의 생산과 의미체계의 변화: 치앙마이의 목공예 생산지 반타와이를 중심으로」 (서울대학교 박사학위논문, 2003), pp. 29, 38-40.

지는 생산 기술 내지 비결을 직계 아들이나 친족 등 즉 혈연관계 망 속에서 찾아낸 후계자에게 전하는 게 통상적 관행이었다. 북베트남 밧짱에서도 제조 기술의 중요한 부분은 자식 이외에는 가르쳐 주지 않고 비밀히 전했다고 한다. 이런 폐쇄성 때문에 가계가 끊기는 경우 그 집안의 도자기 제조 기술까지 사라지곤 했다.[89] 이와 달리 인척이든 마을 사람이든 아니면 외부로부터 찾아 들어온 젊은이든 간에 기술을 배우려는 자에게 관대한 태도를 갖는 게 남부 장인의 특징이었다. 이는 남부 사회가 갖는 개방성과도 관련 된다. 19세기 남부베트남 촌락에서 외래의 유입 인구에게 "어디로부터 왔는지 결코 묻지 않는다."(『寔錄』2, 195:15b)는 정서와 통한다. 필자가 2004년 6월과 2005년 9월 비엔호아의 떤반에 소재한 전통 도자기 가마를 방문했을 때 그릇을 빚고 있던 두세 명의 남자 기술자들 중 주인의 친인척은 한 명도 없었다.

　수공업 생산지에서 사제 관계는 다음과 같이 정리될 수 있다.

제자가 되면 3년 동안 스승 밑에서 배운다 […] 처음에 제자는 스승 집안의 잡다한 심부름을 하고 얼마 뒤에 차(茶)를 타거나 청소하는 일을 한다. 이것이 익숙해진 연후에 스승은 제자를 앉혀 놓고 가르치며 일을 따라 하게 한다. 이 기간 동안 제자는 한편으로 배우고 한편으로는 스승을 돕는다. 의식주는 모두 스승이 해결해 준다 […] 3년의 학습 기간이 끝나면 1년 동안 더 머물면서 '스승의 은혜를 갚는다.' 이때에 이윤의 6할은 스승이 갖고 제자는 4할을 취하는데 흥미로운 것은 바로 이 4년째 되는 해에 제자의 능력이나 자질, 도덕 등을 판단하여 스승은 해당 품목의 생산에 필요한 "비기(秘技)"를 전한다.(Nguyễn Quang Vinh · Trần Ngọc

---

89) Phan Huy Lê et al., *Gốm Bát Tràng Thế Kỷ 14-19* (14-19세기 밧짱 도기) (Hanoi: Nxb. Thế Giới, 1995), p. 19.

Định 1990: 400)

    기술 전수가 다 끝나면 제자는 스승의 허락을 얻어 다른 곳에 터전을 잡게 된다. 그러나 이 독립은 스승과 결별을 의미하는 게 아니었다. 스승을 포함하는 공동체에의 독립적 귀속을 의미하는 것이었다. 그것은 동종업자 간의 긴밀한 유대망 속으로의 편입이었다. 수공업자들은 공동의 동업 조상을 매개로 한 공동의식을 각종의 회동과 제례 의식의 장을 통해 확인하면서 하나의 공동체 의식을 형성했다. 스승은 종종 제자를 데리고 해당 수공업 조상을 받드는 제사에 가서 다른 선배들에게 소개해 그들과 안면을 익히게 했다(Ibid). 이를 통해 한 젊은 기술자는 동종업종 공동체의 구성원으로서 위치를 확보해 나가게 마련이었다. 그런데 도자기 산업은 자연 지리적 조건이 중요한 만큼 생산자들은 일정 지역에 집중적으로 거주했다. 이미 삼사 년의 도제 생활 기간 동안 이 제자는 지역사회에서 어느 정도 알려진 게 당연했다. 제례에 참여하는 것은 독립적 기술자로서 대접 받는다는 표시였다.

    도자기 제조 산업의 성격상 도제가 조상 제례와 같은 사회적 활동에 참여한다는 건 남성성을 확인 받는다는 의미도 있다. 동남아시아 사회의 특징적 요소 중의 하나이기도 하지만 도자기 제조 산업에는 여성의 참여율이 매우 높다. 전통 시대에 도자기 제작의 모든 공정을 전부 여성들이 도맡아 한 지역도 많으나[90] 베트남에서는 달랐다. 그렇다고 해서 중국이나 한국, 일본처럼 제작으로부터 판매에 이르기까지의 전 과정을 남성이 주도하지도 않았다. 유약을 칠하는 일이라든가 그릇의 표면에 조각을 하든가 그림을 그려 넣는 일, 즉 섬세함을 요하는 일들은 여

---

[90] Anthony Reid, *Southeast Asia in the Age of Commerce 1450-1680* vol. one (Yale University Press, 1988), p. 104.

성의 몫이다. 그릇의 교역 역시 주로 여성이 담당한다. 흙을 개고, 발로 차서 물레를 돌려 그릇을 빚고, 불을 때는 공정 즉 근육의 힘이 많이 들어가는 일이 남자의 몫이다. 때문에 도자기 생산 공장은 남녀 간의 분업적 성격이 강하며 작업장은 남성과 여성이 혼재하는 공간이다. 이 공간에 머물던 도제는 이제 스승과 더불어 남자들만의 제사 장소에 출입할 수 있게 된 것이다.

19세기 중반 비엔호아 도자기 산업의 융성과 쇠퇴의 추이를 알 수 있게 해 주는 귀중한 자료가 하나 있다. 프랑스인이 남부베트남을 지배하게 되면서 각 성의 인구, 물산, 산업, 교통, 수운 등에 관련된 자료를 수집하여 1901년에 출판한 남부지리서 시리즈가 있는데, 그중 비엔호아를 다룬 『비엔호아 성 지리지(Monographie de la Province de Biên Hòa)』가 그것이다. 이 자료에서 비엔호아 도자기 산업 현황에 대한 기술은 다음과 같다.

> [짜인미트엉 Chanh My Thuong 총總에 속한] 떤화(Tan Hoa), 떤티엔(Tan Thien), 떤방(Tan Vang) 마을들과 [프억빈쭝 Phuoc Vinh Trung 총에 속한] 브우롱(Buu Long)에는 16개의 도기 및 벽돌 제조 공장이 있다. 이 산업은 매우 번창했었는데 이 몇 년 사이 쇠퇴하고 있는 것 같다 [...] 도기에 사용되는 고령토는 떤티엔, 빈끄우(Vinh Cuu), 떤바(Tan Ba), 그리고 떤방에서 생산된다.[91]

떤반(떤방)이라든가 브우롱 등은 중요한 도자기 생산지였음이 여기서도 확인된다. 그리고 이곳은 18세기까지 비엔호아의 도자기 생산지였던 꾸라오포와는 다른 19세기 베트남 도공들의 새로운 집결지였다.

---

91) p. 43. 원문에 베트남어 성조 없음.

1901년 당시까지는 열여섯 개밖에 남지 않았으나 이 산업은 과거 매우 번창했던 것으로 평가되고 있는데 떤반과 브우롱이 언급되는 것으로 보아 그 번창의 시기는 분명 19세기 중이었다. 1859년 이후 남부베트남이 전장화 되면서 비엔호아의 도자기 산업은 다시 쇠퇴했던 것이다. 그런데 사이공을 중심으로 한 남부의 프랑스 식민지 코친차이나가 수립된 이후 30년이 지난 시점에도 비엔호아 도자기 산업이 회복되지 못한 건 다소 이상하다. 그 이유를 설명해 줄 수 있는 단서는 다음의 내용에서 발견할 수 있다.

> 쩌런 중국인들과의 평화로운 조화를 위해서 비엔호아 도공들은 소위 '꺼이마이' 제품 제작을 포기했다.(Ibid)

쩌런 지역에서 도자기를 구워내던 중국인과의 관계가 언급되고 있음이 흥미롭다. 앞서 얘기했듯이 18세기 말부터 중국인 도공들은 비엔호아로부터 쩌런 부근으로 이동했다. 중국인 도공이 주축이 되는 꺼이마이의 도자기는 성가가 높았다. 꺼이마이의 도공들은 그릇, 기와뿐만 아니라 절과 사당을 장식하는 인물, 동물상 등의 도기품도 공급했다. 당시 사이공이 가장 큰 소비처라고 한다면, 쩌런의 중국인 도공들과 비엔호아의 베트남인 도공들은 경쟁 관계 속에서 도자기 제조업을 발전시키고 있었다고 생각된다.

그런데 이상한 것은 이 자료에서 왜 베트남인 도공들이 '꺼이마이' 제품을 생산해 왔고, 중국인들과의 화합을 위해 꺼이마이 제품 제작을 포기했으며 그와 더불어 비엔호아의 도자기 산업이 쇠퇴했는가 하는 것이다.

기억해야 할 것은 민망 기 중국인 억압 정책이었다. 쩌런의 중국인은 레반코이의 반란에 많이 참여했던 관계로 반란의 진압 과정에서 막대한 인명, 재산 피해를 입었다. 여기에 더해 조정에서 중국인의 대외 교역을 억제하고 그들을 베트남인으로 동화시키려 하자, 쩌런의 경제력은 크게 위축되었다. 이런 변화로 인해 경제 분야에서 베트남 상인이 성장할 수 있는 가능성이 열렸음을 나는 제2장에서 논한 바 있다. 이런 인과관계는 공업 분야에도 적용될 수 있다고 생각된다. 쩌런의 중국인 도공의 활동이 위축되는 대신 비엔호아 도공의 활동이 상대적으로 활발해졌다는 것이다. 소위 '비엔호아 도자기'는 이때 전성기를 맞았다.

프랑스가 남부를 점령하고 새로운 통치자로 등장한 이후 중국인의 경제 활동은 다시 활발해졌다. 이는 비엔호아 베트남 도공의 상대적 위축과 짝할 수밖에 없었다. 아울러 쩌런 주변의 도자기 생산도 늘어났다. 조수가 한 손으로 천장의 줄을 잡고 발로 물레를 돌려주는 중국식 물레로 빚어 생산되는 각종의 수준 높은 도자기들이 대량으로 생산되고 있었다고 한다. 약 90명의 노동자가 북적이는 2,000 평방미터 규모의 작업장도 존재했다(Huỳnh Ngọc Trảng·Nguyễn Đại Phúc 1994). 중국인 도자기 제조업자에게 밀려 위축되기 시작한 비엔호아의 도공들은 이때부터 '꺼이마이' 도자기를 생산하게 된 것은 아닐까? 마치 현재 사이공 주변의 도공들이 소위 '밧짱 도자기'를 생산하고 있듯이 말이다. 그런 모조품의 생산으로 명맥을 이어가고 있던 베트남 도공들은 결국 중국인의 압력으로(남부지리지에는 '중국인과의 화합'을 위해서라고 했지만) 모조품의 생산을 중단하게 된 것이다. 비엔호아의 베트남 도공들은 "(원주민들이 사용하는 항아리나 그릇 등의) 거친 도기, 벽돌, 기와, 타일 외에는 [만드는 것이] 없다."(Ibid.)는 정도까지 몰락해 가고 있었던 것이다.

리뷰

자본과 판매망, 그리고 프랑스 당국과의 협조적 관계망까지 구축한 중국인이 도자기 제조 산업에서 우위를 점하게 된 것은 당연했다. 하지만 우리는 비엔호아 지역에서의 베트남인들이 갖고 있던 고유의 도자기 제작 기술 전통을 잊어서는 안 될 것이다. 그 전통은 19세기에 들어 사이공 쪽으로 이동한 중국인들과 결별하면서 베트남인이 중심이 되는 도자기 제작이 발전할 수 있는 계기가 되었다. 도자기를 비롯한 여러 분야에서 베트남인의 수공업 생산이 전문화되었고 국내외 시장과 연결되는 상품 시장은 이제 더 이상 수공업 생산을 자급적 생계 경제의 테두리에 가두어 두지 않았다. 비엔호아의 도자기가 중국인의 꺼이마이 도자기와 더불어 특산화된 상품으로 시장에서 인정받게 된 것이야말로 그 명백한 증거이다.

그들에게는 중국인이라는 강력한 경쟁자가 가까이 있었다. 하지만 1830년대부터 시작된 조정 측의 중국인 억압 정책으로 인해 이 경쟁자는 수월하게 제거되었고 베트남인이 만든 '비엔호아 도자기'가 시장에서 주도권을 잡아나가는 듯도 했다. 이는 19세기 중반 토착 베트남인 도공들의 약진을 의미했다. 그것은 유사한 조건 속에서 베트남인 교역층이 성장하고 있었던 상황과 같다. 프랑스의 진입 및 조정의 중국인 통제력 상실은 역시 교역계에서와 마찬가지로 중국인의 부활을 보장했고 베트남인 도공의 위축을 초래했다. 르엉반히 등이 인터뷰한 중국인 도자기 사업의 기억 중에서 적어도 가족사에 대한 것만은 신뢰한다면 중국인은 1878년 떤반에 가마를 세우기 시작한 것이니(Luong Van Hy·Diep Dinh Hoa 1991: 16), 바야흐로 베트남 도공의 중심지였던 비엔호아에까지 중국인의 영향력이 확대되어 가던 것이 19세기 말 프랑스 지배 초기의 형편이었던 것이다.

　그러나 결국 비엔호아 베트남인 도공들은 프랑스 식민당국에 의해서 다시 재도약의 기회를 맞게 되었다. '권력 기관의 가치 부여'라고 하는 점에서 오히려 전통 시대에 권력에 의해서 외면당했던 처지보다 훨씬 발전의 호조건이 마련되었다는 측면도 있었다. 더군다나 이 '권력 기관의 가치 부여'에는 전통 시대와 같은 과도한 착취의 여지도 거의 없었고 오히려 새로운 재료와 선진 기술을 전수하고 재정적 지원도 보장하는 시혜적 측면이 컸음을 부정할 수 없다.

　새로운 권력의 호의적 배려는 인위적 조작에 의해서 생겨난 게 아니었다. 프랑스가 들어오기 전 19세기 중반까지 '시장'에서 소비자들에 의해 공인 받은 비엔호아 도자기의 명성이 그 배려의 전제였다.

제4장
남부베트남의 여성상
– '음탕함'과 그 함의

"쟈딘의 부녀는 본디 매우 음탕하다(嘉定婦女素多淫蕩)."고 민망 황제가 말했다. 그해는 1829년이었다. 당시 남부베트남의 영청진(永淸鎭, 가정성 해체 후 永隆省) 영안현(永安縣) 사람 양씨어(楊氏於 Dương Thị Ư 즈엉티으)라는 여성에 대한 가정성총진의 보고서가 조정에 올라왔다. 가난한 이 여성의 남편이 심한 병에 걸렸다. 채무도 있었던 것 같다. 빚쟁이가 그녀의 자색을 탐내어 사통하고자 하여 재물로 유혹하고 권세로 위협도 했지만 끝까지 거부하다가 찔려 죽었다는 것이다. 예부에서는 '양씨정부(楊氏貞婦)'라고 새긴 편액을 내려 천하에 정절을 권하는 사례로 삼자고 청했다. 여기에 대한 황제의 반응이 바로 이 문단의 첫머리에 소개한 말이었다. 황제는 남부베트남 여성들이 음탕한 줄 알았는데 이렇게 정절을 아는 사람이 있느냐고 신기해했다. 여기에 덧붙이는 말은 냉랭하기 그지없다. "이것으로써 풍속을 권면하는 일이 불가할 것도 없으나 [쟈딘을 제외한] 다른 지역에서는 마땅치 못하다(藉此以勵風俗亦無不可他割則未當也)."는 것이었다(『寔錄』 2, 63:2a).

이렇듯 민망이 남부베트남 여인을 보는 시각은 부정적이었다. 그의 재위 말기 백성들에게 내린 열 개의 훈시(십조十條) 가운데 '음탕함을 경계하라(戒淫蕩)'는 조항이 있었는데 이는 남부베트남 여성을 겨냥한 가르침이었다(Choi 2004: 119-121). 당시 변경지대로 인식되던 남부베트남에서 여성의 윤리나 행동 규범이 황제를 비롯한 유가 관리들에게는 극히 만족스럽지 못했던 것 같다.

그런데 남부베트남 여성들에 대해 일관되게 부정적인 시각을 견지하던 민망 황제의 정비가 이곳 여성이었다. 그녀의 이름은 호티호아(Hồ Thị Hoa 胡氏華)였으며 비엔호아 출신이었다. 조정 내외의 지극한 아낌을 받던 이 여인이 첫아이를 출산하고는 (이 아이가 훗날 티에우찌 황제) 곧 사망하자 이를 안타까워하던 민망의 부친 쟈롱에 의해 그녀의 이름 호아는 휘자(諱字)로 지정되기도 할 정도였다.[92] 민망 황제의 며느리로서 티에우찌 황제의 아내가 되고 뜨득 황제의 생모가 되는 여인 팜티항(Phạm Thị Hằng) 역시 남부 출신으로서 존경받을 만한 인품과 덕행으로 유명한 인물이다. 베트남의 마지막 황제 바오다이의 정실 남프엉(Nam Phương 南芳[93]) 황후 응우옌티란(Nguyễn Thị Lan 阮氏蘭) 역시 쟈딘 출신으로서 미모와 덕성, 행실이 뛰어났던 황후로 알려져 왔다.

민망의 견해에 의하면 음탕한 여인들로 가득한 남부베트남이 어떻게 하여 황실의 정비 및 황태후들을 배출했을까? 도대체 민망 황제의 남부 여성에 대한 관념이 언제, 그리고 어떤 배경에서 형성되었고 왜 그는 남부베트남 여인들에게 그토록 모욕적인 표현까지 서슴지 않았던가?

민망 황제의 "嘉定婦女素多淫蕩" 운운이 1829년 가정성총진의 열녀

---

92) Thi Long, *Truyện Kể Về Các Vương Phi Hoàng Hậu Nhà Nguyễn* (응우옌 가의 왕비와 황후 이야기)(Nxb. Đà Nẵng, 2001), pp. 47-48. 게다가 쟈롱 황제는 이 여인에게 '실(實)'이라는 이름을 하사한 바 있다. 『大南正編列傳二集』(1909. 東京: 慶應義塾大學言語文化研究所, 1981)(이하 『列傳二集』), 1:1. 이 때문에 응우옌 왕조에서 '實'은 휘자가 되어 '實'을 쓸 곳엔 대신 '식(寔)'을 쓰게 되었다. 두 글자의 베트남어 발음은 '특(thực)'으로 서로 같다. 그래서 응우옌 왕조의 실록은 '實錄'이 아니라 '寔錄'이다.

93) 南芳이란, '남쪽(Miền Nam)의 향기(hương thơm)'라는 뜻이다. Nguyễn Đắc Xuân (1996), p. 107.

주청에 대한 반응이었음을 주목할 필요가 있다. 당시 남부베트남은 가정성총진관 레반주엣에 의해서 반독립적으로 지배되고 있었고 민망의 관심사는 이 남부에 직접 지배를 실현하는 것이었다. 민망에게 남부 여성의 음탕함은 남부 지배자가 교화를 게을리한 결과였다. 민망의 부정적인 남부 여성관은 그가 남부 권력을 약화시키려는 노력을 시작하던 1820년대 후반부터 레반코이 반란을 진압하는 1830년대 중반까지 줄곧 사서에 나타난다. '음탕한' 여성들의 존재는 남부베트남 지배 실패 책임을 묻는 중요한 재료였던 것이다. 당연한 이야기이지만 민망의 조정이 남부를 완전히 장악하게 되면서 남부 여성의 행실을 두고 비판하는 기사는 사라졌다. 자신들의 남부 지배 성과는 그렇게 인정된 것이다. 따라서 '음탕하다'라는 건 낙인찍기(labelling)로 볼 수 있다.

이제 황제 이하 조정의 관료들에게 남부 여인들을 교화하는 일은 자신의 책임이 되었다. 가시적 성과물이 필요했을 것이다. 남부인을 교화하는 데 몰두하던 민망 사후 다음 황제 시기부터 사서의 곳곳에는 남부 여성의 갸륵한 행위들이 기록되기 시작하며 '음탕한' 여성들이 종종 열녀의 반열에도 오르는 모습을 볼 수 있다. 예를 들어 1840년부터 남부에서 대규모의 소수민족 반란이 일어났을 때 재물을 풀어 백성을 구휼했던 여성에 대한 상찬(賞讚) 기록이라든가(『寔錄』3, 22:8) 크메르인에게 겁탈을 당하자 머리를 바위에 부딪쳐 자살한 남부 여인의 행적[94], 프랑스군이 들어왔을 때 저항군을 이끌었던 쯔엉딘(Trương Định 張定)의 부인으로서(쩐티싸인과 다른 여성임) 끝까지 남편에 대한 의리를 잃지 않고 집안을 지킨 레(Lê 黎)씨 부인에 대한 기록들[95] 같은 것이다.

여기에 더 나가 남부 여인들의 고결성까지 강조되었다. 19세기 전반

---

94) 『南天孝行實錄』(1896. Viên Hán Nôm VHv 1240, Hanoi), 定祥.
95) 『列傳二集』, 張定傳.

황제가 부정적으로 평가하던 남부베트남 여인상은 지배층의 도덕 기준에 순종적인 여인상으로 변모해 가다가 이제 바야흐로 고결한 여인상으로 진화했다. 대표적인 예는 뜨득 황제의 모후인 황태후 팜 씨에 대한 기록이다. 그녀는 어려서부터 총명하고 독서를 즐겨 경사(經史)에 능했다. 비상한 기억력에 현명하고 덕이 있는 데다 질박 검소하고 또한 효녀여서 민망 황제의 모친(중부 茶人)이 마음에 두어 손자의 짝으로 점찍었다. 민망 황제도 그녀를 매우 아꼈다고 한다(『列傳二集』, 2:1; Thi Long 2001: 54).

그런데 민망이 규정한 남부베트남의 여성상은 과연 정치적 고려에서만 비롯된 것이었을까? 본인은, '실록'과 같은 무게 있는 사료에 나온 표현들을 정치적 수사로만 치부할 수는 없다는 입장이다. 그래서 '음탕함'이 사실인가 아닌가, 또는 음탕하다고도 하고 고결하다고도 하는 표현들이 과연 정치적 고려인가 아닌가에만 집착할 생각은 없다. 이 글에서는 '음탕함' 그 자체가 관심의 대상이다. 하지만 '음탕한' 면모에 대한 '행위 기술'을 하고자 하는 건 아니다. 필자는 '음탕함'으로 표현되는 여성들의 성향이나 사회 문화 지리적 배경, 즉 황제가 그리던 여성상의 배후에 있는 당시의 역사적 면모들을 짚어보고자 한다.

다음과 같은 내용들이 차례로 검토될 것이다. '남부 개척과 여성의 지위'에서는 남부베트남에의 정착 과정에서 여성의 지위나 역할은 북부나 중부에 비해 어떻게 달랐는가가 논해진다. 그리고 그것이 왜 '음탕한' 남부 여성상을 형상화하는 데 기여했는지를 살펴본다. 그다음에는 '여성의 교역 활동'이란 주제로 북부나 중부에 비교하여 남부에서 훨씬 보편화된 여성들의 장거리 교역 활동이 '음탕함'과 관련이 있음을 얘기하고자 한다. '간통과 매춘'에서는 이런 행위들이 남부의 어떤 문화적 전통이나 사회적 현상을 반영하는가를 살피고자 한다. 마지막으로 '고결한 여성상'에서는 민망이 얘기하던 '음탕함'과 사서에 기록되는 '고결한 남부 여성들'에 대한 기록이 단순히 정치적 고려에 기초한 상반된 낙인이 아니라 같은 뿌리에 기초한 양면성이라는 사실이 논해질 것이다.

남부 개척과 여성의 지위

경제 분야에서 남부베트남 여성의 위상은 북, 중부에 비해 상대적으로 높아 보인다. 이런 위상은 개척시대 여성들의 역할과 관련 있다. 남부인은 주로 중부 지역에서 이주한 사람들이었으며 이주의 단위는 가족이었다. 이는 베트남인이 북부로부터 중부지역으로 내려올 때의 양상과 다르다. 북부에서 중부로의 이동은 주로 범법자나 병사 등 남성 위주의 인력을 국가가 조직적으로 이주시킨 형태였다. 메콩 델타로는 이와 달리 한 가족 또는 수 개 가족이 그룹을 이루어 자발적으로 이주해 토지를 개간했다. 이 때문에 베트남의 전통적인 촌락에서 필수적이라고 할 수 있는 공전은 거의 존재하지 않고 사전 소유만이 일반적이었다. 게다가 개척시대의 토지 개간은 부부가 중심이 되는 가족 노동에 의존하는 것이어서 작업에 참여한 여성들의 토지에 대한 권리는 자연히 클 수밖에 없었다. 그래서 사전은 부부가 공동으로 소유하는 게 일반적인 관행이었다.

1836년에 작성된 지부를 살펴보자. 등재된 토지 중 여성이 소유주로 되어 있는 건 예를 들어 쟈딘 성의 경우 지주 수나 경지 면적 공히 약 20%-30%였다.[96] 그러나 토지에 대한 여성의 실제 권리는 이 수치를

---

96) Nguyễn Đình Đầu, *Nghiên Cứu Địa Bà Triều Nguyễn, Gia Định* (지부 연구, 嘉定)(HCM City: Nxb. TPHCM, 1994), p. 199.

능가했다. 20%-30%라는 비율은 남부베트남에서 처음으로 지부가 만들어지면서 토지 소유자를 한 명으로 기록하게 한 결과였다. 즉 부부 공동 소유 토지가 많음에도 불구하고 대표자 한 명만 기재하는 경우 남성 명의로 등록되었기 때문에 남성 토지 소유자가 많을 수밖에 없었던 것이다. 예를 들어 이 책 제1장에서 소개한 쩐반피엔의 토지를 지부에서 찾아보면 소유주가 쩐반피엔이라고만 기록되어 있다. 그러나 1836년 이전의 매매증서들에서 소유주는 쩐반피엔이 아니라 부부로 되어 있었음을 우리는 보았다.

토지 소유에서 여성의 권리가 남성과 대등하다는 건 여성의 강한 경제권을 의미한다. 집안에서 여성의 발언권은 강하며 남편이 사망하거나 이혼한 경우에도 여성의 경제력이 위축되지 않았다. 물론 이런 현상은 이전부터 있어 온 베트남의 보편적 전통이라고도 할 수 있으며, 더 큰 시각으로 보자면 전통 시대 동남아시아의 보편적 면모라고 볼 수 있다.

그러나 남부베트남의 특이성은 분명 있다. 그리고 이는 개척기의 경험에 따른 여성의 독특한 지위와 함께 지리적 여건과 상관이 있었다. 남부베트남의 촌락공동체 의식은 북, 중부에 비해 약하다. 델타에 산재한 각 가족은 공동체의 구성 요소라기보다 각자가 독립적인 삶을 유지하는 개별 세계였다. 흔히 북, 중부의 전통 촌락을 대나무로 둘러싸인 집결적 세계라고 하지만 쩐반저우의 적절한 표현처럼 남부에서는 '매 가정이 대나무로 둘러싸인 공간'[97]이었다. 1860년대 사이공을 여행한 바 있는 톰슨은 쩌꽌(Chợ Quán) 근처에 있는 한 마을을 다음과 같이 기술하고 있다. "난 이 마을의 중심부를 [이미] 몇 번이나 지나쳤던 적이 있다. 그렇지만 이게 마을인지 전혀 알지 못했다. 왜냐하면 산개한 집들은 각자 선인장이나 대나무 등으로 둘러쳐진 높은 울타리로 막혀 있기 때

---

97) *Vietnam Cultural Window* 4(July, 1998), p. 9.

문이다. 원주민들은 개인생활(privacy)을 사랑한다. 거주지를 둘러싸고 있는 울타리의 가시들은 그 안에 있는 가족들이 혼자이길 원한다는 표시다."98) 이런 조건에서 남편 유고 시 여성이 공동체의 도움을 기대하기가 어렵다. '대나무 울타리 내의 촌락'에 사는 사람들은 결집력이거나 협력 정신뿐만 아니라 남에 대한 관심도 컸다. 그런 사회 속에서 여성이 확보할 수 있는 운신의 폭은 작을 수밖에 없었다. 이에 비해 남부베트남 여성은 가옥의 울타리 안에서, 가옥과 가옥 사이의 공간에서 누릴 수 있는 독립성이 컸다.

 남부베트남에서 여성의 수절은 그 자체만으로도 대단한 미덕으로 받아들여진 것 같다. 19세기의 지리지인 『대남일통지』에는 열녀 표창을 받은 총 16명 남부 여성의 행적이 기록되어 있다. 이 중 겁탈을 당하려 하자(또는 당하자) 자결한 두 명의 여성은 '실록'의 열녀전에까지 오른 사람이었다. 이 장을 시작하면서 소개한 여성 즈엉, 정혼한 남자가 사망하자 결혼하지 않고 평생을 산 여인, 그리고 남부 소수민족 반란 때 큰 재물을 기부해 병사들을 먹였다는 여인 등 5명을 제외하고 나머지는 모두 남편 사망 후 재가하지 않고 수절한 여성들이다.

 『대남일통지』에 소개된 쟈딘의 열녀와 북, 중부 열녀의 행적을 비교해 보면 흥미로운 차이가 발견된다. 북, 중부의 각 성 출신 여성들이 '열녀전'에 등재되는 이유 또한 대부분이 수절이었다. 헌데 그 이유가 구체적이고 극적이다. 인물이 뛰어났기 때문에 재가 권유를 많이 받았는데도 흔들리지 않고 수절했다든가, 남편 사후 정절을 지키려다가 자살하거나 살해당했다든가, 자살했는데 남들이 구해주었기에 살아남아 평생

---

98) John Thomson, *The Straits of Malacca, Siam and Indo-China: Travels and Adventures of a Nineteenth-century Photographer, with an Introduction by Judith Balmer* (1875. Oxford University Press, Singapore, 1993), pp. 171-172.

수절했다든가, 자결하겠다고 상대방을 위협하는 방식으로 재가를 거부했다든가, 머리를 깎았다든가 심지어 자신의 얼굴을 찔러 흉하게 만들어 수절의 의지를 보였다든가 하는 것 등이다. 여기에 시부모를 극진히 봉양하고 자식 교육에 힘써 과거 급제자를 냈다는 단순한 수절 이상의 상찬 받을 만한 행적들도 기록되어 있다. 남부베트남에서처럼 남편이 죽은 후 재가하지 않았다는 사실만 갖고도 '열녀전'에 등재될 수 있었던 게 아니었다.

남부베트남에서는 1836년 민망 황제에 의해서 무더기로 열녀 표창이 있었다. 총 16명의 열녀 중 11명은 1836년에 상찬의 대상이 되었다. 이는 레반코이의 반란을 진압하고 조정의 지배를 확고히 하는 과정에서 적극적으로 추진되던 '남부인 교화' 작업[99]의 일환이었다. 남부 여성을 겨냥한 조항이 포함된 민망의 '십조'가 바로 그 전해에 반포되었다는 사실을 상기할 때도 그러하다. 분명 이때의 열녀 생산은 정치적 고려의 결과물이었다. 이 때문에 우리는 열녀 선정이 다소 무리하게 이루어졌음을 쉽게 추측할 수 있다.

여성의 경제력이 강하고 경제와 관련된 대부분의 노동을 여성이 담당한다고 했을 때 남부베트남에서 여성의 재혼은 생존 수단이 아니라 여성의 남성(男性, male sex, or masculinity) 구매 행위로 이해될 수도 있지 않을까? 여기에서 남성이란 성적 상대자로서의 남자만 아니라 노동력도 포함된다. 특히 베트남 여성이 소수민족 출신 남성과 재혼하는 데서 이런 의식이 감지된다. 아무리 여성 혼자서 기본적인 생계는 충분히 꾸려나갈 수 있다고 하더라도 그녀가 갖고 있는 토지가 항상 기초 생계 유지를 위한 정도의 최소치는 아닐 것이다. 남편 사후 혹은 이혼 후 남겨진 토지가 여성 노동만으로 감당할 수 없는 양일 수도 있을 것이고 부모

---

99) 이에 대해서는 Choi(2004), Chapter Four 참조.

로부터의 상속을 통해 경작지가 갑자기 많아질 수도 있으며 어떤 여성은 토지 집적에 대한 관심과 재능이 유난히 컸을 수도 있다.

재혼은 생존을 위해 필요 불가결한 게 아니라 더 나은 삶을 위한 선택이었다. 남부베트남의 대표적인 족보로 소개한 바 있던 『장가사당세보전집』에 나타나는 이민족과의 혼인 사례를 보자. 이 집안 여성이 중국인에게 시집을 가는 경우에는 예외 없이 초혼이었다. 그러나 재혼을 하는 경우에는 베트남 남성만이 아니라 '만인(蠻人)'이 새로운 배우자로 선택되었다. 이 집안의 여성 쯔엉티보이(Trương Thị Bôi 張氏盃)는 아이를 둘 낳고 남편이 죽자 자익쟈(Rạch Gía 瀝架 력가)의 '만인'과 재혼했다(p. 18). 여기서 야만인이라고 표현된 민족은 당시의 용례로 보아 크메르인을 가리킨다. 이런 결합은 기본적으로 중앙 조정에 의해 남부베트남에서 적극적으로 시행된 소수민족 동화 정책과 상관이 있으며 이 여성과 크메르 남성의 혼인도 베트남인과 비베트남인이 섞이는 시대적 추세의 반영이었음은 분명하다(Choi 2004: 149-150). 민족 간의 결합이 증가하면서 상대 선택 폭은 훨씬 넓어졌을 것이며 그런 여건 속에서 이 여인은 재혼 상대자로 크메르인을 선택했다. 두 사람 사이에서 태어난 자녀들은 족보에서 베트남인으로 취급된다. 이민족과의 결혼을 통해 베트남인 아이들이 생겨났다면 황제로서는 백성의 수가 늘어서 좋은 것이요 쯔엉티보이로서는 자녀가 늘어서 행복한 것이다. 나는 이런 결합에서 여성의 선택권이 크게 발휘되지 않았을까 생각한다.

결혼한 남자가 처갓집 근처에서 사는 것은 남부 개척 과정에서 흔히 보이는 일이었으며 처갓집살이도 흔했다. 『장가사당세보』에도 이런 사례는 도처에서 발견된다. 이 집안의 많은 남성들이 사후 처갓집 마을에 매장되었다. 거기서 살았다는 이야기이다. 중부로부터 막 이주해 와 남부 여성과 결혼을 한 어떤 남성은 심지어 자신의 성을 버리고 아내의 성을 취하는 경우도 있었다. 후인반바이(Hùynh Văn Vai, 1815-?)라는 인물은 중부 빈딘에서 이주해 온 농민이었다. 그는 원래 보호우바이(Võ Hữu Vai)였지만 남부 여인과 결혼 후 자신의 성 보(武)를 버리고 아내의 성 후인(黃)을 취했다(Thạch Phương et al. 1989: 611). 남성이 처갓집에 사는 처거제(妻居制)를 유인선은 "새로 이주한 메콩 델타의 미개척지를 개간하는데 필요한 노동력의 확보 때문이었지 않을까 한다."(유인선 1999: 376)고 진단했다. 방식은 다르지만 이 또한 남성 구매인 것이다.

혼인의 문제와 관련해서 응우옌푹아인이 왕이 되기 이전 한 여성으로부터 퇴짜를 맞은 일화는 유명하다. 떠이선 군에게 응우옌 가의 마지막 왕과 왕위 계승자 모두 살해당하고 유일한 왕위 계승 후보자로 남은 응우옌푹아인이 남부 각처를 전전할 때였다. 빈롱 성의 한 마을에 들른 그는 꽤 오랜 기간 동안 묵으면서 그곳 유지의 신세를 졌는데, 이 유지에게는 딸이 하나 있었다. 이 사람은 외동딸을 응우옌푹아인에게 시집보내고자 했다. 응우옌푹아인으로서도 마다할 이유가 없는 제안이었다. 그러나 이 외동딸이 혼인을 거절했다. 이미 정한 혼처가 있었다거나 다른 연인이 있었다는 사실은 알려진 바 없다. 단지 거절의 변은 자신이 마치 거래의 대상이 되는 것 같아서 싫다는 거였다.[100] 이 처녀의 고집은 관철되었다. 이렇듯 아버지와 심지어 '왕'의 의도 앞에서도 젊은 여성이 자기 뜻을 당당하게 주장하고 그것이 용납되는 곳이 남부베트남이었다.

재력이 있는 여성이라면 재혼을 통해 황제가 칭찬할만한 일을 벌일 수도 있었다. 쩐티싸인의 행적을 주목할 만하다. 이 여성은 지주의 딸

---

100) Hùynh Minh, *Vĩnh Long Xưa và Nay* (빈롱, 과거와 현재)(Saigon, 1967), pp. 227-228.

로서, 개국 공신 팜당홍의 조카딸이었다고 앞서 소개한 바 있다. 팜당홍의 막내 여동생이 쩐티싸인의 어머니였다. 뜨득 황제의 모친이 팜당홍의 외동딸이니 쩐티싸인은 황태후와 이종사촌 사이인 것이다. 이런 집안의 여성 쩐티싸인은 첫 결혼에서 아들을 낳지 못하자 친정으로 돌아왔다. 얼마 후 남편은 사망하고 이 여성은 재혼했다. 재혼 상대는 훗날 항불투쟁 지도자가 되는 쯔엉딘이었다. 제1장에서 말했듯 이 여인은 쯔엉딘을 도와 남부에서 둔전을 다수 건설한 것으로 유명하다. '열녀전'에 등재되기를 바라는 대신 새 남자와의 새 사업 경영을 선택한 사례였다.

교역 활동

농업과 관련된 개척 시대 전통에서만이 아니라 교역 분야에서도 남부베트남 여성 고유의 면모는 잘 드러난다. 강줄기와 수로가 복잡하게 얽혀 있는 메콩 주변의 지형 구조와 우기의 완만한 범람으로 인해 광범한 주거 지역이 물에 잠기게 됨에 따라 남부베트남에서 배는 필수적인 교통 수단이었다. 찐화이득이 "남부인들은 열에 아홉은 헤엄치고 배 부리는 데 익숙하다."고 한 것은 이 같은 지역 조건과 관련이 있다. 북, 중부의 여성들이 가인(gánh)을 메고 걸어서 시장에 가듯 메콩 델타의 여성들은 조그만 배를 몰고 시장에 가 물자를 교역했다. 배를 이용한 이동거리는 걷는 것보다 길 수 있었으며 촌락 범주 밖으로의 출입도 잦았다. 이는 북, 중부의 여성들이 대나무로 둘러쳐 있는 독립 영역인 싸(xã 社)의 경계 밖으로 좀처럼 나가지 않고 또 그럴 필요도 없었던 것과는 크게 다른 모습이었다.

배는 가정의 필수품이었으며 산물의 교역을 위한 운송 수단이었다.

한 명 또는 두 명이 타게 되어 있는 조그만 배는 주로 여성들이 부리며 현재도 메콩 일대에서 얼마든지 볼 수 있다. 화이트의 눈에도 이는 대단히 흥미로운 모습으로 비추어졌는지 "대부분 여성 한 명이 젓는" 이 배의 움직임과 그 배에 각종 상품을 싣고 다니는 여성들의 상행위에 대해서 한 페이지 분량 정도나 되게 자세히 기술하고 있다(White 1824: 209-210).

당시 남부베트남의 선박은 모두 여성 이름으로 등록되어 있었다. 이는 황제를 비롯한 북, 중부 출신의 중앙 관료들을 놀라게 했다(『寔錄』2, 183:42b). 현재에도 남부베트남 각처에서 영업용 자동차 특히 트럭이 대부분 여성 명의로 등록되어 있다. 이는 영업에 여성들이 간여하고 있음을 얘기해주며 이로써 19세기를 유추해 보자면 선박에 대한 소유권을 갖는 여성들이 선박을 이용한 교역에 다수 연계되어 있었다고 할 수 있다. 제2장에서 보았듯 여성들은 내륙 수로를 따라 이동하는 교역뿐만 아니라 원양으로까지 나아가 해외 무역에 참여했다. 이러한 유동성 내지 장거리 이동 능력은 남부베트남 여성들의 적극적인 교역 활동을 뒷받침하는 전제 조건이었다.[101]

---

[101] 필자는 1997년 5월, 하노이 남쪽에 접한 닌빈(Ninh Bình 寧平) 성 성도(省都)의 조그만 여관에서 하룻밤을 묵은 적이 있다. 오전 나절 20대 초반의 얌전한 처녀가 화장품 가방을 들고 찾아와 주인과 거래를 하고 있었는데, 주인은 그 여성이 사이공에서 올라왔다고 소개했다. 여성이 나간 후 주인은 사이공에서 여기까지 장사를 하러 왔다니 대단한 일 아니냐고 내게 말했다. 반대의 경우를 과연 생각할 수 있을까? 2002년 7월에 있었던 현지 조사 기간 중, 사이공에서의 거리가 하노이로부터 닌빈 정도 되는 미토 어딘가에서 하노이로부터 장사하러 온 젊은 여성들을 볼 수 있다고 생각하느냐는 질문을 미토의 몇몇 학자들, 당시 띠엔쟝 사범학교 역사학 담당 응우옌푹응이엡 교수, 띠엔쟝 역사박물관의 씨엠(Siêm) 관장, 띠엔쟝 성 교육 담당 어우즈엉프엉(Âu Dương Phương) 등에게 해본 적이 있다. 그들의 대답은 하나같이 "không được (impossible)"이었다. 2003년 1월 24일 필자는 하노이의 쭈반안(Chu

여성들의 이런 능력은 그들로 하여금 집에서 나와 있는 시간을 많게 했고, 그 시간 동안 다른 남성과 접촉할 기회도 빈번했다. 게다가 크고 작은 선박으로의 이동 과정에서는 남성과의 동행 가능성이 도보로의 단거리 이동이 주였던 북, 중부 여성들에 비해서 많을 수밖에 없었다. 그에 따른 '비정상적' 남녀관계가 발생할 가능성이 높았다.

이런 사례는 역설적이게도, 쟈딘의 열녀에 대한 기록에서 엿볼 수 있다. 티에우찌 시기부터 '실록'에 남부베트남 출신 열녀가 등장한다고 말한 바 있다.『대남정편열전이집(大南正編列傳二集)』중 '열녀' 조에는 총 42명의 행적이 나와 있다. 그중 4명이 쟈딘 여성이었다. 42명의 열녀들은, 남편 또는 혼인을 약속한 남자를 따라 죽었다든가 재가 권유를 거부하고 머리를 깎았다든가, 사통을 거부하다가 살해당하든지 자살했다든가 등이 열녀 표창의 이유였다. '열전'에 오른 남부 여성들의 열녀 표창 이유도 대체로 이런 유형들에서 벗어나지 않는다(앞서 소개한『대남일통지』의 쟈딘 지방 열녀와는 다름). 남부의 네 열녀 중 한 명은 남편을 여읜 후 평생 수절한 경우이고 또 한 명은 먼저 죽은 남편을 따라 자살했다. 나머지 두 여성은 마지막 이유에 해당된다.

그런데 이 두 열녀를 만든 사건의 성격이 중요하다. 두 여성 모두 집 밖으로 혼자 돌아다니다가 강간을 당할 위기에 처했다. 이는 북부나 중

Văn An) 거리 정부 게스트 하우스(Nhà Khách Chính Phủ, 37 Hùng Vương) 앞에서 '성(省) 주석이 토지를 강탈했다'라는 내용의 피켓을 들고 시위를 벌이며 앉아 있는 20여 명의 50-60대 여인들을 목격했다. 그들은 남부베트남의 안쟝(An Giang), 박리에우(Bạc Liêu), 빈롱으로부터 올라온 여성들이었다. 출발한 지점으로부터 계산해 보자면 그들은 배, 버스, 기차 등을 차례로 갈아타며 약 2,000km를 여행해 온 셈이다. 2005년 11월 어느 날 필자는 중국과 베트남 국경 관문인 우의관(友誼關) 중국 쪽에 서서 베트남으로부터 여행하듯 편안한 차림으로(신발은 주로 슬리퍼) 트렁크 하나를 끌며 단신으로 넘어오는 젊은 여성들을 관찰하고 있었다. 그 여성들 대부분은 출발지가 남부베트남이었다.

부의 열녀 행적들에서는 전혀 보이지 않는 상황들이었다. 빈롱 성의 리에우(Liệu 料)라는 처녀는 "혼자 길을 가다가(獨行)," 안쟝 성의 낭(Nàng 娘)이라는 여성은 23살의 유부녀로서 남편 수하(手下)의 배를 타고 가다가 겁탈을 당할 위험에 처하자 저항하다 살해당해 열녀로 봉해졌다(『列傳二集』, '烈女'). 두 번째 여인은 배를 타고 가다가 일을 당했음이 명확하다. 첫 번째 여성도 배 위에서 사건이 발생한 것이 아니었을 뿐 배와 관련이 있기는 마찬가지였다. 이 여인은 앞서 소개한, 크메르인들에게 겁탈을 당할 뻔한 여성이었다. 소수민족의 반란이 남부를 휩쓸던 1840년대에 캄보디아로 장사하러 갔던 아버지가 돌아오지 않자 그의 행방을 수소문하며 미토 부근에서 메콩을 따라 국경지대까지 갔었다. 그곳에서 크메르인들에게 겁탈을 당하고는(또는 겁탈 당할 위험에 처하자) 스스로 목숨을 끊었다. 지금도 마찬가지 형편이지만, 당시로서도 그녀가 살던 마을로부터 국경지대까지의 여행은 배가 아니고는 불가능했다.

저항을 하다가 해를 입게 되어서 상찬의 대상이 되었다고 하는 이 기사들은 뒤집어 생각하면 선상 또는 선박을 통한 이동 과정에서 빈번하게 일어나는 이성 간의 접촉이 '비정상적 관계'를 유발할 수 있었음을 알게 해 준다.

남부베트남 여성들이 아편에 많이 노출되었던 것도 민망 황제로 하여금 이들에 대해 부정적 시각을 갖게 했다. 당시 쟈딘에서는 아편의 유입과 거래가 활발했고 조정 측은 이 문제를 해결하는 데 신경을 곤두세우고 있었다. 아편 거래에는 중국인들뿐만 아니라 베트남인들도 참여하고 있었음을 나는 제2장에서 논한 바 있다. 이런 분위기 속에서 남부 여성들이 아편 거래에 연루되고 아편을 흡입했을 가능성도 높았다. 남부베트남 여성이 음탕하다고 하면서 음탕한 만큼이나 혐오할 만한 행위로서 "남부베트남에서는 여성들도 아편을 흡식한다.(『寔錄』2, 158:22a)"는 민망의 지적은 남부 여성들의 활발한 교역 참여 내지는 경제적 능력(예를 들어 아편 구매력)과 관련이 있었다.

상거래에 수반되는 속임수나 천연덕스러운 과장 같은 것들도 부정적인 모습으로 비추어졌을 것이다. 화이트에 의하면, 사이공의 베트남 여성 상인들은 자기를 방문해서 서슴없이 브랜디를 청해 한 잔씩 마시고는 사업 얘기를 시작하는 부류들이었으며, 하루 만에 물건값을 5할이나 올려 받으려고 획책하는 무리들이었다(White 1824: 245-6). 아울러 "배를 몰고 다니는 젊은 여성들(boat-girls)"이 모여서 "중국 카드(Chinese cards)"를 즐기는 모습도 자주 눈에 띄었다.102) 남부베트남의 여인이 음탕하다는 낙인은 이와 같은 남부 여성의 유동성, 내지는 교역 활동 및 그에 따른 활발한 사회 활동과 다양한 인간관계 및 접촉의 또 다른 표현 아니었을까?

간통과 매춘

그런데 '음탕함'의 실질적인 근거가 되는 면모는 분명 있었다. 통념상 음탕한 행동으로 간주되는 간통이라든가 매춘은 남부베트남 사회에서 얼마나 보편적이었을까?

'융통성 있는' 남녀 관계는 결혼 전부터 시작되었던 듯하다. 화이트가 전하는 바로는, "결혼하지 않은 여성들에게 정절이 선으로 인식되지 않"(White 1824: 282)았다. 화이트 뒤에 사이공을 방문했던 핀레이

---

102) White(1824), p. 320. 화이트가 말하는 '중국 카드'는 현재도 사이공 여성들이 즐기는 바이뜨싹(bài tư sắc) 즉 사색패(四色牌)를 말하는 것 같다.

슨 역시 이와 비슷한 관찰을 남겼다. "젊은 미혼 여성들은 '정숙(貞淑)'에 대해서 관심을 갖지 않으며, 얼마 안 되는 금전적 고려에 의해서(for a trifling pecuniary consideration) 아버지는 딸을 이방인 또는 방문자의 품에 안길 것이고 이런 게 훗날 그녀가 결혼하는 데 아무런 장애도 되지 않는다."(Finlayson 1826: 310)

그렇다고 해서 결혼한 이후에는 정절을 중하게 여긴다고도 하지 않았다. 화이트는 남부베트남에서 간통을 할 경우 두 사람은 등을 맞댄 채 묶여서 강물에 버려진다고 전했다. 그러나 이는 단지 법이었을 뿐이지 실제로 화이트가 그런 법 집행을 보았는지는 확실하지 않다. 오히려 그는 체류 기간 중의 관찰을 바탕으로 다음과 같이 기혼 여성의 성 윤리를 암시하고 있다: "부부간의 신뢰를 손상시킨 죄를 지은 여성들에게 가해지는 가혹한 형벌이 있지만, 금지를 위해서 제정된 법들을 빠져나갈 기회들이 무시되는 것은 아니다."(p. 282) 기혼 여성들의 안전한 외도를 강하게 암시하고 있는 것이다.

남부베트남에서 조정으로 올라온 한 보고서(1836)를 통해 기혼 여성의 외도 사례를 보도록 하자. 형부(刑部)를 거쳐서 황제에게 올라간 음력 7월 14일 자(1837) 문건에는 남부베트남 빈롱 성에 사는 후인(Huỳnh 黃) 씨 여인의 간통 사건이 상세히 기술되어 있다. 그녀는 병정 응우옌반응이(Nguyễn Văn Nghị 阮文議)의 처로서 자녀를 셋 두었다. 이전 해 정월 남편이 캄보디아에 복무하러 가자 이웃의 부총(副總) 응우옌반호아(Nguyễn Văn Hoa 阮文華)와 정을 통하다가 임신을 하게 되었다. 그래서 남편에게 고발된 사례였다. 조사 결과 이 여성과 응우옌반호아는 그전에도 줄곧 관계를 가져온 것으로 드러났다. 이 문건에서는 여성과 간부(姦夫)에게 교수형이 건의되었다.[103]

---

103) 阮朝硃本, National Archives No.1, Hanoi.

물론 이런 법이 쟈딘에서만 적용된 건 아니었다. 같은 자료에서는 이 사안을 판결하는 선례를 그 전해에 중부베트남 꽝찌(Quảng Trị 廣治) 성에서 있었던 유사한 간통 사건에서 찾았다. 그곳에서도 남편과 자녀가 있는 여성이 간음하여 아이를 가진 사건이 소개되고 있으며 역시 적용된 징벌은 교수형이었다. 단지 이때 여성에 대해서는 아이 낳기를 기다려 형을 집행하고 태어난 아이는 간부의 친족에게 양육을 맡기는 것으로 되어 있으며 이 전례는 빈롱 여성 후인 씨에게도 적용되었다.

그런데 필자가 보기에 꽝찌 여성보다 빈롱 여성의 사통은 훨씬 대담하고 적극적이다. 꽝찌의 간통 사건에서는 남편이 무엇을 하는 사람이었는지 드러나지 않고 단지 간통한 여성은 남편과 아들이 있었다고만 되어 있다. 이에 반해서 남부 여인의 경우에는 남편이 병정이었음이 명확하고 캄보디아에 복무하러 갔다가 돌아왔다고 했다. 간통은 남편이 집을 비운 사이에 벌어졌다. 그러나 이때 임신이 되었기 때문에 간통이 드러났을 뿐이지 취조 결과 그 이전부터 사통이 있어 왔음을 자백했다는 걸 보면 남편이 집에 있을 때 이미 관계는 시작이 되었을 가능성이 높다. 게다가 이 여성은 아이를 셋이나 두었다. 꽝찌 여성처럼 아이 하나만 낳은 여성(베트남인들 사이에는 첫아이를 낳은 여성의 성적 매력이 최고의 것으로 간주되는 경우가 종종 있다. 그래서 이들이 여색을 탐하는 남성들의 지극한 관심 대상이 되는 경우가 많다)이었음과는 달리 아이를 셋이나 생산한 여성인 것이다.

여성의 사통은 상대인 남성이 있어야 가능할 터였다. 황제는 적절하게 짝을 맞추어 주고 있다. "요즘 나는 그들 [쟈딘 남자들]이 아편을 피우고, 떠들썩하게 춤을 추며, 노름하고, 언쟁하며 잔포(殘暴)함을 즐긴다고 들었다. 이런 습속은 필연적으로 도둑질이나 강도짓으로 이어진다. 부녀들은 음탕하며 행동은 더욱 역겹다. 남편들이 이미 방종하니 어떻게 아내의 정절을 요구할 수 있겠는가?"104)

남부베트남에서 매춘산업도 성했다. 새로운 땅에는 남성이 많게 마련이며 짝이 없는 남성들을 겨냥한 여성(女性, female sex) 판매가 나타나는 건 필연적이었다. 베트남인들이 사이공 주변과 메콩 유역을 지배하에 두던 초기에 이곳은 캄보디아와의 전쟁으로 인해 군인들로 북적였다. 이러한 현상은 베트남인이 중부로 진입했을 때도 마찬가지였을 것이지만 남부에서는 매춘이 발전한 몇 가지 이유가 더 있었다.

베트남 군인뿐만 아니라 이 지역에는 17세기 후반 중국인 남성들의 대규모 이주가 있었음도 기억할 필요가 있다. 이들이 토지를 개간하고 무역을 발전시키면서 남부베트남은 '돈이 도는' 사회로 급속히 발전했다. 여성을 사는 구매력도 커졌다.

그리고 이곳에서는 19세기 초반까지도 매춘이 여성들에게 괜찮은 직업 중의 하나로 받아들여졌을 수도 있다. 핀레이슨이 "금전적 고려에 의해서 아버지는 딸을 이방인 또는 방문자의 품에 안길 수 있"다고 한 것은 이런 분위기의 반영이라고 볼 수 있다. '금전적 고려'가 반드시 절대 빈곤에서 비롯되는 건 아니었다. 토지가 비옥하고 풍요로운 쟈딘에서 생존을 위해 매춘을 하거나 딸 또는 누이를 파는 경우는 있을 수 없었다. 매춘은 단지 농사나 장사보다 좀 더 손쉬운 방법으로 더 수지맞는 수입을 올리기 위한 수단이었을 뿐이다.

때문에 중앙 조정의 간섭이 시작되기 이전까지 남부에서 매춘 행위가 크게 문제가 된 적은 없다. 오히려 매춘업은 남부베트남 사람들에게 너무 익숙해서 남부의 통치기관 가정성총진의 고위 관리였던 쩐녓빈 (Trần Nhật Vĩnh 陳日永) 같은 이는 매춘 사업에 간여하기도 했었다. 이

---

104) *Minh-Mệnh Chính-yếu* (明命政要). Uỷ Ban Dịch Thuật Phủ Quốc Vụ Khanh đặc-trách văn-hóa (trans.) (Saigon, 1972-1974), 13:19a.

사실이 중앙 조정에서 파견된 관리에게 발견되어 탄핵을 당했지만 그는 총진관 레반주엣의 비호 속에서 관직에 줄곧 머물러 있을 수 있었다(Choi 2004: 84-85). 이외에도 쟈딘 정권(1788-1802) 치하 남부에서는 군대를 따라다니던 여성들의 무리가 있었고(『寔錄』1, 4:15a, 10:24b) 묘당(廟堂)에는 남부의 습속을 따라 여성 기예인과 배우들을 두었다고 하는데(『列傳初集』, 2:9a), 매춘의 의혹이 짙은 이 여성들은 중부 또는 북부 사람들에게 괴이하게 보이던 존재들이었을 것이다.

　쟈딘의 매춘 여성들은 프랑스가 남부베트남을 점령하고 바야흐로 남부베트남(코친차이나)이 다시 베트남 전역을 정복하는 기지가 되면서, 또 세계 경제의 주요 중심지가 되면서 최전성기를 맞게 된다. 통상 '프랑스 엄마' 혹은 '서양 [사람] 엄마(mẹ Tây)'라고 불리게 된 프랑스인 현지처, 정부, 창녀들은 훈련된 통역 요원만큼이나, 어떨 때는 그보다 더 강력하게 베트남 현지인과 프랑스인들 사이의 중계자 역할을 하는 "새로운 사회 집단(new social group)"이 되었다.[105]

고결한 여성상

고결한 여성들은 남부의 음탕한 여성들이 성장하고 활동한 토양 위에서 배출되었다. 남부의 고결한 여인들은 대략 네 부류로 나눌 수 있다. 첫째는 왕실 일원으로서 고매한 인격과 덕성으로 칭송받던 여성들이다. 두 번째는 국가 위난 시 재물을 기부해 사람들에게 도움을 준 여성, 그리고 세 번째는 대불항쟁에 직접 참여한 여성이다. 네 번째는 남편을

---

105) Alexander Barton Woodside, *Community and Revolution in Modern Vietnam* (Boston: Houghton Mifflin, 1976), p. 10.

위해 희생했거나 정절을 지킨 여성들이다.

민망 황제의 첫 아내 호티호아를 비롯해서 티에우찌 황제의 정비 팜티항, 바오다이 황제의 황비 응우옌티란까지 남부 출신의 여성은 모두 대지주 집안 출신이다. 특히 팜티항의 부친 팜당훙은 딘뜨엉 성 고꽁의 대지주였다. 북, 중부에서는 대규모의 토지 소유자가 그리 흔하지 않은 데다 떠이썬 군에 의해서 많은 지주들이 살해되었고 가정이 파괴되었다. 반면에 남부의 지주층은 내전 시기에도 온전했다. 19세기에 들어서는 사전 소유가 보장되고 사적 토지 개간 및 집적이 권장되는 정책 아래서 이들의 성장은 더욱 촉진되었다. 유명한 황후들은 바로 이런 남부의 대지주 집안 출신들이었다.

쟈딘의 여성이 황태자비로 선택되곤 했던 가장 기본적인 이유는 정치적 고려였다. 남부베트남은 흔히 '용흥지지(龍興之地)'라고 칭해지듯 황제를 만들어낸 땅으로서 수많은 개국공신이 존재했다. 이들과의 제휴를 위해서도 남부 출신 황태자비를 선택할 가능성이 높은 건 당연했다. 그럼에도 불구하고 응우옌 왕조 황제의 여성들 중 잘 알려진 22명의 출신 지역을 놓고 보면 4명만이 남부베트남 사람이었다(Thi Long 2001). 이것만 보면 남부베트남 여성의 궁중 내 영향력은 높았던 것 같지 않다. 22명 중 북부 여성은 거의 무시해도 좋을 숫자이며 다수는 중부 출신이었다. 전반적으로 보면 이는 과거 남북 분립 시기의 남부 즉 당쫑 내에서 행해지던 왕실 혼인 전통이 유지된 것이라고도 할 수 있다. 단지 19세기 새 왕조가 들어서 남부 여성의 황실 진입이 시작되었을 뿐이다.

남부의 여성이 황태자비가 될 수 있었던 데는 경제력을 기반으로 한 교육 수혜 기회, 대규모의 살림살이를 경험하는 가운데 형성된 안목과 교양도 한몫했던 것 같다. 뜨득 황제의 모친은 어린 나이에 어머니를 여의고 혼자서 집안일을 관장하며 성장했다는 여성이다. 남프엉 황후는 남부베트남 고꽁의 대지주 집안 출신이었다. 그녀가 황태자비로 간택된 데에는 이 여인이 미모뿐만 아니라 프랑스 유학까지 포함해서 당시 여성으로서는 최고 교육 과정을 이수한 여성이었다는 점이 크게 고려되었다.

민망 시기였다면 분명 쩐티싸인은 음탕한 여성의 범주에 들어갔을 것이다. 그러나 그녀는 쯔엉딘의 둔전 개척에 재정적 후원자였으며 대불항쟁 시기에는 자기 소유의 많은 토지를 처분하고 재물을 희사해서 항전군의 활동을 도운 공헌자로 남았다. 열녀 되기를 거부한 대신 충신(또는 애국자)이 된 셈이다.

남부베트남 여성 특유의 장거리 이동 능력이 없었다면 다음과 같은 '고결한' 행동들을 발휘할 기회를 잡기 어려웠을 것이다. 항불 투쟁 과정에서 쯔엉딘을 도운 사람들 중에는 르우 아줌마(Bà Lữu)로 불리던 여성이 있었다. 이 여성은 당시 프랑스군이 점령한 고꽁 중심지에 잠입해서 정보를 수집하기도 하고, 남부 각지를 돌며 재력가들로부터 자금을 끌어 모으기도 했으며 남부 항전 세력 간의 연락 업무를 담당하기도 했다(Việt Cúc 1969: 16-17). 또한 1850년대 지방관의 농간으로 곤경에 빠진 남편을 위해서 바닷길을 통해 수도 후에(Huế)까지 장거리를 왕래하며 대담하게도 황제에게 직접 탄원해 남편을 구해냈다는 응우옌티똔(Nguyễn Thị Tòn)이라는 여성은 그 정성이 황제를 감동시킨 것으로 유명하다(Hùynh Minh 1966: 78).

리뷰

음탕하기도 하고 고결하기도 한 남부의 여성상은 지배 집단에 의해서 가해지던 일방적인 낙인찍기였다. 남부 여인상의 변화는 쟈딘의 정치적 변화와 관련이 있었을 뿐이지 쟈딘 여성의 속성이 변한 건 아니었다. '음탕한' 남부가 10여 년 사이에 '고결한 남부'로 완전히 바뀌었을 리는 없다. 음탕함과 고결함은 공존했을 것이며 강조되던 모습만이 정치적 상황에 따라 달라졌을 뿐이라고 생각된다.

하지만 분명 그런 낙인의 근거가 되는 요소들은 있었다. 민망 황제는 남부베트남 여성들이 음탕하다고 했지만 음탕함의 근원이 되는 여러 요소들은 결국 여성의 높은 경제적 지위, 활발한 경제 활동, 그리고 남부 사회의 개방성 내지는 경제적 역동성의 반영이었을 뿐이다.

우선 들 수 있는 건 개척 시대를 거치면서 형성된 자립적 여성상이다. 북, 중부와는 달리 촌락공동체에의 의존도가 훨씬 낮고, 대신 가족이 기본 단위가 된 사회에서 가정 경제의 기초는 부부일 수밖에 없었다. 아내의 유고 시 남편이 재혼하는 것이야 말할 필요도 없지만 반대의 경우도 거의 윤리적 구속을 받지 않은 듯하다. 종종 여성들은 경제력을 바탕으로 일종의 '남성 구매'로까지도 해석될 수 있는 적극적 재혼 양상을 보이기도 했다.

음탕하다고 표현되는 남녀 관계는 빈번한 접촉 기회와도 관계가 있었다. 남부베트남에서 일반적인 교통 수단은 배였기 때문에 여성의 이동 거리, 활동 반경은 북, 중부 여성에 비해서 훨씬 길고 넓었다. 19세기에 들어 쟈딘이 베트남 전체 경제에 영향을 미치게 되고 19세기 중반으로 향하면서 베트남 상인층의 성장이 현저해지는 가운데 남부베트남 여성의 교역 참여 역시 활발해졌다. 집 바깥에서, 그리고 집에서 멀리 떨어진 곳(심지어 외국)에서의 활동이 늘어난 사회에서 여성의 남성 접촉 가능성이 높아졌음은 짐작하기 어렵지 않다.

좀 더 구체적인 '음탕함'의 면모는 19세기 남부의 간통이나 매춘 현황이다. 법에서는 간통을 엄격하게 다스리고 있음을 보았다. 하지만 외부의 관찰자들은 남녀 간의 사통이라는 것이 그다지 엄격한 사회적 경계 대상이 아니었음을 암시하고 있다. 군인이나 독신남들이 많던 남부에서 매춘에 대한 수요가 많았음은 당연하다. 매춘은 하나의 자연스러운 직업으로 자리잡고 있었다.

19세기에 들어서서 시작되던 남부 경제의 약진은 여성들의 경제 활동을 부각시켰고, 중앙 조정의 눈에 음탕하게 비추어지는 여성들이 많아졌다. '고결한' 여성들도 알고 보면 여성들의 활발한 경제 활동이나 높은 경제적 지위에서 탄생한 존재들이다. 황실에 진출하여 이름을 남긴 남부 여성들은 남부베트남 사회를 주도하고 베트남 전체의 경제를 떠받치며, 베트남의 중앙 정치에까지 영향을 미치던 남부 지주 집안 출신이었다. 이들 역시 19세기 약동하는 남부경제의 산물이었다. 그렇다면, '음탕함'은 결국 역동성의 굴절된 이미지였을 뿐이다.

제5장
사인과 문학

남부베트남에서는 19세기 중반부터 시작된 대불항쟁에서 유사(儒士)들의 역할이 두드러졌다. 유사는 '뇨씨(nho sĩ)'로 발음되는 베트남의 유가 지식인층이었다. 그들은 농민들을 전쟁터로 끌고 들어갔다. 지식인들이 백성을 전쟁에 동원하는 일은 역사 속에서 늘 있어 왔다. 글자를 아는 사람들은 필요하다고 생각되는 경우 무력 투쟁의 명분을 만들어내는 데 앞장섰다. 그리고 종종 직접 싸움의 대열 맨 앞에 서기도 했다. 일단 투쟁의 명분이 명확해지면 동원될 대상이 필요하다. 대상의 대다수는 농민들이었다. 그런데 19세기 중반 베트남에서 유사들이 농민을 동원하는 방식은 반드시 전통적이었다고는 할 수 없었다. 새로운 양상이 주목된다. 이전에는 볼 수 없었던 수단이 활용되는 게 19세기 중반 남부베트남에서였다. 그 수단은 문학이었다.

이는 중, 북부 베트남에서의 추이와 달랐다. 프랑스와의 싸움이 시작되었을 때 북부 유사들의 태도는 어땠을까? 프랑스·스페인 연합 해군이 기독교 박해 문제를 구실로 1858년 다낭을 공격했다. 이 공격이 여의치 않자 그들은 기수를 남부로 돌려 사이공을 공격했다. 이때부터 시작해서 세기말에 이르기까지 북부 홍하 델타를 중심으로 유학자들이 반불 운동에서 특별한 역할을 한 사례는 보이지 않는다. 오히려, 1854년에 있었던 까오바꽛(Cao Bá Quát 高伯适)의 반란은 문학적 재능으로 널리 알려진 현직 관료 까오바꽛이 주도적 역할을 한 사건이었다. 1862년에 따반풍(Tạ Văn Phụng 謝文奉)은 레 왕조 부흥을 명분으로 반란을 일으켰다. 두 사건 모두 후에 조정에 대한 북부 사인들의 깊은 불만에 그 원인이 있었다고 할 수 있겠다. 응우옌 조정은 건국 초기부터 적극적으로 북부의 사인들을 포섭하려 했고 과거제도를 통해 조정에 진출한 북부 사람도 많았다. 그러나 반랑국 이래 늘 중심부의 위치에서 나라를 지배해 오다가 응우옌 왕조에 들어 지방민으로 전락한 탕롱 사람들의 심리가 정리되는 데는 더 많은 시간이 필요했다. 이들은 응우옌 왕조 건국 이후 탕롱(Thăng Long 昇龍) 사람에서 하노이(河內) 사람이 되었다. 후에 조정의 역량을 시험하는 프랑스의 공격 앞에서 북부 사인의 태도는 다소 애매했다고 할 수 있다.106) 황궁을 탈출한 함의(咸宜 Hàm Nghi 함응이) 황제가 반포한 근왕조서에 응하여 항불 의병을 일으킨 사람들은 주로 중부 지역의 전·현직 관료들이었다. 중부에서 일어난 근왕운동은 촉매제가 한문으로 쓰여진 근왕의 조서였다.

   이에 비해 남부베트남에서는 항불 투쟁에 문학이 활용되며 그 문학도 한문학이 아니라 베트남 고유의 쯔놈(chữ nôm 字喃) 문학이었다.

   프랑스가 들어오기 전 남부의 지식인이 주로 종사하던 분야는 교육과 행정이었다. 이는 특별해 보이지 않는다. 전통 시대 유가 지식인이 지배하던 사회 즉 조선, 중국, 베트남에서 그 유사들의 주된 업무는 이 두 가지였다. 유교 사회에서만 이러했던 건 아니었다. 이슬람 국가든 불교 국가든, 아니면 기독교 국가에서든 지식인의 역할은 크게 보아 이 범주 안에 들어 있었다고 할 수 있다.

   그런데 베트남에서는 교육과 행정만이 아니라 의술 방면에도 지식

---

106) 북부 사인의 태도에 대해서는 졸고 「까오바꽛(Cao Bá Quát 高伯适)의 반란(1854) 원인에 대한 일 고찰」(『동남아시아연구』 14권 2호, 2004).

인의 역할이 두드러졌다. 사람의 몸을 치료하는 의술은 그 중요성에도 불구하고 지식인의 활동 영역이 아니라 기능인의 영역으로 간주되었던 게 유교문화권에서의 일반적인 경향이었다. 하지만 베트남에서는, 특히 남부베트남에서는 의술이 사인의 기능으로 간주되었다. 사인이라면 기초적인 의학 지식을 갖고 있어야 한다는 정도를 넘어 사인이 의료 업무에 종사할 수 있다는 사회적 합의가 이루어졌다는 말이다.

교육과 의술만을 놓고 보자면 남부베트남의 지식인들은 사람들의 의식과 신체 두 방면을 다 관리하고 있었다고 말할 수 있겠다. 민망 시기부터 현(縣) 단위까지 확대된 교육 기관의 관리자로서, 그 이하 촌락 단위로 광범위하게 설립된 사교육 기관의 운영자로서 사인들은 남부베트남 농민을 지배하는 계층으로 성장했다. '터이(thày)'는 스승 또는 선생님을 뜻하는 말인데 '터이 투옥(thày thuốc)'은 약(thuốc)을 다루는 선생님(thày)으로서 의원을 의미했다. 기초적 의학 지식을 갖고 약방문(藥方文)을 쓰는 정도가 아니라 직접 약을 관리하고 조제하는 기능을 갖되 의원 또는 의생이 아니라 스승이었던 것이다. 직업이 덜 분화되었다고도 할 수 있고 의원의 격이 높았다고도 할 수 있으며 스승의 역할 범위가 넓었다고도 할 수 있겠다. 이 때문에 사람들의 정신과 육체를 동시에 관장하는 존재로서 남부베트남에서 유사들의 사회적 영향력은 컸다. 이들 유사층은 중앙 조정과 촌락민 사이에 서서 다양한 형태로 항불운동을 이끌 수 있었다. 저항운동은 1859년부터 사이공과 메콩 델타에서 시작되어 1870년대까지 지속되었다.

남부베트남에서의 대불투쟁이 1870년대까지 이어졌느냐 하는 데는 이론의 여지가 있다. 맥레오드에 의하면 "1859년 2월 17일에 쟈딘 성(城)[사이공 성]이 함락되자마자 후에 조정은 남부인들로 하여금 의용

군을 조직하여 조정군을 지원하도록 했다."고 했다.107) 이는 일반적으로 받아들여지는 견해이다. 그런데 맥레오드는 남부베트남 의병의 활동이 1868년에 종결되는 것으로 간주하고 있다(p. 62). 사이공 성이 함락된 이후 프랑스군은 남부베트남의 6개 성(省)(비엔호아, 쟈딘, 딘뜨엉, 빈롱, 안쟝, 하띠엔) 중 동쪽에 위치한 3개 성 비엔호아, 쟈딘, 딘뜨엉을 먼저 장악했다. 이 지역에 대한 프랑스의 지배권을 인정하게 된 게 제1차 사이공조약(1862)이었다. 이후 서쪽의 나머지 3개 성 빈롱, 안쟝, 하띠엔이 프랑스 지배 지역으로 천명되는 게 제2차 사이공조약(1867)이었다. 맥레오드의 견해는 이런 변화에 근거하고 있다. 남부베트남에서 프랑스군의 작전은 1867년에 종결되었고 1868년부터는 프랑스의 본격적 지배가 시작되었다는 것이다. 그런데 대불항전 초기부터 활동했던 남부 유사 응우옌흐우후언의 거병이 1872-1874년에 있었다. 그는 1875년에 처형되었다. 남부베트남에서 대불투쟁이 종결되는 것을 이 해로 보아야 한다는 게 내 입장이다.

남부의 항전이 약 15년에 걸쳐 길게 이어질 수 있었던 이유는 무엇이었을까? 항전의 지도자들이 유난히 중앙 조정에 충성스러워서였을까, 아니면 프랑스군이 사이공에 집결해 있었던 관계로 베트남인 사이에 더 많은 적대감을 야기했기 때문이었을까? 아니면 신의(信義 tín nghĩa 띤응이아), 직정(直情 trực tính 쯕띤 쪽면 또는 lòng thẳng 롱탕) 등의 단어로 묘사되는 남부 사람들의 독특한 성향에 그 원인을 돌려야 할까? 그럴 필요가 충분하다. 자연 지리에 영향을 받는 인성은 역사의 성격에 영향을 미친다. 이와 함께 우리는 남부베트남에 대지주가 많았다는 사실을 기억할 필요가 있다. 이들의 부가 남부 항전에서 재정적 기반이 되었다. 한

---

107) Mark W. McLeod, *The Vietnamese Response to French Intervention, 1862-1874* (New York: Praeger, 1991), pp. 61-62.

가지 요소가 더 추가된다. 뜨득 초기에 많이 건설된 남부베트남의 군사 촌락 둔전(屯田 đồn điền 돈디엔)이 항전에서 중요한 역할을 했다. 열거한 모든 조건이 합당하다. 그러나 항전의 강도와 길이를 설명하기에는 이 모든 요소가 합쳐진다 해도 충분하지 않다.

내가 주목하고자 하는 건 유사의 문학이다. 남부의 항전을 살피다 보면 우리는 문학 작품을 자주 만나게 된다. 이 문학 작품들은 당시 많이 사용되던 쯔놈으로 지어졌다. 쯔놈이란 무엇인가? 한자를 베트남화한 표기 방법이다. 이미 10세기 이전부터 사용되기 시작했고 종종 나라의 공식 표기 체제로 사용된 적이 있는 문자였다. 베트남에서 쯔놈을 이용한 창작 활동이 활발해지는 게 19세기였다. 꾸옥엄(quốc âm 國音)이라고도 칭해지는 쯔놈은 향촌의 유사뿐만 아니라 조정의 관리는 물론 황제에 이르기까지 지식층의 창작 활동에 활용되었다. 남부베트남에서도 19세기 중반에 쯔놈 창작이 활발해졌다. 대불항쟁의 배후에는 남부 유사들이 지은 쯔놈문학 작품들이 자리 잡고 있었다.

나는 쯔놈 문학작품들이 남부의 항전을 추동하고 유지하는 데 중요한 역할을 했다고 생각한다. 응우옌딘찌에우(Nguyễn Đình Chiểu 阮廷炤, 1822-1888), 판반찌(Phan Văn Trị 潘文治, 1830-1910), 판반닷(Phan Văn Đạt 潘文達, 1827-1861)과 호후언응이엡(Hồ Huân Nghiệp 胡勳業, 1824-1864), 응우옌통(Nguyễn Thông 阮通, 1827-1884)의 작품이 이 무렵 쏟아져 나왔다.

남부의 유사, 항전, 시문이 연결된 사건으로는 보쯔엉또안(Võ Trường Toản 武長纘, ?-? 18세기 후반) 묘 이장이 있었다. 보쯔엉또안은 남부 사인의 스승으로 추앙받는 인물이었다. 그의 제자들이 18세기 말 응우옌푹아인 편에 서서 떠이썬에 맞서 싸웠고 응우옌 왕조의 통치 틀을 짰다. 남부의 유사들은 사이공에 있던 그의 묘를 1865년에 벤쩨(Bến

Tre)로 옮겼다. 당시 사이공에는 프랑스군이 주둔해 있었고 벤쩨는 아직 프랑스 수중에 떨어지지 않았다. 유사들은 이곳에 보쯔엉또안의 무덤을 만들고 그 앞에 비를 세웠다. 항전의 의지를 돋우는 비문(쯔놈이 아니라 한문이지만) 내용의 일부는 다음과 같다. "[그의 제자들 중] 어떤 이들은 자신을 죽여 인을 행하고(或殺身以成仁) 어떤 이들은 한 몸의 이해를 돌아보지 않고 절의를 드러냈다(或匪躬以効節)."[108] 개인의 희생, 실천이 인과 의의 실현에 연계되어 있다.

앞서 소개한 유사들 중 문학을 통해 저항 정신을 자극하는 데 가장 현저한 역할을 했다고 내가 평가하고 싶은 인물은 응우옌딘찌에우이다. 그는 "붓으로 도적들을 친 서생(thư sinh đánh giặc bằng bút)"이라고 평가된다(Trần Văn Giàu et al. 1987: 256). '붓으로의 싸움' 중 가장 인상적인 모습은 1874년[109] 벤쩨 성 바찌 현 중앙 시장 앞 공터에서 연출되었다. 당시 응우옌딘찌에우는 항전 중 사망한 사람들을 위한 제례에 참여해 그들을 위한 헌시를 봉헌했다. 그가 쓴 건 '육성진망의사제문(六省陣亡義士祭文)'이었다. 제단 앞에는 응우옌딘찌에우가 서 있었고 광장에는 군중이 운집해 있었다. 그의 제문이 읽혀지기(또는 외워지기) 시작했다. 떨리는 목소리에 슬픔은 고조되었고 이 소경 시인의 눈에서는 눈물이 쏟아져 나왔다. 비탄의 극한에 이르러 그는 까무러치고 말았다고 한다(Thạch Phương et al. 1989: 622).

일찍이 데이빗 마는 응우옌딘찌에우의 쯔놈 서사시 '룩번띠엔'에 기술된 베트남 여인의 전통적 덕성을 통해 20세기 초반 베트남에서의 사회·정치적 변화 과정을 이해하고자 시도한 바 있다. 그에 의하면 '룩번

---

108) 2007년 2월 5일, 벤쩨 성 바찌(Ba Tri) 현 보쯔엉또안 묘비문에서 채록.
109) 이 연도는 아직 명확하게 비정되어 있지 않다. 대략 그때를 전후한 시기라고 보면 될 것이다.

띠엔'에서 강조된 정숙, 복종, 희생 등의 덕목이 정치 분야로 전이되어 나라에 대한 사랑, 당에 대한 굳건한 충성 같은 새로운 정신을 고양하는 데 이용되었다는 것이다.[110] 유사들이 강조하는 여성의 덕목이 반불투쟁의 윤리적 근가가 된다는 건 과도한 비약이다. 그러나 마의 이런 시도는 '룩번띠엔'을 통한 전통과 근대, 문학과 역사의 상호 관계에 주의를 기울이게 만드는 역할을 했다.

내가 생각하기에 '룩번띠엔'을 비롯한 19세기 중반 남부베트남에서 생산된 문학 작품들은 데이빗 마가 지적한 것보다 훨씬 직접적이고 광범한 영향력을 사이공·메콩 델타 사람들에게 행사했다. '룩번띠엔' 같은 쯔놈 작품은 이미 사회적 변화와 새로운 역사 방향을 지향하는 근대적 요소의 사례들을 담고 있었다. 숀 프레데릭은 그의 저서『활자와 권력(Print and Power)』에서 활자화된 글자가 20세기 베트남 농민들을 저항 운동에 동원하는 능력을 발휘했다고 주장한 바 있다.[111] 그런데 나는 문자의 힘과 관련된 프레데릭의 시각을 19세기 베트남 특히 남부베트남에 적용해 볼 수 있다고 생각한다. 20세기 항불, 항미투쟁에서 농민들은 나라와 민족을 위해서라는 대의명분을 위해 무기를 들었다. 그런 명분의 제일 꼭대기에는 민족주의가 앉아 있었다. 활자화된 글자가 근대의 결과물인 만큼 민족주의도 근대적이었다. 그런데 활자나 무기보다 더 근대적인 고안물이 황제(또는 왕)를 넘어서는 '나라'나 '민족'이었다. 19세기 중반부터 시작된 남부의 대불항쟁에서 우리는 '나라'를 위한 싸움에 농민들을 내모는 글자의 역할을 만날 수 있다. 한 가지 차이는

---

110) David G. Marr, *Vietnamese Tradition on Trial 1920-1945* (University of California Press, 1981), p. 251.
111) Shawn Frederick McHale, *Print and Power: Confucianism, Communism, and Buddhism in the Making of Modern Vietnam* (University of Hawaii Press, 2004), pp. 128-138.

있었다. 20세기에는 서구의 발명품인 인쇄기에 힘입어 눈과 귀를 통해 글자가 농민의 마음으로 파고들었다. 이에 비해 19세기 남끼에서 글자는 노래에 실려 농민의 마음 안으로 들어갔다.

싸우기와 글쓰기

1830년대에 새로운 세대의 지식인층이 남부 사회에서 등장했다. 이들 유사들은 이전 시대의 지식인과 다른 점이 많았다. 그들은 윤리적 이념의 지향점이 훨씬 단일화되어 있었다. 그리고 신세대의 지식인들은 종족적으로 단일한 베트남인이라는 의식을 공유하는 경향이 강했다. 이런 변화상을 나는 이전 연구서에서 논한 바가 있다.[112] 새로운 지식인들은 촌락민에게 더 접근해 있었다. 나와 유사한 생각을 갖고 있는 까오뜨 타인은 일찍이 이런 변화를 두고 '개조'라고 표현한 적이 있다. 그에 의하면 "평민 유사"(nho sĩ bình dân)나 "유사로되 유사가 아니고 유사가 아니로되 유사"(nho sĩ mà không nho sĩ không nho sĩ mà nho sĩ, 儒而不儒, 不儒而儒)라는 개념이 남부베트남에서 보편화되는 경향이 있었으며 그 시기는 1830년대 초반이었다는 것이다.[113]

유사들은 대부분 학위(거인 또는 수재) 취득자였다. 정부 조직에서 그들의 지위는 상대적으로 낮았지만 1830년대 초반 학위 취득자 및 지원자들의 숫자는 민망 황제의 '남부 교화' 정책에 힘입어 크게 증가했다. 이 새로운 계층의 인사들이 종사하던 직종은 교육, 의료, 창작이었으며,

---

112) Choi(2004) 중 제4장 'Minh Mạng's "Cultivation"(*Giáo Hóa*) of Southerners'
113) Cao Tự Thanh, *Nho Giáo ở Gia Định* (쟈딘에서의 유교)(HCM City: Nxb. TPHCM, 1996), p. 147.

기회가 되거나 마음이 내킬 경우 조정의 관료가 되기도 했다.

반불 운동에 참여했던 남부의 유사들은 두 그룹으로 나뉠 수 있다. 하나는 지방 단위에서 일하던 조정 관리였다. 또 다른 하나는 촌락의 훈장들이었다. 응우옌통, 부이흐우응이아(Bùi Hữu Nghĩa, 1807-1872), 응우옌흐우후언은 전자에 속하고 응우옌딘찌에우, 판반찌, 판반닷, 호후언응이엡은 후자 그룹에 속했다. 응우옌딘찌에우만 제외하고 이들은 모두 저항군을 이끌었거나 적어도 반불 군사집단에서 활동했다. 그들 중에서 부이흐우응이아, 응우옌흐우후언, 판반닷, 호후언응이엡은 프랑스군에 체포되어 처형되었다.

이들 가운데 첫 번째 그룹에 속한 응우옌흐우후언은 민망 황제의 남부 개혁 이후 출현한 신세대의 전형이라 할 만하다. 메콩 델타에 위치한 현 띠엔쟝 성(1830년대에는 딘뜨엉 성)의 쩌가오(Chợ Gạo) 출신이었던 그는 향시에 수석으로 합격한 바 있다고 해서(1852) 투코아후언(Thủ Khoa Huân, 首科勳)이라고도 불린다. 이후 후언은 딘뜨엉 성 건안부(建安府)의 교육 업무를 담당하는 교수(教授)로 임명되었다. 프랑스군이 남부베트남으로 들어오자 그는 의군을 조직하는 데 앞장섰다가 체포되었다. 이후 석방되었으나 또 의군을 조직했다. 또 체포되어 해외로 유배되었다. 그의 '열전'에 따르면 후언은 7년 동안 해외로 유배되었다고 하는데(海外流謫七年), 그의 유배지는 아프리카의 레위니옹 섬 혹은 중남미의 까이엔느였다고 한다. 두 장소 모두 프랑스가 만들어 놓은 악명 높은 수용소가 있었다. 그는 해배된 후에 사이공에서 보호 연금 상태에 있었으나 탈출해 3,000의 의군을 규합했다. 그러다가 또 붙잡혀 1875년 백여 명의 의군 지도자들과 함께 처형되었다.[114]

---

114) 이 과정에 대해서는 최병욱 『베트남 근현대사』(2016), pp. 88-90, 95; 『列傳二集』, 41:18b.

판반닷은 두 번째 그룹에 속한 인물로서 1848년에 향시의 전 과장 즉 경서(經書), 제표(制表), 시부(詩賦), 책문(策文) 시험을 통과한 거인(擧人)이었다. 그는 딘뜨엉 성 신성(新盛 편타인 Tân Thạnh) 사람으로서 관직에 흥미를 갖지 않고 촌락의 서당 선생으로 살았는데, 프랑스와의 싸움이 시작되자 의군을 이끌었다가 1860년 체포되어 처형되었다. 판반닷에게 뜨득 황제는 긴 글을 써서 공적을 칭찬했다. 그가 나라의 녹을 먹는 사람이 아니었다는 사실에 황제는 감명을 받은 듯하다(『列傳二集』, 41:14b-15a).

응우옌딘찌에우는 판반닷처럼 서당 훈장이었다. 우선 그의 주요 이력을 정리해 보겠다. 출생 장소와 시기, 성장, 교육, 가족 관계를 볼 때 그 역시 민망 황제가 남부베트남을 직접 지배지로 편입시킨 후에 태어나거나 교육받고 활동하던 신세대 유사였다.

응우옌딘찌에우는 사이공 근처에서 태어났다. 그의 부친 응우옌딘후이(Nguyễn Đình Huy)는 레반주옛이 가정성총진관으로 재직할 당시 서리(書吏, 정8품)로 근무한 바 있다. 이 시절 그는 남부 여성과 결혼했다. 레반주옛이 총진관으로 임명되던 1824년부터 사이공에 있었던 후이는 레반코이의 반란이 일어나자 가족(응우옌딘찌에우 포함)을 데리고 수도 후에로 피신했다. 그런데 훗날 이것이 '도주'로 간주되어 후이는 관직을 잃었다. 응우옌딘후이는 사이공으로 다시 돌아와 살았다. 성장한 응우옌딘찌에우는 1843년 향시에서 수재(秀才)가 되었다. 수재는 당시 과장 네 개에서 세 개를 통과한 사람에게 주는 학위로서 거인과 함께 중앙의 회시에 응할 수 있는 자격이 있었다.

몇 년 뒤 응우옌딘찌에우는 회시를 치르기 위해 수도 후에로 갔다. 그러나 거기서 모친이 사망했다는 소식을 들었다. 사이공으로 돌아오는 도중(1848) 눈에 질환이 생겼으나 제대로 치료하지 못해서 눈이 멀었다. 1849년부터 그는 사이공에서 서당을 열고 의원 일을 겸하면서 생계를 이어나갔다. 그는 한 학생의 누이인 레티디엔(Lê Thị Điền)과 결혼했다. 프랑스군이 사이공을 점령하자 응우옌딘찌에우는 껀주옥(Cần Giuộc)으로 피신했다. 이곳은 처가가 있는 곳으로 쩌런과 가까웠다. 프랑스가 동부 3성을 정복하자 그는 벤쩨로 이주했다. 이곳에서 그는 쯔엉딘의 의군과 협조하면서 시문을 통한 투쟁을 전개했다. 예를 들자면 '서양인을 치기 위한 의병을 부르는 격문'(Hịch kêu gọi nghĩa binh đánh Tây)(1862)이 그것이다.[115] 1870년대 남부의 항전이 종결되자 그는 은둔하다가 1888년 사망했다.

'룩번띠엔' 창작

'룩번띠엔'의 창작 연대는 명확하게 확인되지 않고 있다. 일반적으로 이 작품은 응우옌딘찌에우가 후에에서 사이공으로 돌아온 후로부터 프랑스군이 들어오기 이전 사이에 세상에 나온 것으로 이해된다.[116] 그런데 응우옌꽝빈의 주장은 좀 더 구체적이다. 그에 의하면 '룩번띠엔'은 1850년대 초에 쓰였으며 응우옌딘찌에우가 학생들을 위한 교재로 사용했다고 한다. 이 과정에서 필사본이 돌기 시작했고 내용과 형태에서 조금씩 차이가 나는 여러 버전이 만들어졌다는 것이다. "룩번띠엔은 문학적 창작물인 동시에 입에서 입으로 전해지는 시문의 형태를 띤 사회, 역사 소

---

115) Nguyễn Thị Thanh Xuân et al., *Sài Gòn Gia Định qua Thơ Văn Xưa* (옛 시문을 통해 보는 사이공과 쟈딘)(HCM City: Nxb. TPHCM, 1987), p. 307.
116) Phan Văn Hùm, "Tiểu Sử Đồ Chiểu"(찌에우 선생 소사), Nguyễn Ngọc Thiện(ed.), *Nguyễn Đình Chiểu, về Tác Giả và Tác Phẩm* (응우옌딘찌에우, 작가와 작품에 대해서)(Hanoi: Nxb. Giáo Dục, 2001), p. 26.

설로 간주될 수 있다."117)는 것이 응우옌꽝빈의 주장이다.

　이 서사시의 주인공은 룩번띠엔(Lục Vân Tiên 陸雲僊)과 응우옛응아(Nguyệt Nga 月娥)다. 룩번띠엔은 촌락의 서당에서 교육받은 젊은이고 응우옛응아는 시문과 서화에도 능한 매력적인 여성이었다. 그녀는 결혼을 약속한 룩번띠엔에게 굳은 절개를 과시하며, 아버지에게 효도하고 왕의 명령에 충실한 여성으로 묘사된다.

　'룩번띠엔'의 내용은 여러 부분에서 응우옌딘찌에우 자신의 삶과 중첩된다. 특히 '룩번띠엔'의 첫 장은 그러하다. 룩번띠엔은 총명한 학생이었다. 과거를 보기 위해 수도로 가는 여정에서 그는 응우옛응아를 포함한 여러 사람을 만났다. 응우옛응아와는 사랑에 빠졌다. 과거 시험장 안으로 들어가기 직전 룩번띠엔은 모친이 사망했다는 소식을 듣는다. 슬픔에 젖어 즉시 집을 향해 길을 떠났지만 도중에 눈이 멀어 역경에 처했다. 그가 만나게 되는 고통은 눈이 멀어 생긴 문제 때문이 아니었다. 믿었던 친구들에 의해서, 그리고 심지어는 원 약혼녀 보테로안(Võ Thể Loan)과 그녀 가족의 배신이 룩번띠엔을 괴롭히는 고통의 근원이었다. 비록 응우옛응아에게 마음이 흔들렸을지라도 룩번띠엔이 보테로안을 배반한 적은 없었다. 그럼에도 불구하고 작품 안에서 보테로안은 룩번띠엔과 반대편에 서게끔 설정되어 있다. 여러 어려움을 극복하는 가운데 룩번띠엔은 요정들의 도움으로 시력을 회복했다. 그리고 과거 시험에 합격했으며 고위 관료가 되었고, 적국을 쳐부수는 데 공을 세웠다. 여주인공인 응우옛응아는 온갖 위협에도 불구하고 자신의 정절을 지켰다. 그녀는 앉아서 기다리는 존재가 아니었다. 응우옌딘찌에우는 그녀

---

117) Nguyễn Quang Vinh 2001. "Truyện Thơ 'Lục Vân Tiên' với Văn Hóa Dân Gian"('룩번띠엔' 서사시와 민간문화), Nguyễn Ngọc Thiện(ed. 2001), p. 370.

를 일으켜 세워 룩번띠엔을 찾아다니는 여성으로 그려냈다. 마침내 두 사람은 다시 만났고, 대미는 행복한 혼인으로 마무리된다.

'룩번띠엔'에 대한 다양한 주석에서 베트남의 학자들이 평가하는 바를 종합해 보면, '룩번띠엔'은 남부베트남에서의 사회·경제적 변화를 반영한 최초의 쯔놈 서사시(truyện thơ)였다.[118] 여기에 나도 동의하는 바이다. 그렇다면 변화의 내용은 무엇인가를 이야기할 필요가 있다. 길게 보자면 남부베트남이 개척되고, 쟈딘-떠이썬 간의 내전을 거쳐서 이곳을 기반으로 하여 응우옌 왕조가 수립되었고, 가정성총진으로 반자치적 지위를 누리다가 중앙 조정의 직접 지배지로 편입되고, 그 과정에서 레반코이의 반란이 일어난 것 등의 정치적 사건들이 변화의 원인이며 결과들이었을 것이다.

그런데 나는 '룩번띠엔' 출현의 배경이 되는 사회·경제적 변화의 원인을 구체적으로 제시하고 싶다. 그건 민망의 조정이 남부를 직접 지배하며 진행했던 세 가지 대표적인 정책 즉 교육, 소수민족 동화, 토지 사유제의 공인이었다. 교육에 의해서 배출된 젊은이들은 기꺼이 황제의 대리인으로서 조정과 촌락 농민 사이를 매개하는 역할을 하게 되었다. 소수민족 동화 정책으로 인해 종족 간의 갈등이 심화되었으나 그건 결과적으로 베트남인의 종족적 정체성, 더 나아가 베트남 내지 다이남 (Đại Nam 大南) 제국 구성원으로서의 자각을 강화시켰다. 사적 토지 소유가 공인되었다는 건 대토지 소유를 인정하게 되었다는 의미이기도 하고 '내 땅'을 소유하는 사람들이 많아졌다는 말이기도 했다. 이 둘은 하나로 결합되어 토지에 대한 관심과 집적의 욕구가 커지는 사회 변화로 이어지는 추세였다. 땅을 향한 갈망과 사랑이 큰 사람들이 늘어나고

---

118) Trần Văn Giàu et al., *Địa Chí Long An* (롱안 지리지)(HCM City: Nxb. TPHCM, 1989), p. 455.

있었다는 이야기이다.

　사회·경제적 변화를 반영했다는 것 외에 '룩번띠엔'에서 주목되는 면모는 민족주의를 연상케 하는 '나라' 사랑이다. 이 쯔놈 서사시는 사람들로 하여금 자기들의 나라를 위해 싸우게 만들었다는 측면에서 중요한 역사적 가치를 갖는다. 이 작품은 응우옌주(Nguyễn Du 阮攸, 1765-1820)에 의해서 창작된 북부의 대표적 쯔놈 서사시 '끼에우 전(Truyện Kiều)'와 비교된다. 응우옌주의 작품은 19세기 전반기에 창작되어 1820년대부터 널리 읽혀지기 시작했다. 문학적 완결도만을 놓고 볼 때 '룩번띠엔'이 '끼에우 전'을 따라가지 못한다. 분명히, '룩번띠엔'의 내용, 문체, 주제, 룩밧(lục bát)[119]의 예술적 기교 등은 '끼에우 전'에 비해 단순하고 거칠다. 그러나 '룩번띠엔'은 지역적 사실성이 빼어나다. 표현 방식은 직설적이다. 남부인의 일상, 그들의 성격, 심리 등이 이 사실성에 근거하여 묘사되고 자신들의 땅을 수호해야 한다는 투쟁 정신이 자극된다. 그래서 '끼에우 전'은 서정적 언어와 환상적인 배경을 갖는 민족문학, 나아가 세계문학 수준의 순수문학이라면 '룩번띠엔'은 근대 애국·저항문학으로 가는 길을 연 목적문학의 전형이라 할 수 있다. 그러면서도 '룩번띠엔'은 남부인의 정감과 심리를 묵직하게 건드리는 고도의

---

[119] 6·8을 뜻한다. 시문을 짓는 기술 중의 하나인데, 우선 여섯 글자로 이루어진 행과 여덟 글자로 이루어진 행이 번갈아 배치되니 6·8이다. 그다음에는 여섯 글자로 이루어진 행 마지막 글자의 모음 소리가 여덟 글자로 이루어진 다음 행 여섯 번째 글자의 모음과 일치하게 만드는 것이다. 그리고 다시 이 행 마지막 글자의 모음은 그 다음 행 마지막 글자의 모음과 일치하게 만들어야 한다. '룩번띠엔'의 첫머리 네 개 행을 보자.
Trước đèn xem truyện Tây **Minh**
Gẫm cười hai chữ nhơn **tình** éo **le**
Hỡi ai lẳng lặng mà **nghe**
Dữ răn việc trước lành **dè** thân sau
....

문학적 질감을 내재화하고 있다.

'룩번띠엔'은 남부베트남 전역에 빠르게 퍼져나갔다. 남부베트남에서는 베트남어의 로마자 표기법인 꾸옥응으가 이미 19세기 중반부터 사용되었다. 선교사들에 의해 인쇄기가 몰래 반입되고 있던 형편이었다는 람세이의 전언을 고려한다면[120] 응우옌딘찌에우의 작품들은 이미 꾸옥응으로 번역되어 인쇄되었을 가능성도 있다. 남부인 사이에 이 작품이 큰 영향을 미치고 있음을 자각한 프랑스 식민 관료들은 '룩번띠엔'을 수집하느라 분주해지기 시작했다. 다양한 '룩번띠엔'을 놓고 연구한 프랑스 식민 정부의 학자들은 '룩번띠엔'을 프랑스어로 번역했고(1864) 이후 1880년대에는 꾸옥응으로 만들어진 판본도 출간되었다. 프랑스어판의 서문에서 가브리엘 오바레는 다음과 같이 밝히고 있다. "이 서사시 '룩번띠엔'은 남부인들 사이에 너무도 인기가 있어서 일개 어부나 사공조차 일할 때 이 시의 몇 부분을 읊조리고 있지 않은 사람이 없다."[121] 여기서 보면 오바레는 '룩번띠엔'의 위협적 측면은 언급하지 않고 대신 이 작품의 문학적 수준과 남부베트남 사람들 사이에서의 인기만을 칭찬하고 있다. 오바레는 남부베트남의 특수한 면모들이 '룩번띠엔'에 잘 융해되어 있음을 지적했다. 예를 들어 남부베트남 도처의 아름다운 자연 경관, 남부베트남 사람들 사이에 널리 퍼진 종교적 신실성 등이 그것이다. 엉뚱하게도 오바레는 이러한 요소들이 남부베트남 사람들을 기독교도로 개종하는 데 유리하게 작용할 것이라 여기고 있다(Ibid.). 그러나 내가 보기에 '룩번띠엔'이 갖고 있던 더 중요한 속성은 오바레의

---

120) Jacob Ramsay, *Mandarins and Martyrs, the Church and the Nguyen Dynasty in Early Nineteenth-Century Vietnam* (Stanford, University Press, 2008), pp. 127-134.

121) *Journal Asiatique*, 6, vol. 3(1864), Nguyễn Ngọc Thiện(ed. 2001), p. 623에서 재인용.

눈에 아직 잡히지 않고 있었다. 인기 뒤에 도사리고 있었던 위협성은 오바레가 지적한 '자연 경관'과 '신실성'에 있었다.

남부 애국 정서의 윤리

'룩번띠엔'[122]의 내용은 19세기 남부베트남에서 바람직하다고 여겨지던 덕성으로 가득차 있다. 충, 효, 정절, 우정, 신의, 그리고 특히 나라 사랑이 그것이다.

이 작품은 다음과 같은 유명한 구절로 초반 이야기가 시작된다. 6·8의 운율을 주의해서 보자.

당신이 남자라면, 충과 효를 우선에 둘 것이고, 여자라면 절행(節行)을 자기의 무엇보다 우선하는 구절로 삼아야 할 것이다."(Trai thời trung hiếu làm **đầu**, Gái thời tiết hạnh là **câu** trau mình. 짜이 터이 쭝 히에우 람 **더우**, 가이 터이 띠엣 하인 라 **꺼우** 짜우 민)

이 시문에 더해 응우옌딘찌에우는 '즈엉뜨하머우(Dương Từ Hà Mậu, 揚徐荷茂, 1850년대 작품)'[123] '껀주옥 장사 제문(Văn Tế Tướng Sĩ Cần Giuộc, 1862)' '쯔엉딘 제문(Văn Tế Trường Định, 1864)' '판똥을 조

---
122) 이 글에서 사용된 작품은 Tuấn Thành·Anh Vũ (ed.), *Nguyễn Đình Chiểu, Tác Phẩm và Lời Bình* (응우옌딘찌에우, 작품과 평론)(Hanoi: Nxb. Văn Học, 2005)에 실린 번역본이다. 쯔놈 원본은 컴퓨터를 이용한 변환이 불가능하여 번역본만 소개한다. '룩번띠엔'을 함께 읽으며(2007년 겨울, 인하대) 많은 가르침을 주었던 하노이 인문사회대 언어학과 응우옌반히에우(Nguyễn Văn Hiệu) 교수에게 감사의 마음을 전한다.
123) 불승과 기독교도 사이의 대화.

문하는 시(Thơ Điếu Phan Tòng, 1868)' '육성(六省) 의사 제문(Văn Tế Nghĩa Sĩ Lục Tỉnh, 1874?)' 및 '어초의술문답(漁樵醫術問答 Ngư Tiều Y Thuật Vấn Đáp, 1880s?)' 등을 지었다. 이 작품들 중에서 그는 여러 의군 지도자와 병사, 그리고 프랑스에 저항한 사람들을 찬양함으로써 나라에 대한 충성을 격려했고 협조자들과 기독교도를 비난했으며 심지어 왕의 태도까지도 간접적 언사로 비판하고 있다.

타인랑은 다음과 같이 말한다. "응우옌딘찌에우는 한편으로는 1820년대, 또 한편으로는 1862년 두 세대에 걸친 인물이었다. '룩번띠엔'과 '어초의술문답'은 1820년대 세대의 것이며 이외의 반불 문학 작품은 1862년 세대에 속한다."[124] 이 두 시대 중 전자는 민망 시기를 말하며 후자는 동부 3성 상실 이후 '껀주옥 의사 제문'이 지어진 해였다. 타인랑에 따르면, 1820년대의 세대는 전통적 윤리에 집착했고 1860년대 세대는 애국이라는 새로운 정신으로 무장되었다. 이 1860년대 정신이 20세기 애국문학(văn học yêu nước)의 기원으로 간주될 수 있다는 것이다 (Ibid).

그러나 이 두 가지 경향 즉 1820년대의 것과 1860년대의 것은 서로 다른 게 아니라 연속되는 하나의 흐름 선상에 있다고 보아야 한다. 충, 효, 신의 같은 유학의 가르침은 외침에 맞서 싸우는 정신의 기초였다. 남부에서 유사 계층은 1830년대 중반 이후 교육 정책이 강화되는 가운데 숫자가 늘어났다. 신유학으로 무장한 이 계층의 출현이 없었다면 광범하고 지속적인 저항은 일어날 수 없었을 것이다. 한자에 대한 지식과 현지 어휘에의 이해가 있어야만 쯔놈 문학이 발전될 수 있었다. 유가 지식인에 의해 창작된 쯔놈 문학이 유교 윤리를 담고 있음은 당연했다. 그

---

124) Thanh Lãng, "Nguyễn Đình Chiểu (1822-1888)"(응우옌딘찌에우), Nguyễn Ngọc Thiện(ed. 2001), p. 116.

리고 이 유교 이념 위에 남부성(南部性)이 덧입혀졌다. 그것이 19세기 중반 이후의 변화였다. 이에 대해서는 이미 부키에우가 적절하게 지적한 바 있다. 그에 의하면 응우옌딘찌에우가 그리는 인물들과 그들의 심리는 남부 6성의 것이었다.125)

무엇이 남부적 특성이며 심리였던가? 응우옌딘찌에우가 '룩번띠엔'을 통해 전하는 메시지 중에서 나는 두 가지를 들고 싶다. 이는 남부인의 항전에서 특징적으로 나타는 면모들이었다.

첫째는 타인에게 인의를 행하되 그 보상에 대한 기대감이 전혀 없는 정신이다. '인(仁)' 그 자체는 유교 덕목에서 가장 중요하다. 그러나 '보상에 대한 기대가 없음'은 매우 남부적이다. 이는 풍요로운 땅, 적은 인구라고 하는 지리적 특성으로부터 말미암은 덕목이었다. '룩번띠엔'의 도입부에서 저자는 룩번띠엔이 응우옛응아를 도적들의 손에서 구해내는 장면을 그렸다. 응우옛응아가 감사의 표시로 룩번띠엔을 자기 집으로 초대하자 룩번띠엔의 반응은 다음과 같았다. "만약 우리가 남을 위해 무엇인가를 했다면, 어찌 그(들)가 우리에게 보은하기를 기대할 것인가? [...] 당신은 '의[로운 일]를 보지만 행하지 않는다(kiến nghĩa bất vi 見義不爲)'는 구절을 들어보았을 것이오. 사람으로서 그러하다면 당신은 영웅이 될 수 없다오(Làm người thế ấy cũng phi anh hùng)."(pp. 13-14) 똑같은 정신은 룩번띠엔이 한 노인에게 구조되는 장면에서도 강조된다. 어부였던 이 인물은 눈이 먼 룩번띠엔을 재워주고 먹여주었다. 룩번띠엔이 고맙다고 치사를 하자 이 노인의 반응은 다음과 같았다. "[이것은 단지] 인의의 마음인데 어찌 은혜를 갚기 바라겠소(Dốc lòng

---

125) Vũ Khiêu, *Người Trí Thức Việt Nam qua Các Chặng Đường Lịch Sử* (역사의 각 노정에서 만나는 베트남 지식인들) (HCM City: Nxb. TPHCM, 1987), p. 204.

nhân nghĩa, há chờ trả ơn)?"(p. 43) 룩번띠엔을 도운 어느 나무꾼 노인은 "남을 돕고서 그 사람을 본다면[계산을 한다면] 좋을 일이 무엇인가 (Làm ơn mà lại trông người sao hay)?" (p. 48)라고 말하고 있다. 이렇듯 응우옌딘찌에우에 의해 강조되는 남부의 덕목은 대가 없는 도움 또는 대가 없는 희생이었다.

또 한 가지 '룩번띠엔'에서 강조된 덕목은 신의였다. 중국의 도덕적 가치를 공유하는 나라들에서 신의는 바람직한 덕목으로 간주되어 왔다. 흔히 말하는 유교의 오상(五常) 인(仁)·의(義)·예(禮)·지(智)·신(信) 중에서 두 개의 덕목을 합성한 신의(信義 tín nghĩa 띤응이아)는 한자 문화권 어디에서고 익숙한 어휘다. 그런데 베트남에서만 보자면 이 덕목은 남부베트남 사람들 사이에서 유난히 중요하게 여겨진다는 주장이 있다(유인선 1999: 375). 나는 이에 동의한다. 신의는 개인적 관계에서 발현되는 가치이다. 특히 고난과 역경을 통과하는 과정에서 인간의 본질적 면모가 들추어질 지경에 이를 때 신의가 시험을 받는다. 신의는 희생을 요구할 때가 종종 있기 때문이다. 촌락 공동체의 연대감이 강한 북부베트남에서는 공동체의 가치가 우선할 때가 많다. 그런데 공동체 연대감이 약하고 그 대신 개인적 인간관계가 더 중시되는 남부베트남 사회에서 신의의 가치는 훨씬 더 부각되기 마련이었다. 이민족(크메르인, 중국인, 참인 등)과의 공생, 델타와 바다가 연결되는 풍요롭지만 거칠기도 했던 자연과의 경쟁이 일상사였던 개척기의 워터 프런티어에서 살아가려면 신의는 심지어 생존의 수단일 수도 있었다.

응우옌딘찌에우가 그려내는 신의는 단순하지가 않다. 그래서 사실적이다. 통상적으로 한 이야기 속 등장인물들의 성격은 선과 악으로 양분되게 마련이다. 그런데 '룩번띠엔'에서는 겉이나 속이 모두 악인인 자들, 예를 들어 도적 떼라든지 내 나라를 위협하는 적국의 역할은 크지 않다. 선과 악, 신의가 있는 자와 없는 자가 나뉘는 건 겉으로 보기에 선한 자들 사이에서였다. 나뉘는 지점은 역경이 있는 곳이다. '룩번띠엔'에서 안티테제는 원래 양순했으나 기회 앞에서 인간의 악한 본성을 드러낸 자들이었다. 역경에 처해서도 신의를 잃지 않는 인물들이 그 반대편에 서 있다. 전자에 속한 인물로 대표적인 게 보테로안과 그녀의 아버지 보꽁(Võ Công)이었다. 또 다른 악역을 맡은 찐험(Trịnh Hâm)과 부이끼엠(Bùi Kiệm)은 원래 룩번띠엔의 벗이었다. 그러나 그들은 룩번띠엔이 눈이 멀자 해를 입히고 심지어 죽이려고까지 했다. 선한 자들 중에는 우선 응우옛응아가 있었다. 그녀는 룩번띠엔에게 끝까지 신의를 지켰다. 헌민(Hơn Minh)과 브엉뜨쪽(Vương Tử Trực)은 절대로 룩번띠엔을 배신하지 않은 친구들이었다. 띠에우동(Tiểu đồng 小童)이라 칭해지는 룩번띠엔의 어린 시종은 주인을 위해서 죽음까지도 마다하지 않는 충직한 인물로 그려진다.

이 시문의 내용이 포함한 또 다른 면모는 주인공들을 돕는 평민들의 역할이다. 안소니 리드 교수는 일찍이 19세기 북부의 호쑤언흐엉(Hồ Xuân Hương 胡春香, 1772-1822)과 응우엔주의 쯔놈 시문을 논하면서 이런 시문의 등장을 "베트남 문학의 대중화로서, 이 나라의 근대적 정체성의 많은 부분을 창조했다."고 말한 바 있다(Reid 1997: 16). 그런데 '룩번띠엔'은 쯔놈 문학의 대중화만이 아니라 이야기 속에서 그리고 역사 속에서 평민의 역할을 일반화하는 데도 공헌했다. 등장 인물인 어부, 나무꾼, 그리고 남부의 자생적 종교인 브우썬끼흐엉(Bửu Sơn Kỳ Hương 寶山奇香) 관련 신앙 공동체의 노파 등이 이런 평민들이었다. 그래서 '룩번띠엔'이 인기를 끌었던 요소 중의 하나가 평민들(nhân vật bình thường 平常人物)이 많이 등장하는 민속적 면모라는 까반틴의 지적은[126]

---

126) Ca Văn Thỉnh, "Truyền Thống Quật Cường của Nam Bộ và Việt Nam với

이미 설득력을 갖지만 평민들의 중요성은 단지 그들이 등장한다는 그 자체에 있지 않다. 그들은 이야기의 전개에서 적극적인 역할을 수행한다. 그들은 주인공을 구하고 돌보아 이야기 흐름의 중심부로 다시 돌려보낸다. 이런 역할은 응우옌딘찌에우가 만들어낸 의미 깊은 창안물이다. 즉 평민의 적극적 역할에 의해서 이야기 또는 역사가 올바른 방향으로 흐르기를 지속한다는 것이다.

  이 작품에서는 여성의 역할도 중요했다. 여주인공 응우옛응아는 두 가지 서로 다른 면모를 가진 인상적인 성격의 인물이다. 이 여성은 룩번띠엔 앞에서 자신을 '천첩(賤妾)'이라 칭할 정도로(p. 13) 스스로를 낮출 줄 알며 어떤 어려움도 견뎌내고 희생하는 가운데 룩번띠엔을 돕는다. 또 한편으로 이 여성은 룩번띠엔을 차지하기 위해서 최선을 다하는 강하고 능동적인 여인이기도 했다. 응우옌딘찌에우는 응우옛응아로 하여금 룩번띠엔의 초상화를 갖고 다니게 했다. 이 초상화는 룩번띠엔을 찾거나 또는 소유하고자 하는 목적으로 그녀가 그린 것이다. 그녀는 늘 이 초상화에 기원하고 맹세한다, 죽을 때까지 그와 함께 있겠다고. 룩번띠엔을 찾는, 그리고 룩번띠엔의 초상화와 동행하는 그녀의 여정은 퍽 길지만 열정적이다. 그녀가 룩번띠엔을 처음 만난 건 여종 하나만을 데리고 여행하던 길이었다. 이것만도 대담해 보였다. 그 뒤로 이 여성은 룩번띠엔을 다시 만날 때까지 오랜 기간 단신으로 먼 거리를 이동하는 것으로 그려진다. 이 두 가지의 특징은 결국 정절과 적극으로 요약될 수 있겠다. 전자는 유교적이며 후자는 베트남적, 더 나아가 남부적이다. 먼 거리를 혼자 여행하는 여성은 보기에 따라서는 민망 황제가 말한 바 '음

  Tinh Thần Đấu Tranh của Nguyễn Đình Chiểu"(응우옌딘찌에우의 투쟁 정신과 함께하는 남부와 베트남의 강인한 전통), Nguyễn Ngọc Thiện(ed. 2001), p. 160.

탕한' 여성과도 통한다. 그러나 '룩번띠엔'에서 장거리 이동은 덕목으로 승격되었다. 이 천성이 '음탕'으로 빠지지 않게 보강하는 장치가 유교 윤리였다. 정절과 적극의 결합은 응우옌딘찌에우가 제시한 여성상의 모범답안이었다.

응우옌딘찌에우의 작품 안에서 또 하나 우리가 주목해야 할 것은 자연이다. 그는 하늘과 땅, 물, 그리고 동식물을 사랑의 대상, 지켜야 할 대상으로 만들었다. '룩번띠엔'에서 강조되는 것은 산과 물(núi nước), 나라 또는 조국에 대한 사랑이다. 응우옌딘찌에우는 빈번하게 자연의 아름다움을 강조했다. 매혹적인 새소리, 아름다운 나무들, 화려한 꽃, 사랑스러운 나비, 잘생긴 산, 맑은 물이 등장하면서 읽는 자와 듣는 자로 하여금 자신들이 살고 있는 땅을 자랑스러워하고 사랑하게 만든다. '룩번띠엔'의 한 구절을 보자.

[…]
나서서 서둘러 먼 길을 가는데(Ra đi tách dặm băng chừng),
남풍이 봄을 데리고 여름을 넘어간다(Gió nam rày đã đưa xuân qua hè).
버드나무와 괭이나무가 서 있는 길을 다시 바라보니(Lại xem dặm liễu đường hoè),
벌들이 왱왱 소식을 전하고 멀리 매미 소리가 늘어진다(Tin ong ngơ ngáo, tiếng ve vang dầy).
흥겨움에 겨워 저기 강, 산을 바라보니(Vui xem nước nọ non nầy),
가람 위에 물결이 일고, 둘러친 돌들은 산처럼 높다(Nước sao sóng dợn, non vầy đá cao).
[…](p. 19)

나라의 아름다움을 인식하고 자부심을 갖게 되는 건 사람들로 하여금 그 나라를 위해 기꺼이 죽게 만드는 요소들 중의 하나라고 할 수 있다. 동아시아 최초의 민족주의 지도자라고 할 수 있는 호세 리잘(José Rizal, 1861-1896)의 절명시는 그 사례가 될 것이다. 일찍이 1907년에 '임종사'란 제목으로 안국선(安國善)에 의해 조선에 소개된 '나의 마지막 인사(Mi Ultimo Adios)'에는 조국 필리핀의 빛나는 아름다움에 대한 묘사가 그득하다. 우선 출간 당시의 언어로 소개해 보겠다: "余의 最愛하난 余의 본국이여 天惠에 浴하고 진주에 비하야 에덴낙원으로 思하였더니 我난 茲에 汝를 遺하고 逝하도다 참담한 我의 생명은 汝로 위하야 捨함을 喜하노라 […]." 영어번역본에 기초하여 현대어로 다시 풀어 보면 내용은 다음과 같다: "안녕, 내 사랑하는 대지여, 태양 빛이 쓰다듬는 동방 바다의 진주 같은, [그러나] 잃어버린 우리의 에덴이여, 비탄과 억압에 젖은 내 생명을 기쁜 마음으로 그대에게 바치노라 […]." 대지의 아름다움에 대한 찬사는 그것을 위한 자신의 기꺼운 희생으로 이어지고 있다. 그리고 곧 타인에게의 권유가 뒤따른다: "싸움의 분노가 가득한 전쟁터에서 [나는 죽되] 다른 이들은 그들의 생명을 고통 또는 망설임 없이 그대에게 바치리[…]."127) 자기 나라의 빛나는 아름다움에 대한 애착은 농민들을 동원해 전쟁터에 나서게 하고 나라를 위해 죽게 만드는 근대적 동기였다.

'룩번띠엔'의 중요성은 다음 세기 중후반까지 이어져서 쟈딘 사람들이 프랑스와 미군을 이겨내는 데까지도 기능했다. '룩번띠엔'의 이념이

---

127) "Farewell my adored Land, region of the sun caressed, Pearl of the Orient Sea, our Eden lost, With gladness I give you my Life, sad and repressed […] On the fields of battle, in the fury of fight, Others give you their lives without pain or hesitancy […]". 안국선의 번역과 영역시의 출전은 최원식, 『한국 계몽주의 문학사론』(서울: 소명출판사, 2002), pp. 206-207.

읽기와 듣기, 부르기를 통해 남부의 특별한 자연 조건을 형성하는 강물의 지류와 운하를 따라서 어떻게 퍼져나가고 있었는가를 보여주는 사례가 있다. 다음은 1930년대부터의 어린 시절을 다룬 전 남부베트남 민족해방전선 부사령관 응우옌티딘(Nguyễn Thị Định, 1920-1992)의 회고 일부이다.

우리 가족은 쩐[Chan, 응우옌티딘의 오빠로 당시 20여 세]이 '룩번띠엔'을 읽어주는 걸 듣기 좋아했다. 밤에 아무 할 일이 없을 때 우리는 호롱불 곁으로 모인다. 어머니는 그물 침대에 누워서 손주를 어르고, 아버지는 조그만 찻주전자를 앞에 놓고 조용히 앉아 계신다. 누이들도 옷가지를 손보면서 둘러앉으면 우리 모두는 오라버니가 유창하게 읽어나가는 이야기를 귀기울여 듣는다. 나는 글자를 배운 지 얼마 되지 않았지만 종종 오라버니를 대신해서 가족들을 위해 읽었다. 이웃들도 '룩번띠엔' 듣기를 참 좋아했다. 어디서 공연패가 와 놀고 있다는 소식이 있으면 그들은 원근을 상관하지 않고 가서 봐야 한다. 그리고는 다음 날 아침, 보트를 몰면서 이 오페라 중독자들은 새로 익힌 '룩번띠엔'의 장을 노래한다. 때문에 ['룩번띠엔'이 우리 집에서 낭송되는] 저녁이면, 오라버니나 내가 읽기를 시작하기 무섭게 이웃들이 몰려와 있다. 때때로, 응우옛응아, [룩]번띠엔, 그리고 그의 어린 종자가 사악한 이들에게 해를 입는 대목에 이르면 나도 울고 이웃들도 운다. 아버지는 가끔 머리를 끄덕이며 말하신다. "이 이야기는 사람들이 평생 지녀야 할 덕목들 - 인간애, 친절, 효도, 용기, 결단, 충성 - 을 가르치는군." 어머니는 아무 말도 하지는 않지만 이에 동의하는 듯 조용한 소리로 손주에게 들려주는 자장가 삼아 '룩번띠엔'의 몇 구절을 노래하시곤 했다.[128]

---

128) Nguyễn Thị Định, trans. by Mai Van Elliot, *No Other Road to Take*

작가가 문학 작품에 담아 가르치고 싶은 윤리 의식이 읽기와 듣기와 부르기를 통해 기층 사회에 전달되고 퍼져나가고 있는 모습을 우리는 위의 인용문에서 볼 수 있다. 사람들의 이동 수단인 물길과 선박도 '룩 번띠엔'이 제시하는 이념을 전달하는 주요 수단이었다. 이야기를 전달하는 데는 '음탕한' 여성들의 역할도 중요했으며 광대패들도 주요 매체였다. 인용문에 나오는 어린 손주는 '룩번띠엔'의 윤리를 요람에 누워 자장가로 듣는다. 호롱불 곁의 분위기와 가사 내용은 아이와 한 몸이 되어 평생을 함께할 것이다.

'룩번띠엔'이 적과 싸우는 일에서 윤리의 근원이었다면, 일련의 제문은 농민들을 전장으로 달려가게 만드는 실질적 수단이었다. 죽은 자들을 위한 문장들은 대중 앞에서 읽히고 들리면서 효과를 극대화했다. 베트남 문학사에서 응우옌딘찌에우는 최고급의 쯔놈 제문들을 창작한 사람으로 간주되어 왔다.[129] '껀주옥 의사 제문' '쯔엉딘 제문' '육성 진망 의사제문'은 적에 대항해서 싸우라는 직설적이기도 하고 우회적이기도 한 메시지로 가득하다. 특히 '껀주옥 의사 제문'은 농민들의 역할을 주목한 저항문학에서 중요한 지위에 올랐다. 까오뜨타인이 지적한 대로 "[그 이전에] 농민들은 문학 작품에 많이 등장했었다. 그러나 '껀주옥 의사 제문'에 와서야 비로소 농민들이 주역으로 그려지기 시작했다."[130]

(Southeast Asia Program Publications, Cornell University, 2000), p. 36; 최병욱(2016), pp. 103-104.

129) Trần Đại Vinh, "Thành Tựu Văn Thơ Quốc Âm Đời Nguyễn"(응우옌 시대 국음시문의 성취), Nguyễn Phong Nam(ed.) *Những Vấn Đề Lịch Sử và Văn Chương Triều Nguyễn* (응우옌 왕조 역사와 문장 문제들)(Hanoi: Nxb. Giáo Dục, 1997), p. 181.

130) Cao Tự Thanh, "Hiện Tượng Nguyễn Đình Chiều trong Văn Hóa Việt Nam"(베트남 문화 속에서 응우옌딘찌에우 현상), Nguyễn Ngọc Thiện(ed. 2001), p. 276.

다음 구절을 보자.

> 만약 우리가 이 병사들의 과거를 기억해 본다면, [그들은] 단지 살기에 바빴고 배고픈 것만 걱정했을 뿐입니다. [그들은] 말을 타는 데 익숙하지 않고 전장에 나가 본 적도 없었다오. 쟁기질하고 삽질하고 심는 데 그들의 손은 익숙했소. 그들은 칼, 창, 깃발을 훈련해 본 적도 없었지만 […] 농부가 잡초를 미워하듯 그들은 야만인들을 미워했소 […] 살아서 당신들은 적을 쳤고, 죽어서도 여전히 적을 치니 부디 당신들의 혼령이 우리 병사들을 따라주셔서 우리가 천고만고에 이르기까지도 적에게 복수하기를 원하오.131)

여기서 강조되는 건 농민의 역할만이 아니다. 그들의 혼령까지도 싸워줄 것이 요구되며 그런 싸움과 희생이 대를 이어 계속되기를 작가는 고무하고 있다. 실제 남부 농민들의 '야만인들'에 대한 반외세 투쟁은 이로부터 100여 년에 걸쳐 3-4대 동안 이어졌다.

리뷰

응우옌딘찌에우는 민망 치세에 태어나 성장한 남부 유사였다. 눈이 멀게 된 관계로 항불투쟁에 직접 나서지는 못했지만 그는 글쓰기로써 싸움에 참여했다. '룩번띠엔'은 응우옌딘찌에우의 대표적 쯔놈 시문이었

---

131) Trường Bửu Lâm, *Patterns of Vietnamese Response to Foreign Intervention: 1858-1900* (Southeast Asia Studies, Yale University. 1967), p. 68; Tuấn Thành·Anh Vũ(ed. 2005), pp. 131, 134.

다. 이 작품은 항불투쟁 과정에서 널리 읽히고 들렸다. 응우옌딘찌에우는 '룩번띠엔'의 정신을 바탕으로 하는 여러 장르의 글로써 항전을 독려했다.

이 작품이 항전기 인기를 끌게 된 건 작품에 녹아 있는 지역적 특성, 남부인의 심리, 전통과 문화에 대한 애착 때문이었다. '룩번띠엔' 같은 대중성 높은 쯔놈 문학의 출현은 남부의 유사들이 평민들의 그리고 지역민들의 일상사에 주목하고 그들의 역할을 중시하기 시작한 변화와 관련이 있다고 말할 수 있다. 지식인들은 국가의 이념을 민초들의 일상사와 결합시켰다.

남부의 유사들은 쯔놈 문학으로써 농민들을 항전의 장으로 이끌 수 있었다. 대중 동원에 성공할 수 있었던 중요한 요소로서 나는 몇 가지 특징적인 면모를 '룩번띠엔'으로부터 찾아냈다. 유교적 이념뿐만 아니라 거기에는 남부베트남적인 요소들이 포함되어 있었다. 대가를 바라지 않는 인의, 정의로운 관계와 영원한 믿음을 강조하는 신의, 평민의 역할 중시, 정절과 능동성을 겸비한 여성상, 나라 사랑이 그것이다.

지식인에 의한 문학의 지역화와 대중화는 더 광범위한 맥락에서 이해될 수도 있다. 버마, 태국, 베트남, 한국 등지에서 대중화는 보편적 현상이었다. 버마에서는 18세기 후반-19세기 전반기에 '라마야나' '자타카(本生經)' 그리고 자국의 역사 사건을 대중화하는 움직임에 힘입어 직업적인 인형극단, 가수, 음악가, 무용수의 숫자가 증가했다.[132] 태국에서는 '라마야나'를 자국화한 '라마끼엔'이 라마 1세의 관심과 주도로 창작되었다. 조선에서는 유교적 이념을 담은 판소리 여섯 마당이 유가 지식인 신재효(1812-1884)에 의해 정리되어 상층부의 윤리가 노래에 실려

---

132) Victor Liberman, *Strange Parallels Southeast Asia in Global Context, c. 800-1830* vol. one(Cambridge University Press, 2003), p. 191.

기층 사회로 확산되었다. 베트남에서는 쯔놈 문학 작품이 19세기에 대거 창조되었다. 특히 걸작이라고 할 수 있는 호쑤언흐엉과 응우옌주의 작품이 이때 탄생했다.

그런데 19세기 중반 남부베트남에서 시작된 새로운 국면은 이와 같은 변화에서 한발 더 나아간 것이었다. 남부에서는 문학이 대중 동원의 수단으로 기능하게 되었다. 그것은 20세기에 들어 베트남에서뿐만 아니라 동아시아 도처에서 약동할 민족주의 운동에서 문학이 중요한 기능을 하게 되는 현상의 선례였다. 대중 동원의 극한은 붓의 힘으로 농민들을 자극해 나라를 위해 죽기까지 싸우게 하는 것이었다. 아직 황제의 그림자는 델타의 산천에 어른거리고 있었으나 농민들이 자기를 바치는 대상은 왕에서 땅으로, 강과 산으로, 정글로, 하늘로, 나라로 옮겨가고 있었다.

첨 부

- ○는 알아보기 힘든 글자임. □는 쯔놈 표기임. 분절하여 괄호 안에 표시했음.
- 가로쓰기로 했으되 순서와 배열 방식은 원본대로 하였음. 단 편집 사정상 지면이 모자랄 경우 다음 줄로 글자들을 넘겼음.
- 띄어쓰기는 필자가 한 것임.
- .... 는 원본 매수가 넘어가는 표시.

자료1 응우옌반꾸 부부 분재기(1818)

建安府 建和縣 建盛總 寓東安村 柴裕 阮文具 夫妻等
計

一立詞相分由前前年 夫妻二命配室和諧生獲衆子 長男阮文於次男阮
文茹女子阮氏□(衤+鬼)阮氏低阮氏□(艹+不)同相造田 ○家財等物規
矩成結 立家居
須臾運 彼至玆 忽見年高七旬數等來 生死不期 嗟半○長○消慮彼
等衆子不調 請本村本族同知爲證乃立詞 相分田○ 家財分許衆子
………………

領年庚 彼等存見面口傳來筆記書云 生長男勝壹分香火
富者同兮賤也 男女同平等均分 若某子反 惡不顧親言 ○○不許分
食之內 宜廢爲他人之列 言顧行 據如文誠 行顧言 依法而行 爲此玆詞
所開田○家財各物列陳于后
一草田壹所稅三項 坐落在東安村 簿在平公西村 所田分爲陸分
置爲香火壹分 存五分均分爲分食
………………

一內所田壹頃有栳□(木+□+支)*榔 壹頃南至小溪 西至名証田 東至內
所名茹分 北至

---

* '□'안에 '支'가 있다. 앞뒤 맥락으로 보아 과수 밭을 뜻하는 쯔놈이다. 뒷 글자 '榔'
과 합쳐지면 '빈랑 밭'이 된다.

內所氏□(艹+不)分 置爲香火 歸阮文於 任食奉祀

一內所田壹頃 南至氏□(礻+鬼)氏低分 西至名茹氏□(艹+不)分 東北至次酒田, 歸阮文於分食

一內所田壹頃 西至香火分 北至內所氏□(艹+不)分 東至內所氏低分 南至小溪 由名茹有

立(木+□+支)椰壹頃 歸阮文茹分食

一內所田壹頃 南至小溪 西至內所名茹分 北至內所名於分 東至氏□(礻+鬼)分 歸阮

氏低分食

一內所田壹頃 南至小溪 西至內所氏低分 北至內所名於分 東至次酒田 歸阮氏□(礻+鬼)分食

……………………

一內所田壹頃 南至香火分 西至名証田 北至次酒田 東至內所名於分 歸氏□(艹+不)

分食

一雜家壹座參間貳廈以爲奉祀

一大銅鍋壹口

一半銅鍋壹口, 由有蓋

一銅甕唾貳口

一中土壜壹口

一大土壜壹口

……………………

一飯碗龍形參拾口

一石磁參拾口

一共各文契放債錢參百貫

一粟子五百囗(者+斗)

一奴女壹伃 名昆屋

以上自雜家壹座以至奴女壹伃總共拾壹物夫妻養老 若彼
夫妻彼運臨命故事安旬祀畢 衆子男女 同平等均分 如奴壹
伃則立詞宜放 ○奴伃爲此玆詞

……………………

本村視誠人 名○ 手記

　　　　　　名○ 點囗(指+灬)　　　　　同爲証

嘉隆拾柒年參月初捌日

　　　　　　　　　　　　　　妻 范氏貫 點囗(指+灬)
　　　　　　　　　　　　　　立詞人 阮文具 手記

本族視誠人 名書 手記

　　　　　　名○ 手記

　　　　　　名○ 手記

　　　　　　名罷 點囗(指+灬)

作詞人　　名爵 字記

자료2　1830년 토지 매매

　　建安府 建和縣 盛光總 平格村 名勝 名細 名川等

　　爲絶賣田事 由愚等父名勝有造買草田 放名謝氏理氏達分食田 各現文契幷愚等父○(母?)

　　田今成參繩 田舊租稅壹斛從參項 坐落在本村 東至內所放氏從分食田 西至內所名岐香火 南

至名寶放氏□(广+利)名壽田 北至俚綿田 肆至依然 而愚父命放留伊田 許愚等○○ 今愚等

　　絶賣伊田 許村長番夫妻實價錢壹千壹百五拾貫永爲己田 愚等不得返言回贖 若後

　　何人爭徂伊田 則愚等甘受所損各○ 爲此茲賣

　　……………………

　　証見○人　里長 府 手記
　　　　　　　鄕師 宣 手記
　　　　　　　鄕禮 寶 手記　　　同爲証
　　　　　　　守本 法 點□(指+灬)
　　　　　　　守券 論
　　　　　　　　　　　　　　　名細 點□(指+灬)
　明命拾壹年肆月初捌日立絶賣人　名勝 點□(指+灬)
　　　　　　　　　　　　　　　由年庚拾玖年
　　　　　　　　　　　　　　　名川 點□(指+灬)

鄰田人 名岐 點□(指+灬)

作文字人 名□(言+背) 記

자료3　1831년 토지 매매

建安附 建和縣 盛光總 平格村 氏口(亻+厶+小)及親子名晃夫妻 名正等

爲絶賣田事 由前年彼等 有造買草田壹項壹繩 稅
壹斛 坐落本村 此田東至彼田 西至俚然田 南至俚然田 北至
小溪 通行肆至依然 今彼等應絶賣此田 許親子 村長番
夫妻實價錢肆百貫永爲己田 若後日彼等反言 何理甘
受所損各○ 爲此玆賣
……………………

証見人　鄕師 宣 手記
　　　　該亭 ○ 手記　　同爲証

　　　　　名正 點口(指+灬)
　　　　　妻 氏實 點口(指+灬)
　　　　　親子 名晃 手記

明命拾貳年肆月初參日立賣人　　　氏口(亻+厶+小) 點口(指+灬)

　　　　　　　　　　　　　　作文契 名晃 字記

자료4 1834년 토지 매매

建安府 建和縣 盛光總 平格村 名義及子名東名燕名□(亻+隱)名○氏問等

爲絶賣田事 由彼有造買草田壹頃壹繩 坐落在本村 此田東至師宣田 西至故參永田 南至師宣名寶田 北自園槨至小江 通行肆至依然 今彼等同應絶賣伊田 許副總番夫妻 實價回錢陸百貫 永爲己田 若後日本族何人爭阻伊田 則彼等受償所損各○ 爲此玆賣
…………………

	名東 點□(指+灬)
証見人　勾魏 點□(指+灬)	名燕 手記
村長 法記	名□(亻+隱) 點□(指+灬)
明命拾五年五月初拾日　立賣人	名○ 手記
	名義 點□(指+灬)
	氏問 點□(指+灬)
	作文契本字 名○記

자료5　1839년 토지 매매

南漕義利壹幇水手○ 親妹氏正氏偶等

爲絶賣田事 緣民 內祖妣 故氏誠 有造買草田原參繩 坐落在平格村地分
今度成肆拾肆畝玖篙參尺捌寸 現著故父阮文誼分耕 此田東近嘉定
省新春村地分氏合田 西近日新村地分前氏數田 南近主買並前氏艶氏從
氏□(重+見) 名岐田 北近名寶田 肆至依然 今民等應絶賣此田 許該總番夫妻
的價回錢 貳千貳百貫 永爲己田 受納官稅 若何人爭阻此田則民等
甘受償所損各項 玆絶賣
⋯⋯⋯⋯⋯⋯⋯

　　　　　　村長 阮文魏 記
視誠人　　　役且 阮文法 點□(指+ㄨㄨ)
　　　　　　里長 吳文儠 手記

明命貳拾年參月拾陸日 立絶賣人　　　水手○ 手記
　　　　　　　　　　　　　　　　　　親妹 氏正 點□(指+ㄨㄨ)
　　　　　　　　　　　　　　　　　　親妹 氏偶 點□(指+ㄨㄨ)
　　　　　　　　　　　寫文契○ ○ 記

자료6   1843년 매매 문서

建安府 建和縣 盛光總 平格村 氏方氏賤等

爲立絶賣田事 由民等親父 乃名永夫妻 有造買原草田壹繩
坐落在本村 今度成柒畝餘 簿著從陳文番分耕 此田東西各近文
番田 南近名寶田 北近民居土並至小○ 東西肆至 各有畔爲限 今民等
應絶賣此田 許文番夫妻 是價回錢參百貫 永爲己田 若何人
爭阻此田 則民甘受所損各○ 玆絶賣
……………………

牙保人　　社長 毛 手記
　　　　　村長 本 記

　　　　　　　　　　　　　　　　外孫 氏利 點□(指+爪)

紹治參年肆月初肆日 立絶賣人

　　　　　　　　　　　　　　　　氏方 點□(指+爪)
　　　　　　　　　　　　　　　　親妹 氏賤 點□(指+爪)

　　　　　　　　　　　　　　　　作文契 名株 字記

자료7 1846년 매매 문서

建安府 建和縣 盛光總 平格村 名晃夫妻外孫名於等

爲絕賣田事 由民父母有留來 原草田壹繩坐落在本村 承度成原肆繩爲壹所貳拾柒畝餘 簿著陳文番分耕內 原民田壹繩 東西各近文番田 南近范文寶田 北近民居土 連至小○ 各有畔○爲限 肆至依然 今民等 應絕賣此田 許胞弟文番夫妻 的價錢貳百貫 永爲己田納租 若後日民等爭阻此田 甘受所損各○ 玆絕賣
……………………

證見人
紹治陸年陸月拾柒日

       妻 氏寔 點□(指+〰)
   立絕賣人 名晃 點□(指+〰)
       名於 點□(指+〰)

       作文契人 名晃 本字記

자료8 쩐반피엔 부부 분재기 1 (1857)

建安府 建和縣 盛光總 平格村 鄕主番夫妻等

爲立囑書 前定家財田土事 由民夫妻下生衆子五名氏及妾子貳名氏 有造買草田
等所坐落在本村並雙盛陽春貳村 該田參百參拾五畝零 玆民年已至 陸旬 生死
不期 恐衆子後日不和生心雀角 爰請本族立囑書 前定相分 內祀堂壹座參屋 正
堂壹間貳廈 客堂參間貳廈 廚屋參間貳廈 並家財祀器及儲器各項無幾 應
充祀堂 從香火監奉 毋須分定 內田土艮爲香火壹分 充祀堂壹分 存數干相分 許
衆子等 等其分用食 言顧行據如父敎 行顧言遵法而行 若某名氏 不遵前定 鳴
鼓而攻之 除爲人外 收其分食 充祀堂所有香火分 食田各數干在何村 東西肆近壹壹

……………………

開列于後玆囑書

嗣德拾年拾月拾陸日
　　　　　　立囑書人　鄕主 番 手記

妻 氏創 點□(指+灬)

代寫囑書 名揚 字記

....

一艮香火田 原參繩 度成壹所貳拾參畝餘 民分耕 坐落在本村 東西肆近依如簿地*

臨辰忌民夫妻　　由田粟貳百玖拾□(者+斗)

一充祠堂田 原肆繩 度成壹所貳拾柒畝餘 民分耕 坐落在本村 東西肆近 依如簿地 忌

民內祖考祖妣顯考顯妣等肆日 及民胞兄胞弟胞姉胞妹等會忌 壹期 參月貳

拾貳日　　由田粟參百貳拾□(者+斗) 以上香火貳所田 交許長男百戶學 認領奉祀

一長男百戶學分食田 原買阮文誼田參繩 度成壹所肆拾五畝 民分耕 坐落在本村 東西

肆近依如簿地　　由田粟五百□(者+斗)

一次男秀才昭分食田 原買黎文廩田參繩 度成分受貳拾陸畝 民分耕 東西肆近依

....

如簿內 北近內所氏奎分田 又補壹分原買黎氏盛田壹繩捌畝 壹分原買名雄壹分

---

* '地簿'여야겠지만 꾸미는 말이 뒤로 가는 베트남어 습관이 그대로 반영되었다.

原買名○田 此參分田並原分均坐落在本村 東西肆近各照文契　由田粟五百五拾□(者+斗)

一次次男百戶錠分食田參繩 原買黎氏盛田 度成分受貳拾五畝 坐落在本村 東西

肆近照內文契 又補壹分原買黎氏好田捌畝 坐落在陽春村 東西肆近依如文契　由田粟五百五拾□(者+斗)

一女子氏魁分食田 原買黎氏山田共肆拾參畝 坐落在陽春村 東西肆近 各有

文契　由田粟五百五拾□(者+斗)

一次女氏奎分食田 原買黎文廩田陸繩 度成稅受肆拾捌畝 民分耕 坐落

…………………

在本村 東西北依如簿內 南近內所秀才昭分田　由田粟五百柒拾□(者+斗)

一妾子文敎分食田 原買阮文勇田半所原簿參拾壹畝五篙零 坐落在雙盛村

東西肆近 現有契內 又補壹分原買武文擇武輝宣田拾畝零 坐落在雙盛村 東西肆近 現有契內　由田粟參百五拾□(者+斗)

一妾女氏妥分食田 原買阮文勇田半所原簿參拾壹畝五篙零 坐落在雙盛

村 東西肆近 現有契內 又補壹分 原買陳文論田五畝零 坐落在雙盛村 東西肆

近現有契內　由田粟參百參拾□(者+斗)

…………………

百戶 學 點□(指+㸃)　　　　　　妻 氏妙 點□(指+㸃)
壻 杜公揚 點□(指+㸃)　　　　妻 氏魁 點□(指+㸃)
壻 范弘道 點□(指+㸃)　　　　妻 氏奎 點□(指+㸃)
次子 文教 點□(指+㸃)　　　　妻 氏第 點□(指+㸃)
由嗣德拾玖年陸月拾貳日衆男女名氏各現認領
　分食田用食〇下玆由　　　　內孫 文養 點□(指+㸃)
　本族人視誠陳文集手記　　　內次孫 文弘點□(指+㸃) 由
年庚壬子拾五歲
　　　　　　　　　　　　　　內次次孫 文弼 點□(指+㸃)
由年庚乙卯拾貳歲
　由嚼書貳本壹本〇許本族人執守　次女 氏妥 點□(指+㸃)

자료9 쩐반피엔 부부 분재기 2 (1857)

建安府 建和縣 盛光總 平格村 鄉主番夫妻等

爲立囑書 前定家財田土事 由民夫妻下生衆子五名氏及妾子貳名氏, 有造買草田

等所坐落在本村並雙盛陽春貳村 該田參百貳拾肆畝五篙零 玆民年已陸旬餘

生死不期 恐衆子後日不和生心雀角 爰請本村本族設立囑書 前定相分 內祀堂壹座

參屋 正堂壹間貳廈 客堂參間貳廈 廚屋參間貳廈 並家財祀器及儲器各項無幾

應充祀堂 從香火監奉 毋須分定 內田土艮爲香火壹分 充祀堂壹分 存數干相分 許

衆子等 等其分用食 言顧行據如父敎 行顧言遵法而行 若某名氏 不遵前定 鳴

鼓而攻之 除爲人外 收其分食 充祀堂所有香火分 食田各數干在何村東西

……………………

肆近壹壹開列于後玆囑書

　　証見人　　　　里長 武文智 點□(指+灬)
　　　　　　　　　村長 杜文本 記

嗣德拾年拾月拾陸日

　　　　　　　　　　　　　　立囑書人 鄉主 番 手記
　　　　　　　　　　　　　　妻 氏創 點□(指+灬)

本族視誠人　　　　　　　　陳文毛 點□(指+灬)
　　　　　　　　　　　　　　陳文集 點□(指+灬)

　　　　　　　　　　　　　　代寫囑書 范弘道 字記

……………………

一香火田 原參繩 度成壹所 貳拾貳畝五尺零 民分耕 坐落在本村地分 東西肆

近依如簿地 臨辰忌民夫妻 由田粟貳百玖拾□(者+斗)

一充祀堂田 原肆繩 度成壹所 貳拾畝零 民分耕 坐落在本村地分 東西肆近依如簿

地 忌民內祖考祖妣顯考顯妣等肆日 及民胞兄胞弟胞姉胞妹等同會忌

壹期參月貳拾貳日　由田粟貳百捌拾□(者+斗) 向上香火貳所田 交許長男百戶學 認領奉祀

一長男百戶學分食田 原買阮文誼田參繩 度成壹所肆拾貳畝五篙 民分耕 坐

落在本村地分 東西肆近依如簿地 由田粟五百□(者+斗)

一次男秀才昭分食田 原買黎文廩田參繩 度成分受貳拾陸畝 民分耕 東西肆

....

　　近依如簿地 北近內所氏奎分田 又補壹分原買黎氏盛田壹繩捌畝 壹分原買

　　黎文雄田貳畝餘 壹分原買阮文○田參畝 此參分田並原分均坐落在本村 東

　　西肆近各照文契　由田粟五百五拾□(者+斗)

　　一次次男百戶錠分食田 參繩原買黎氏盛田 度成分受貳拾五畝 坐落在本村 東西肆近照內文契 又補壹分原買黎氏好田柒畝 坐落在陽春村 東西肆近依如文契　由田粟五百五拾□(者+斗)

　　一女氏魁分食田 原買黎氏山田共肆拾參畝 坐落在陽春村 東西肆近各有文契　由田粟五百五拾□(者+斗)

....

　　一次女氏奎分食田 原買黎文廩田陸繩 度成稅受 肆拾捌畝 民分耕 坐落在本村 東西北依如簿內 南近內所秀才昭分田　由田粟五百柒拾□(者+斗)

　　一妾子文孝分食田 原買阮文勇田半所簿參拾壹畝五篙零 坐落在雙盛村 東西肆近現有契內 又補壹分原買武文擇武輝宣田拾畝餘 坐落在雙盛村 東西肆近現有文契　由田粟參百五拾□(者+斗)

　　一妾女氏妥分食田 原買阮文勇半所原簿參拾壹畝五篙零 坐落在雙盛村 東西肆近現有文契 又補壹分原買陳文論田五畝 坐落在雙盛村 東西肆近現有文契　由田粟參百拾□(者+斗)

....

由嗣德拾參年陸月拾貳日 衆子男女各現認領香火分食田 以下 玆由

長男 陳文學　　認領 點□(指+灬)
女 陳氏魁　　　認領 點□(指+灬)
女 陳氏奎　　　認領 點□(指+灬)
內孫男 陳文養　認領 點□(指+灬)
內孫男 陳文弘　認領 點□(指+灬)
次妾女 陳氏妥　認領 點□(指+灬)
次妾孫男 陳文委 認領 點□(指+灬)

| 자료10 | 쌍성(雙盛), 부화(富和), 평격(平格) 마을 소작료 내역 (1860) |

嗣德拾參年拾貳月貳拾壹日 列編民借田粟並礼田數干在後

由雙盛富和貳村田以下

簿〇借參所田簿內着壹所陳文學舊〇內貳所陳文學舊當該借粟貳百五拾□(者+斗)

蠟參片 米五□(者+斗) 鴨參雙

名進借貳所田簿着陳文學舊〇 阮文佳該價借粟壹百五拾□(者+斗)

蠟貳片 米壹□(者+斗) 鴨參隻

名學借參所又補壹〇田簿着陳文學舊當該價借粟貳百玖拾□(者+斗)

蠟參片 米陸□(者+斗) 鴨參雙

名丁名參借肆分田簿着杜文功該價借粟貳百□(者+斗)

蠟貳片 米壹□(者+斗) 鴨壹雙

[이하 소작인-지주: 香-杜文功, 盛의 처-杜文功, 賴-杜文崇, 祥-阮氏□(花+十), 抄-阮文價, 龍-阮文佳]

⋮

名群借壹所田簿着陳文學舊當價借粟柒拾□(者+斗)

蠟壹片米貳□(者+斗) 鴨壹雙

[이하 소작인-지주: 魏, 正-阮文佳, 番-張文舊]

⋮

由平格村以下

○集借壹所田簿着陳文番舊誼 價借粟壹百捌拾□(者+斗)
　　　　　　　　　　蠟參片 米貳□(者+斗) 鴨貳雙
氏○借壹所田簿着陳文番舊誼 價借粟壹百五拾□(者+斗)
　　　　　　　　　　蠟參片米貳□(者+斗) 鴨貳雙
氏低借壹所田簿着陳文番舊誼 價借粟壹百柒拾□(者+斗)
　　　　　　　　　　蠟參片米貳□(者+斗) 鴨貳雙
勾貫借壹所田簿着陳文番價借粟壹百貳拾□(者+斗)
　　　　　　　　　　蠟貳片米壹□(者+斗) 鴨壹雙
名朱借壹所田簿着陳文番價借粟壹百□(者+斗)
　　　　　　　　　　蠟貳片米壹□(者+斗) 鴨壹雙
名勳借壹所田簿着陳文番價借粟捌拾□(者+斗)
　　　　　　　　　　蠟貳片米壹□(者+斗) 鴨壹雙
　　　　　　　　⋮
　　　　[28건 더 있음]

| 자료11 | 陳文學의 족보 (작성 년대 미상 1870년대 말?) |

高顯祖陳文恐　　　　　死於正月初柒日

高顯祖妣何氏嘲　　　　死於拾月初玖日

曾顯祖陳文○　　　　　死於正月拾肆日

曾顯祖妣武氏然　　　　死於正月初捌日

顯祖陳文桂　　　　　　死於肆月初壹日

顯祖妣瞿氏蒙　　　　　死於貳月初肆日

　　　　　　　　　　　　⋮

伯陳文興　　　　　　　死於參月貳拾貳日

伯陳文留　　　　　　　死於貳月貳拾肆日

叔陳文匡陳無名姑陳氏萬

伯陳文晁　　　　　　　死於癸丑年[1853]貳月貳拾貳日

父陳文番　　　　　　　生於戊午年[1798]玖月貳拾柒日死於辛酉[1861]參月拾玖日戌辰

母張氏創　　　　　　　生於甲申年[?]五月初壹日死於壬戌[1862]拾壹月初肆日酉辰

　　　　　　　　　　　　⋮

자료12　쩐반혹 부부 분재기 (1876)

建安府建和縣盛光總平格村原百戶陳文學夫妻等

爲立囑書前定家財田土事 由本職夫妻下生衆子參名氏 有前父母○來香火分食

並造買草田等所 均坐落在本村及各村地分 原有造立家屋祀器物用等 經已所被西洋

盡燒 存物項藏隱無幾 另外充入祀器 存田土分 許衆子支用 窃念本職年陸旬餘 天命

靡常 只恐衆子後日不和生心雀角 爰請本族 設立囑書 前定相分 內田○來香火祖考妣

父母顯考妣 父母肆繩 顯考妣參繩 竝艮爲香火本職夫妻貳繩 又立爲香火親弟壹繩該田

拾繩存數干相分 許衆子等 等其分用食 言顧行據如父敎 行顧言遵法而行 倘某名氏

不遵前定 本族鳴鼓而攻之 除爲人外 收其分食 充給于香火 監奉所有前香火後分

　　……………………

食田 分許何名氏數干一一開列于後 茲囑書　　由遺香火貳字

　　　　　　　　　堂兄 陳文集 手記
本族人　　　　　　胞妹 陳氏奎 點□(指+灬)　　同視誠
　　　　　　　　　胞妹 陳氏妥 點□(指+灬)

　　　　　　　　　　　　　　妻 楊氏妙 點□(指+灬)
丙子年五月貳拾壹日
　　　　　　　立前定囑書詞人
　　　　　　　　　　原百戶 陳文學 手記

　　　　　　　　　　　寫囑書本 字記
　　……………………

　一香火田原肆繩度成壹所該貳拾畝 竝土居肆畝 均簿著本職分耕舊父田坐落在本村地分 東西
　肆近依如簿地 臨艮忌祖考妣父母顯考妣父母 交許長子陳文盛營業奉祀 由借粟參百貳拾□(者+斗)
　一香火田原參繩度成壹所 該貳拾貳畝 簿著本職分耕舊父 田坐落在本村地分 東西肆近依如簿地
　臨艮忌顯考妣 交許長子陳文盛營業奉祀 由借粟參百□(者+斗)
　一香火田原貳繩度成壹所 該貳拾玖畝五簹 簿著本職分耕舊誼 坐落在本村地分 東西肆近
　依如簿地 臨艮忌本職夫妻及敬姑叔兄弟並姉妹等 交許長子陳文盛營業奉祀 由借粟參百參拾□(者+斗)

[이하 1건]
⋮

.... [이하 1건]
⋮

一所田拾柒畝陸篙簿著陳文泰 舊○ 田坐落在雙盛村地分 東西南北依原簿地 這田分許長
　子陳文盛用食　　　　　　　　　由借粟貳百貳拾□(者+斗)

[이하 1건]
⋮

.... [4건]

.... [4건]

....
一所田拾壹畝簿著陳文泰 舊威 田坐落在平登村地分 東西南北依原簿地 這田分許次子
　陳文泰用食　　　　　　　　　由借粟貳百□(者+斗)

[이하 3건]
⋮

.... [5건]

.... [이하 2건]
⋮

一所田玖畝肆尺五寸簿著楊氏妙 舊統 田坐落在平登村地分 東西南北依原簿地 這田分許

次子陳文泰用食　　　　　　　由借粟壹百□(者+斗)
　　　　　　　　　　[이하 1건]
　　　　　　　　　　　　⋮

…………………
　　　　　　　　　　[4건]

…………………
　　　　　　　　　　[3건]

…………………
　　　　　　　　　　[이하 1건]
　　　　　　　　　　　　⋮

一所田捌畝簿著陳文盛 舊舊 田坐落在雙盛村地分 東西南北依原簿地
這田分許長女
陳氏鑽用食　　　　　　　由借粟壹百□(者+斗)
　　　　　　　　　　[이하 2건]
　　　　　　　　　　　　⋮

…………………
　　　　　　　　　　[4건]

…………………
　　　　　　　　　　[2건]

…………………
庚辰年五月初肆日爲編衆子男女各現認領香火分食田土用
食並各項物件等茲以事淸茲認
　　　　　　　　　　　陳文盛　點□(指+灬)
　　　　　　　　　　　陳文泰　點□(指+灬)
　　　　　　　　　　　陳氏鑽　點□(指+灬)

자료13 1877 토지 매매 문서

　　建和縣盛光總平格村杜文會妻潘氏莊姉杜氏盈弟杜氏□(石+多)杜文界等

　　爲立詞絶賣田土事 緣民孫前外祖○來親母分食田壹所該南畝肆拾參畝參篙 舊簿箸

　　黎氏山 因民母命終文 許原舊陳文學代替立簿 至○年民孫男女等 乞摘出田南畝拾

　　五畝參篙置爲香火奉祀民母 存田貳拾捌畝 民孫等同膺絶賣此田分食 許兄弟男女

　　用食 這田東近內所陳文學舊講田 西近黃文德舊○○田 南近張○用舊張○合田 北近潘文盛

　　田 東西南北照依簿內 肆畔爲限 今民等乃請本族視證 民等絶賣這田許原舊陳文學

　　夫妻的價回錢貳千五百玖拾貫通大銀參百柒拾元○用耕 仮以爲己田納租 永不得

　　．．．．．．．．．．．．．．．．．．．．

　　贖回 若後日何人爭徂此田則民等甘受所損各銅並原賣錢生息倍貳爲此○絶賣詞

　　　　　　　　　　　　　　　　　由年庚拾五歲
　　　　舊鄉 長集 手記　　　　　妹 杜氏□(石+多) 點□(指+灬)
族人　　　　　　　　同爲証　　姉 杜氏盈 點□(指+灬)
　　　　里長 陳文字 手記

丁丑年陸月初捌日
　　　　　　　　　　　　　　　妻 潘氏莊 點□(指+灬)
　　　　　立絶賣詞　　　　　　杜文會 手記
　　　　　　　　　　　　　　　弟杜文界 點□(指+灬)
　　　　　　　　　　　　　　　由年庚拾壹歲

仮絶賣詞 杜文會○ 字記

참고 문헌

김이선 2003. 「관광 발달에 따른 타이 수공예품의 생산과 의미체계의 변화: 치앙마이의 목공예 생산지 반타와이를 중심으로」. 서울대학교 박사학위논문.

김정수 2011. 『성 김대건』. 양업서원, 부산.

『南天孝行實錄』 1869. Viên Hán Nôm VHv 1240, Hanoi.

『大南寔錄前編』 1844. 京應義塾大學語學研究所, 東京, 1961.

『大南寔錄正編第一紀』 1848. 慶應義塾大學言語文化研究所, 東京, 1968.

『大南寔錄正編第二紀』 1861. 慶應義塾大學語言研究所, 東京, 1968.

『大南寔錄正編第三紀』 1894. 慶應義塾大學言語文化研究所, 東京, 1977.

『大南寔錄正編第四紀』 1892. 慶應義塾大學言語文化研究所, 東京, 1980.

『大南正編列傳二集』 1909. 慶應義塾大學言語文化研究所, 東京, 1981.

『大南正編列傳初集』 1889. 慶應義塾大學語學研究所, 東京, 1962.

『大南風化考略』 n.d. Viện Hán Nôm A 977, Hanoi.

潘叔直 n.d. 『國史遺編』. 新亞研究所, 香港, 1965.

빈구엔로크, 「메콩 三角洲 막바지」, 이종구 번역 1971. 『세계문학단편선』(월간중앙 8월호 부록). 중앙일보사, 서울, 1971.

宋福玩・楊文珠 輯 陳荊和 編輯 1966. 『暹羅國路程集錄』. 香港中文大學 新亞書院研究所.

黎貴惇, n. d., trans. by Lê Xuân Gíao 1972. 『撫邊雜錄』. Phủ Quốc Vụ Khanh Đặc Trách Văn Hóa Xuất Bản, Saigon.

吳世榮 1847. 『皇閣遺文』. Viện Hán Nôm, A. 2137, Hanoi.

阮□(亻+收)(Nguyễn Thu), 『寰宇紀聞』. Viện Hán Nôm A. 585, Hanoi.

阮朝硃本. National Archives No.1, Hanoi.

유인선 1999. 「베트남人의 南進과 南部文化의 形成」, 『東方學志』 105.

『張嘉祠堂世譜全集』1886. Viện Hán Nôm A 3186, Hanoi.

최병욱 2000. 「19세기 전반 베트남의 동남아시아 官船貿易(1823-1847)」, 『東洋史學研究』제 70집.

_____ 2011. 「19세기 베트남 관선의 광동(廣東) 왕래 시말」(『동남아시아연구』21권 3호.

_____ 2016. 『베트남 근현대사』. 산인, 광주.

최원식 2002. 『한국 계몽주의 문학사론』. 소명출판사, 서울.

Brown, Edward 1861. *Cochin-China, and My Experience of it. A Seaman's Narrative of His Adventures and Sufferings during a Captivity among Chinese Pirates, on the Coast of Cochin-China, and Afterwards during a Journey on Foot Across that Country, in the Years 1857-1858*. 成文出版社, 台北, 1971.

Bùi Thị Tân · Vũ Huy Phúc 1998. *Kinh Tế Thủ Công Nghiệp và Phát Triển Công Nghệ Việt Nam Dưới Triều Nguyễn* (응우엔 왕조 시대 베트남의 수공업 경제와 공예 발전). Nxb. Thuận Hóa, Huế.

Brocheux, Pierre 1995. *The Mekong Delta: Ecology, Economy, and Revolution, 1860-1960*. University of Wisconsin-Madison Center for Southeast Asian Studies.

Buckley, Charles Burton 1902. *An Anecdotal History of old Times in Singapore: From the Foundation of the Settlement Under the Honourable East India Company, on February 6th, 1819 to the Transfer to the Colonial Office as Part of the Colonial Possessions of the Crown on April 1st, 1867*. University of Malaya Press, 1965.

Ca Văn Thỉnh 2001. "Truyền Thống Quật Cường của Nam Bộ và Việt Nam với Tinh Thần Đấu Tranh của Nguyễn Đình Chiểu"(응우엔 딘찌에우의 투쟁정신과 함께하는 남부와 베트남의 강인한 전통), *Nguyễn Đình Chiểu, về Tác Giả và Tác Phẩm*. ed. by Nguyễn Ngọc Thiện.

Cao Tự Thanh 1996. *Nho Giáo ở Gia Định* (쟈딘에서의 유교). Nxb.

TPHCM, HCM City.

_____ 1999. "Hoạt Động Thương Nghiệp của Người Hoa trong Tiến Trình Lịch Sử ở Nam Bộ trước 1862"(1862년 이전 남부의 역사 여정 속에서 화인의 상업 활동). International Workshop in the title of 'Commercial Vietnam: Trade and the Chinese in the 19th Century South.' HCM City, 10-11 December.

_____ 1999. *Nghiên Bút Mười Nam* (10년의 벼루와 붓). Nxb. Văn Học, HCM City.

_____ 2001. "Hiện Tượng Nguyễn Đình Chiểu trong Văn Hóa Việt Nam" (베트남 문화 속에서 응우옌딘찌에우 현상), *Nguyễn Đình Chiểu, về Tác Giả và Tác Phẩm*. ed. by Nguyễn Ngọc Thiện.

Choi Byung Wook 2004. *Southern Vietnam under the Reign of Minh Mạng (1820-1841): Central Policies and Local Response*. Southeast Asia Program Publications, Cornell University.

Cooke, Nola·Li Tana(ed.) 2004. *Water Frontier: Commerce and the Chinese in the Lower Mekong Region, 1750-1880*. Rowman & Littlefield, Lanham, MD.

Crawfurd, Jonh 1828. *Journal of an Embassy from the Governor-General of India to the Courts of Siam and Cochin China*. Oxford University Press, Singapore, 1987.

Đại Nam Điển Lệ Toát Yếu (大南典例撮要, 1909), trans. by Nguyễn Sĩ Giác. Nxb. TPHCM, HCM City, 1994.

Đại Nam Nhất Thống Chí (大南一統志). 1909. Nhà Văn Hóa Bộ Quốc Gia Giáo Dục, Saigon, 1959.

Đỗ Bang 1996, *Kinh Tế Thương Nghiệp Việt Nam Dưới Triều Nguyễn*(응우옌 왕조 치하 베트남의 상업 경제). Nxb. Thuận Hóa, Huế.

Finlayson, George 1826. *The Mission to Siam and Hue, the Capital of Cochin China, in the Years 1821-22*. Oxford University Press, Singapore, 1988.

Hodgkin, Thomas 1981. *Vietnam: The Revolutionary Path*. St. Martin's

Press, New York.

Huỳnh Minh 1966. *Cần Thơ Xưa và Nay* (껀터, 과거와 현재). Saigon.

_____ 1967. *Vĩnh Long Xưa và Nay* (빈롱, 과거와 현재). Saigon.

Huỳnh Ngọc Trảng·Nguyễn Đại Phúc 1994. *Gốm Cây Mai* (꺼이마이 도기). Nxb. Trẻ, HCM City.

Lee, Seung-joon 2011. *Gourmets in the Land of Famine, The Culture and Politics of Rice in Modern Canton*. Stanford University Press.

Li Tana 1998. "Rice, Saigon and Its Regional Context." International Conference on 300 Years of Saigon, September, HCM City.

_____ 1999. "The 18th and Early 19th Century Mekong Delta in the Regional Trade System." International Workshop in the title of 'Commercial Vietnam: Trade and the Chinese in the 19th century South,' 10-11 December, HCM City.

Liberman, Victor 2003. *Strange Parallels Southeast Asia in Global Context, c. 800-1830* vol. one. Cambridge University Press.

Linh Mục Mattheu Đức 1902. *Hành Cha Minh và Lái Gẫm Từ Đạo Là Hai Vị Á Thánh Thư Nhứt Địa Phận Nam Kỳ* (민 신부와 상인 검, 남끼 교구 최초의 두 亞聖의 순교에 대한 행장). Imprimerie de La Mission à Tân Định, Saigon.

Louvet, L. E. 1885. *Cochinchine Religieuse* Tome 2. Missionnaire Apostolique de La Congrégation des Missions Étrangères Paris, Paris.

Luong Van Hy·Diep Dinh Hoa 1991. "Culture and Capitalism in the Pottery Enterprises of Bien Hoa, South Vietnam (1878-1975)," *Journal of Southeast Asian Studies* vol. 22 no. 1.

Marr, David G. 1981. *Vietnamese Tradition on Trial 1920-1945*. University of California Press.

McHale, Shawn Frederick 2004. *Print and Power: Confucianism, Communism, and Buddhism in the Making of Modern Vietnam*. University of Hawaii Press.

McLeod, Mark W. 1991. *The Vietnamese Response to French Intervention,*

    1862-1874. Praeger, New York.

Miles, Steven B. 2006. *The Sea of Learning, Mobility and Identity in Nineteenth-Century Guangzhou*. Harvard University Asia Center.

Miller, Robert Hopkins 1990. *The United States and Vietnam 1787-1941*. National Defense University Press, Washington.

Minh-Mệnh Chính-yếu (明命政要). Ủy Ban Dịch Thuật Phủ Quốc Vụ Khanh đặc-trách văn-hóa(trans.). Saigon, 1972-1974.

Monographie de la Province de Bien Hoa. Imprimerie L. Menard. Saigon, 1901.

Ngô Vĩnh Long 1973. *Before the Revolution, The Vietnamese Peasants under the French*. Colombia University Press.

Nguyễn Đình Đầu 1994. *Nghiên Cứu Địa Bạ Triều Nguyễn, Gia Định* (地簿 연구, 嘉定). Nxb. TPHCM, HCM City.

Nguyễn Hữu Hiếu 1992. *Võ Duy Dương với Cuộc Kháng Chiến Đồng Tháp Mười* (동탑므어이에서의 항전과 보주이즈영). Nxb. Tổng Hợp Đồng Tháp.

Nguyễn Ngọc Thiện(ed.) 2001. *Nguyễn Đình Chiểu, về Tác Giả và Tác Phẩm* (응우옌딘찌에우, 작가와 작품에 대해서). Nxb. Giáo Dục, Hanoi.

Nguyễn Phan Quang 2002. "Góp Thêm Tự Liệu về Nghề Thủ Công Truyền Thống ở Nam Bộ Thời Pháp Thuộc (1867-1954)"(법속 시기 남부 전통 수공예에 관련된 자료 몇 가지), Hội Văn Nghệ Dân Gian Việt Nam, *Xóm Nghệ & Nghề Thủ Công Truyền Thống Nam Bộ* (남부 전통 예술 및 수공예 마을). Nxb. Trẻ, HCM City.

Nguyễn Phan Quang·Lê Hưu Phước 1989. *Khởi Nghĩa Trương Định* (쯔엉 딘 기의). Nxb. TPHCM, HCM City.

Nguyễn Phúc Nghiệp 2001, "Tình Hình Tư Hữu Ruộng Đất ở Tiền Giang Nửa Sau Thế Kỷ XIV"(19세기 중반 이후 띠엔장에서의 토지 사유 현황), *Nghiên Cứu Lịch Sử* (역사연구)5(318).

Nguyễn Quang Ngọc(ed.), *Tiến Trình Lịch Sử Việt Nam* (베트남 역사의 전

개). Nxb. Giáo Dục, Hanoi.

Nguyễn Quang Vinh 2001. "Truyện Thơ 'Lục Vân Tiên' với Văn Hóa Dân Gian"('룩번띠엔' 서사시와 민간문화), *Nguyễn Đình Chiểu, về Tác Giả và Tác Phẩm*. ed. by Nguyễn Ngọc Thiện.

Nguyễn Quang Vinh · Trần Ngọc Định 1990. "Truyền Thống Cần Mẫn Tài Hoa Cởi Mở của Thợ Thủ Công Sài Gòn"(사이공 수공업자의 피어나는 재주와 근면한 전통), Trần Văn Giàu et al. *Địa Chí Văn Hóa Thành Phố Hồ Chí Minh*.

Nguyễn Thế Anh 1971. *Kinh Tế và Xã Hội Việt Nam Dưới Các Vua Triều Nguyễn*(응우옌 왕조 각 왕 치하 베트남의 경제와 사회). Lửa Thiêng, Saigon.

Nguyễn Thị Định, trans. by Mai Van Elliot 2000. *No Other Road to Take*. Southeast Asia Program Publications, Cornell University.

Nguyễn Thị Hậu 1998. "Lò Gốm Cổ Hưng Lợi"(흥러이의 옛 도기 가마), *Xưa và Nay*(과거와 현재) no. 56B.

Nguyễn Thị Nguyệt 1998. "Nghề Gốm Mỹ Nghệ Biên Hòa"(비엔호아 미예 도기업), *Xưa và Nay* no. Chuyên Đề 300 năm Sài Gòn.

Nguyễn Thị Thanh Xuân et al. 1987. *Sài Gòn Gia Định qua Thơ Văn Xưa*(옛 시문을 통해 보는 사이공과 쟈딘). Nxb. TPHCM, HCM City.

Nguyễn Văn Sửu, 2002. "Nghiên Cứu Ruộng Đất và Nông Dân Việt Nam, Một Số Cách Tiếp Cận Lý Thuyết"(베트남의 토지와 농민에 관한 연구-이론 접근 방법 몇 가지), *Nghiên Cứu Lịch Sử* 4/323.

Osborne, Milton 1997. *The French Presence in Cochinchina and Cambodia*. Cornell University Press.

Phan Huy Lê 1997. "Châu Bản Triều Nguyễn và Châu Bản Nam Minh Mệnh 6-7"(응우옌 왕조의 주본朱本과 민망 6-7년의 주본). manuscript.

Phan Huy Lê et al. 1995. *Gốm Bát Tràng Thế Kỷ 14-19*(14-19세기 밧짱 도기). Nxb. Thế Giới, Hanoi.

Phan Thư Lăng 2000. *Giai Thoại và Sự Thật về Bảo Đại, Vua Cuối Cùng*

Triều Nguyễn (응우옌 왕조 마지막 왕 바오다이에 관한 이야기와 진실). Nxb. Đà Nẵng.

Phan Văn Hùm 2001. "Tiểu Sử Đồ Chiểu"(찌에우 선생 소사), *Nguyễn Đình Chiểu, về Tác Giả và Tác Phẩm*. ed. by Nguyễn Ngọc Thiện.

Popkin, Samuel L. 1979. *The Rational Peasant-The Political Economy of Rural Society in Vietnam*. University of California Press.

Rambo, Terry A. 1973. *A Comparison of Peasant Social Systems of Northern and Southern Viet-Nam: A Study of Ecological Adaptation, Social Succession, and Cultural Evolution*. Center for Vietnamese Studies, Southern Illinois University.

Ramsay, Jacob 2008. *Mandarins and Martyrs, the Church and the Nguyễn Dynasty in Early Nineteenth - Century Vietnam*. Stanford University Press.

Reid, Anthony 1988. *Southeast Asia in the Age of Commerce 1450-1680* vol one. Yale University Press.

Reid, Anthony(ed.) 1997. *The Last Stand of Asian Autonomies, Response to Modernity in the Diverse States of Southeast Asia and Korea, 1750-1900*. St. Martin's Press, New York.

Schreiner, Alfred 1901. *Les Institutions Annamites en Basse-Cochinchine avant la Conquête Française* tome 2. Claude & Cie, Saigon.

Scott, James C. 1976. *The Moral Economy of the Peasant-Rebellion and Subsistence in Southeast Asia*. Yale University Press.

Singapore Free Press and Mercantile Advertiser(Free Press). microfilm, NUS Library.

Sơn Nam 1997. *Đất Gia Định Xưa* (옛 쟈딘 땅). Nxb. HCM City, HCM City.

Thạch Phương et al. 1989. *Địa Chí Bến Tre* (벤쩨 지리지). Nxb. Khoa Học Xã Hội, Hanoi.

Thanh Lãng 2001. "Nguyễn Đình Chiểu(1822-1888)"(응우옌딘찌에우), *Nguyễn Đình Chiểu, về Tác Giả và Tác Phẩm*. ed. by Nguyễn Ngọc

Thiện.

Thi Long 2001. *Truyện Kể về Các Vương Phi Hoàng Hậu Nhà Nguyễn* (응우엔 왕조의 왕비와 황후 이야기). Nxb. Đà Nẵng.

Thomson, John 1875. *The Straits of Malacca, Siam and Indo-China: Travels and Adventures of a Nineteenth-century Photographer, with an Introduction by Judith Balmer*. Oxford University Press, Singapore, 1993.

Trần Đại Vinh. 1997. "Thành Tựu Văn Thơ Quốc Âm Đời Nguyễn"(응우엔 시대 국음시문의 성취), Nguyễn Phong Nam (ed.). *Những Vấn Đề Lịch Sử và Văn Chương Triều Nguyễn* (응우엔 왕조의 역사와 문장 문제들). Nxb Giáo Dục, Hanoi.

Trần Hiếu Thuận 2001. "Có Một Đời Sống Văn Hóa Gốm ở Biên Hòa"(비엔호아에 도기 문화 생활이 있었다), *Xưa và Nay* no. 88.

Trần Văn Giàu 1997. "Người Lục Tỉnh"(6성省의 사람들), *Xưa và Nay* no. 44B.

Trần Văn Giàu et al. 1990. *Địa Chí Văn Hóa Thành Phố Hồ Chí Minh* (호찌민시 문화지지) vol. 3. Nxb. TPHCM, HCM City.

Trần Văn Giàu et al. 1989. *Địa Chí Long An* (롱안 지리지). Nxb. TPHCM, HCM City.

Trịnh Hoài Đức, trans. by Đỗ Mộng Khương, Nguyễn Ngọc Tỉnh. *Gia Định Thành Thông Chí* (嘉定城通志). Nxb. Giáo Dục, HCM City, 1998.

Trường Bửu Lâm 1967. *Patterns of Vietnamese Response to Foreign Intervention: 1858-1900*. Southeast Asia Studies, Yale University.

Từ Huyền Trân 2003. "Gốm Cham Bình Định qua Con Đường Tờ Lụa Hàng Hải"(항해 실크로드를 통한 빈딘의 참 도기), *Xưa và Nay* no. 148.

Tuấn Thành·Anh Vũ(ed.) 2005. *Nguyễn Đình Chiểu, Tác Phẩm và Lời Bình* (응우엔딘찌에우, 작품과 평론). Nxb. Văn Học. Hanoi.

Việt Cúc 1969. *Gò Công Cảnh Cũ Người Xưa* (옛 고꽁과 인물들) vol. 2.

Saigon.

Vietnam Cultural Window 4, July, 1998, Hanoi.

Vũ Khiêu 1987. *Người Trí Thức Việt Nam qua Các Chặng Đường Lịch Sử* (역사의 각 노정에서 만나는 베트남 지식인들). Nxb. TPHCM, HCM City.

Wei, Betty Peh-T'i 2006. *Ruan Yuan 1764-1849, The Life and Work of a Major Scholar-Official in Nineteenth-Century China before the Opium War.* Hong Kong University Press.

White, John 1824. *A Voyage to Cochin China.* Oxford University Press, Kuala Lumpur, 1972.

Wong, Lin Ken 1960. "The Trade of Singapore, 1819-1869," *Journal of the Malayan Branch of the Royal Asiatic Society* vol. 33 no. 192, Singapore.

Woodside, Alexander Barton 1971. *Vietnam and the Chinese Model: A Comparative Study of Nguyễn and Ch'ing Civil Government in the First Half of the Nineteenth Century.* Harvard University Press.

_____ 1976. *Community and Revolution in Modern Vietnam.* Houghton Mifflin, Boston.

_____ 2006. *Lost Modernities: China, Vietnam, Korea, and the Hazards of World History.* Harvard University Press.

찾아보기

ㄱ

가마(爐) 106, 107, 109-112, 118, 123
(가브리엘) 오바레 162, 163
가정부(嘉定府) 70, 110, 111
가정성총진(관) 86-89, 104, 113, 115, 125-127, 142, 157, 160
거인(擧人) 155, 157
계절풍 7, 71, 87, 96
계피 72, 73, 76
고꽁 25, 30, 59, 60, 92, 144, 145
고령토 108, 120
공방 115
공부 104, 115
공장(工匠) 104
공전(公田) 29, 49, 50, 52, 61, 129
공조(工曹) 115
관선무역 67, 78
관소(關所) 80, 81, 86
광동 46, 78, 79
군인 56, 57, 115, 142, 147
기독교(도) 21, 92, 94, 148, 149, 162, 164
까마우 13
까오바꽛 148, 149
까이엔느 156
깜뽓 83
꺼이마이 112, 116, 121-123
껀저 94
껀주옥 158
꽁레 54
꽝남 103, 110
꽝아이 28

꾸라오포 110, 111, 120
꾸옥엄 152
꾸옥응으 162
꾸이년 28
끼에우 전 161

ㄴ

남국 28, 29, 31, 78
남끼 12, 13, 49, 50, 54, 57, 79, 93, 103, 155
남보 12, 13
남진 56
남프엉 (황후) 126, 145
남해 72, 81
논(畓) 25, 26, 34, 36, 40, 43, 44, 79

ㄷ

다낭 82, 83, 102, 148
다오찌푸 91
당쯩 96, 144
대역선 86, 90, 92, 94
도공 14, 112, 116, 117, 120-124
도(자)기 14, 74, 76, 104-112, 120-123
도덕경제 20-22, 62
동나이 (강, 성) 13, 25, 105, 106, 109, 110, 116
동남아시아 14, 23, 46, 47, 67, 68, 78, 79, 82-84, 87, 89, 90, 92, 96, 98, 119, 130
동화 (정책) 8, 65, 76, 112, 122, 133, 160

찾아보기 • 213

(백)두구 75, 76, 79
둔전(입읍) 13, 56-60, 62, 135, 145, 152
디엠찌 38, 39
딘뜨엉 30, 32, 37, 53, 91, 144, 151, 156, 157
따반풍 149
떠이썬 10, 11, 28, 30, 31, 68, 71, 85, 86, 101, 111, 116, 134, 144, 152, 160
떤묵 37, 53, 54
떤반(떤방) 106, 116-118, 120-123
뜨득 (황제) 56, 57, 83, 85, 126, 128, 135, 144, 152, 157
띠엔쟝 14, 136, 156

ㄹ

라마끼엔 174
라마야나 174
라마 1세 174
라오스 21
라이티에우 108, 116
라익로곰 111
레꾸이돈 28-30
레반검 (검) 92-95, 98
레반주옛 49, 50, 56, 89, 127, 143, 157
레반코이 49, 65, 92, 99, 122, 127, 132, 157, 160
레위니옹 156
롱안 30
루베 93, 98
룩밧 161
룩번띠엔 15, 153, 154, 158-174

ㅁ

말레이 (반도, 상선, 인, 지역, 해적) 11, 69, 70, 72, 75, 84, 89-92, 96, 99, 109, 116

말라카 해협 75
말업 76-81, 87
매춘 139, 142, 143, 147
명나라 유민 70, 109
무왕(武王) 85
미국(인) 72-74, 82, 101, 112
미토 32, 53, 70, 109, 136, 138
민족주의 67, 154, 161, 170, 175
밀랍(蜜蠟) 54, 72
민망 (황제) 8, 9, 30, 65, 66, 76-78, 80-82, 84, 90, 121, 125-129, 132, 138, 139, 144-146, 150, 155-157, 160, 164, 168, 173
민선(民船) 96, 97, 99, 100

ㅂ

바리아 105
바오다이 126, 144
바오록 108
바타비야 72, 91
밤꼬 강 25, 88
밧짱 105, 111, 113, 117, 118, 122
방콕 87
백호(百戶) 40, 43, 55, 56, 58
버마 21, 89, 174
범법자 115, 129
범선 71, 96, 101
베텔 72, 75
벤응애 112
벤쩨 152, 153, 158
보주이즈엉 59, 63
보쯔엉또안 152, 153
보테로안 159, 167
보호구(保護區) 62
북국(北國) 28, 87
분재기 33-38, 40-42, 44, 47, 55, 59, 61, 63, 64
브우롱 120, 121

비엔호아 13, 14, 25, 70, 91, 92, 105-113, 115-118, 120-124, 126, 151
(비엔호아) 미술학교 106, 110, 115
빈까익 32, 37, 45, 63
빈딘 24, 82, 88, 134
빈롱 51, 88, 134, 137, 138, 140, 141, 151
빈즈엉 105, 112, 116
빈투언 105, 109

ㅅ

사당(전) 30, 34, 35, 39-41, 43, 59, 121
사이공 (강, 성) 13, 14, 25, 30, 49, 53, 56, 58, 63, 70-77, 83-85, 88, 89, 94, 95, 100-102, 105, 108-114, 116, 121-123, 130, 136, 139, 142, 148, 150-154, 156-158
사인(士人) 15, 77, 78, 149, 150, 152
사탕 72, 75, 79, 97, 103, 104, 107
상고(商賈) 81
상아 73, 75, 76
상인(층) 14, 46, 47, 53, 66-71, 73, 75, 77, 78, 80, 82, 85-90, 92-95, 98, 99, 102, 122, 139, 146
상호 이해(利害) 62
서양(어, 인, 제) 7, 59, 70, 83-85, 91, 93-95, 100, 101, 109, 113, 143, 158
선박 65, 71, 75, 79, 80, 82-84, 95-97, 100, 103, 104, 107, 115, 136-138, 172
소금 75, 78, 93, 97, 103, 107
소농 23, 24, 27, 31, 45, 53, 63
소작(농, 료, 인) 13, 14, 19-24, 30, 33, 34, 37, 38, 40, 47-55, 58, 61, 62, 64
수공업(자, 품) 102, 103, 113-115, 117-119, 123
수기(手記) 38

수재(秀才) 43, 44, 155, 157
수절 131, 132, 137
신재효 174
십조 125, 132
싱가포르 46, 72, 75, 82-84, 87, 89-92, 94-100, 103
쌀(밥) 11, 46, 47, 54-56, 60, 68, 72, 73, 75, 76, 80-82, 85-87, 90, 97, 99, 103
쏭타인 34, 37, 44, 47

ㅇ

아편 75, 76, 80, 81, 86, 90, 138, 139, 141
안남 96
애국문학 164
여동공무 78
연와(燕窩) 79
영국(령, 인, 제) 81-83, 91, 101
완원(阮元) 78
우민(U Minh) 26, 27
월해영상 92, 99
유럽(식, 제) 76, 83, 84, 96, 101
유사(뇨씨, 儒士) 148-157, 164, 173, 174
육계(肉桂) 79
응우옌딘찌에우 152, 153, 156-159, 162-166, 168, 169, 172-174
응우옌반닥 89
응우옌주 161, 167, 175
응우옌통 152, 156
응우옌티딘 171
응우옌티란 126, 144
응우옌푹아인 30, 31, 56, 71, 73, 101, 134, 152
응우옌후인득 30
응우옌흐우후언 59, 63, 151, 156
응우엣응아 159, 165, 167, 168, 171
의원(醫員) 150, 158

이주(민) 13, 24-29, 33, 39, 50, 51, 60, 70, 85, 88, 92, 99, 106, 109, 110, 115, 129, 133, 134, 142, 158
이혼 130, 132
인삼 79
일본 70, 109, 119

ㅈ

자단(紫檀) 72, 73
자주적 역사 67
재혼 132-135, 146
쟈딘 10-13, 31, 37, 46, 48-50, 56, 76, 86, 87, 90, 99, 101, 102, 104, 105, 125, 126, 129, 131, 137, 138, 141-144, 146, 150, 151, 170
쟈딘·떠이썬 (내전) 30, 85, 86, 101, 160
쟈딘 정권 30, 56, 101, 111, 143
쟈롱 (황제) 71, 84, 126
저이(繩) 39, 44, 45, 47
제사 39-42, 59, 61, 119, 120
조선(朝鮮) 78, 94, 149, 170, 174
조선(기술, 업) 104
(조지) 핀레이슨 74, 76, 113, 139, 142
(존) 크로퍼드 74-76, 82, 89, 94, 95, 101, 113
(존) 화이트 72-74, 88, 91, 101, 102, 112, 113, 136, 139, 140
중국(식, 인, 제) 14, 46, 47, 65-78, 81, 82, 84, 85, 87-92, 95, 97-104, 106, 108, 110-113, 116, 117, 119, 121-123, 137-139, 142, 149, 166
즈엉쑤언 34, 37, 43, 44, 47
즈엉티흐엉 59, 60, 62-64
증기선 91, 101, 104
지부(地簿) 36-40, 43, 49, 64, 129, 130
지주 11, 13, 14, 19-24, 29-34, 36-40, 42, 43, 45-55, 58-64, 129, 134, 144, 145, 147, 151
지주-소작 관계 19-23, 50, 52, 62
직정(直情) 151
쩌가오 156
쩌런 70, 76, 102, 105, 112, 121, 122, 158
쩐반피엔 33-38, 40, 41, 43, 45-48, 53, 55, 57, 58, 64, 130
쩐반혹 32, 33, 37, 40-42, 45, 55, 58, 59, 62-64
쩐티사인 59, 60, 127, 134, 135, 145
쯔놈 15, 38, 149, 152-154, 160, 161, 163, 164, 167, 172-175
쯔엉당꾸에 48-50, 55
쯔엉딘 60, 127, 135, 145, 158
쯔엉딘 제문 163, 172
찐화이득 29, 48, 49, 55, 87, 88, 135

ㅊ

참(인, 족) 14, 105, 109, 110, 112, 166
창녀 143
촌락(공동체) 13, 21, 24, 29, 34-37, 55, 56, 61, 62, 118, 129-131, 135, 146, 150, 152, 155-157, 159, 160, 166
침향 72

ㅋ

캄보디아 21, 24, 55, 57, 70, 71, 76, 83-86, 88, 93, 116, 138, 140-142
코친차이나 12, 75, 89, 96, 97, 99, 143
크메르인 14, 101, 127, 133, 138, 166

ㅌ

탕롱 29, 149
태국 21, 68, 69, 71, 76, 84, 97, 116, 174

통킹 74, 96
탁전(度田) 36, 37, 44, 47, 49, 61
투저우못 112, 116
티에우찌 (황제) 82, 83, 85, 126, 137, 144

ㅍ

파리외방선교회 93
판닷 89, 90
판리 105, 109, 110
판소리 174
팔괘성 101
팜당흥 30, 135, 144
팜티항 126, 144
페낭 (학생) 46, 75, 93, 94
푸꾸옥 68, 93
푸옌 24, 82
푸쑤언 28, 29
프랑스(군, 어, 인) 7, 11, 12, 32, 45, 54, 55, 59, 60, 62-64, 66, 73, 79, 83, 97, 98, 100-102, 104, 106, 115, 116, 120-124, 127, 143, 145, 148, 149, 151, 153, 156-158, 162, 164, 170
프랑스 엄마 143
필리핀 72, 170

ㅎ

하띠엔 13, 57, 70, 81, 83, 84, 116, 151
하주 (공무) 78, 90, 92, 94, 95, 98
한국(말, 어, 인) 8, 11, 12, 23, 26, 27, 111, 119, 174
함의(咸宜) 149
합리적 농민 20, 21
항불(운동, 투쟁) 59, 60, 135, 145, 149, 150, 154, 173, 174
해적 81, 84, 91, 92, 99

향시 91, 156, 157
향주 34, 35
향화(전) 35, 39-43, 45, 61
호세 리잘 170
호쑤언흐엉 167, 175
호티호아 126, 144
호후언응이옙 152, 156
홍모 81
화교 14, 53, 66, 68, 70, 100
회시 77, 78, 157
후에(Huế) 68, 82, 90, 104, 113, 145, 149, 150, 157, 158
후인반떤 60
후추 73, 75, 76
히엡호아 110